L'espoir
incertain

Du même auteur:

Essai contre le défaitisme politique — Imagination politique et intelligence économique, Montréal, Presses de l'Université de Montréal, 1976.

En préparation:

Guerres et paix sans État

Joseph Pestieau

L'espoir incertain

Essai sur le pouvoir

Hurtubise HMH

*Cet ouvrage a été publié grâce à une
subvention de la Fédération canadienne
des sciences sociales, dont les fonds
proviennent du Conseil de Recherches
en sciences humaines du Canada*

Maquette de la couverture:
Pierre Fleury

Éditions Hurtubise HMH, Limitée
2050, de Bleury, bureau 500
Montréal, Québec
H3A 2J4
Canada

Téléphone: (514) 288-1402

ISBN 2-89045-599-8

*Dépôt légal/3e trimestre 1983
Bibliothèque nationale du Canada
Bibliothèque nationale du Québec*

Imprimé au Canada

*À la lune
qui compose avec les ténèbres
et me réjouit dans la nuit.*

Introduction

Au cours de la mise en œuvre des projets les mieux définis, il arrive qu'on se laisse entraîner par les moyens, les alliés ou les ferveurs sur lesquels on comptait. On a besoin d'appuis, de complicités et d'assurance pour déployer ses intentions, mais ce qui se déploiera correspondra-t-il encore aux intentions?

Nous allons parler de la liberté, mais d'une liberté précaire. D'une part, elle semble tirer parti des conjonctures qui se succèdent. Elle peut réévaluer ses projets en cours de route et corriger ses propres initiatives au fur et à mesure qu'elles produisent des résultats non désirés. D'autre part, cette même liberté demeure dépendante vis-à-vis des occasions et des possibilités qui s'offrent à elle, tentée de s'accrocher à des certitudes illusoires alors même qu'elle est incertaine du succès de ses entreprises et, plus gravement, sans assurance au sujet ce de qui vaut la peine d'être poursuivi. La liberté de chacun est emportée par des mouvements sociaux que personne ne maîtrise vraiment. Elle court le risque de s'y égarer. Et pourtant, c'est en eux qu'elle peut aussi trouver, à la fois, inspiration, réconfort et pouvoir d'agir. Veut-elle lutter *contre* un de ces mouvements, il lui faut lutter *avec* un autre. Se rallier à un objectif, c'est aussi se rallier aux forces qui tentent de le réaliser.

Dans cette introduction, nous voudrions préciser ce qu'est la liberté, sa dépendance essentielle vis-à-vis de ses moyens, vis-à-vis d'autrui, vis-à-vis de ses propres habitudes et de celles du corps social. Nous voudrions montrer que les voies de son aliénation se confondent souvent avec les voies qui, dans un premier temps, lui ont permis de se concrétiser. Ensuite, nous définirons l'intention, l'objet et le plan de cet essai.

1. La finitude du vouloir et les nécessaires inerties culturelles

Les hommes vivent selon des institutions et des mœurs établies, selon des idées reçues, plus ou moins explicites, au sujet du monde et de l'histoire. Ils trouvent là le cadre dans lequel ils définissent leur existence privée et publique, leurs ambitions ou leur résignation. C'est grâce à ce cadre qu'ils ont éventuellement prise sur leur monde et sur leur histoire. Des projets ne se dessinent que sur un fond culturel. Celui-ci a déjà délimité le champ du possible et il est toujours difficile d'en sortir. Ce fond résulte d'initiatives innombrables mais il a son propre poids et sa propre inertie. Il est à la fois œuvre de la liberté, outil pour ses entreprises, situation qu'elle ne peut bientôt plus modifier à son gré. La liberté a besoin de la culture où elle est retenue prisonnière et des routines où elle s'enlise. Sans procédés bien rodés, quel serait son pouvoir? Sans rôles établis et complémentaires les uns des autres, où trouverait-elle l'organisation nécessaire à ses entreprises? Sans valeurs sûres, comment soutiendrait-elle sa résolution? Dans les diverses situations où ils se trouvent, les hommes ont déjà des statuts et des intérêts qui les appellent à exercer des responsabilités précises mais qui peuvent aussi les entraîner, les obnubiler et orienter leur histoire de façon irréversible, sans qu'ils en aient vraiment décidé.

Qu'on nous comprenne bien. L'héritage culturel qui équipe et encombre la liberté, n'est pas un accident évitable, dû à un passé particulier, mais sa condition même[1]. L'homme s'institue comme sujet en prenant quelque distance vis-à-vis de ses besoins et de sa situation. Dans cette distance, il met ses besoins en relation avec les possibilités qu'il est capable de repérer dans sa situation. Les besoins se transforment, s'enrichissent éventuellement de plusieurs harmoniques et se diversifient en même temps que le monde se révèle et s'élargit, que des manières de le percevoir et de le manipuler se constituent. Ce processus se poursuit de génération en génération, de façon cumulative. C'est dire que chacun hérite de manières d'être, de ressentir et d'agir qui vont de soi. La distance dont nous parlions plus haut se comble, au fur et à mesure qu'elle se creuse, de projets et de préoccupations plus ou moins complexes, et d'habitudes qui se construisent pour répondre à ces projets et à ces préoccupations. L'intention humaine prend du champ mais, dans ce champ, elle tisse un réseau de tours de main et de pensée, de rôles et de valeurs, et ce réseau peut lui devenir un rets. Elle le consacre un peu plus chaque fois qu'elle l'utilise. L'industrialisation illustre le passage d'un outillage prestigieux, fruit du génie humain, à une organisation de la société et à une mentalité dont on ne peut plus se déprendre. L'industrialisation a continué sur sa lancée unilatéralement, que ce soit dans l'euphorie ou dans un sentiment d'absurdité.

Ce n'est sans doute pas la nécessité de la nature qui est le premier antagoniste de la liberté mais bien ses propres œuvres où elle s'investit tout entière, ces œuvres-là qui lui paraissent peut-être les plus réussies, dans lesquelles elle se complaît ou sur lesquelles elle se repose. La liberté glisse insensiblement de l'habitude heureuse, outil indispensable à ses desseins originaux, au piège de l'inertie culturelle où elle s'amortit. Peut-être ce glissement serait-il sans remède si des luttes sociales ne venaient pas bouleverser les situations acquises et le confort des idées reçues. Peut-être de tels événements offrent-ils l'occasion de redéfinir les mentalités et d'utiliser des outils maîtrisés pour des œuvres nouvelles, en jetant l'homme, malgré lui, hors de ses routines. Encore faut-il se tenir prêt pour reconnaître et saisir l'occasion, et cela dépend encore de la culture dont on est et des perspectives morales qu'elle favorise.

* * *

C'est par l'agrégation de plusieurs vouloirs que se constitue la force qui pourra mettre en œuvre de grands desseins. Il importe donc de susciter et d'orienter une telle agrégation. Il n'est pas besoin d'être situé sur Sirius pour discerner des dynamismes sociaux qui méritent d'être encouragés ou provoqués. Il faut, à certains moments, oser entraîner ses semblables en leur promettant des succès dont on n'est pas trop sûr soi-même, mais qui dépendent de l'entrain d'un grand nombre. S'agit-il de bluff ou de courage politique, quand le mouvement qu'on amorce ainsi peut aboutir? Ceux qui réussissent à rallier des effectifs autour d'une politique peuvent devenir davantage des sujets de l'histoire et aider leurs alliés à le devenir.

Il y a deux lectures de l'histoire. L'une, théorique, qui explique les événements par leur enchaînement causal ou dialectique, qui explique ainsi les conjonctures et les mentalités qui se succèdent. L'autre, pratique, qui reconnaît et utilise les conditions de la situation présente pour y définir et y poursuivre des projets, pour machiner de nouvelles situations, de nouveaux événements, avec éventuellement toute la science d'un ingénieur, tout le doigté d'un courtisan. Ces deux lectures ne se discréditent pas l'une l'autre, mais se complètent. La seconde motive et utilise la première qui permet d'analyser les possibles et le parti qu'on pourrait en tirer. La première, en informant la seconde, lui permet d'échapper aux illusions du volontarisme.

À travers les vicissitudes quotidiennes, le désirable et le possible évoluent et se déterminent l'un par l'autre. Ceci est particulièrement évident en politique. Un homme d'État ne vise que ce qu'il a les moyens d'entreprendre, mais les forces qu'il peut mobiliser sont fonction de ce qu'il propose comme but. Ni le désirable ni le possible ne sont donnés une fois pour toutes. Il n'y a donc pas de plan d'action dont le bien-fondé soit garanti une fois pour toutes. Pourtant, on ne peut reformuler ses objectifs et s'inventer à neuf tous les matins. Pour se donner du cœur, pour en donner à ses alliés, on constitue en absolu les fins qu'on s'est assignées. Sans doute faudrait-il les remettre en cause périodiquement, mais elles finissent par acquérir une majesté indépendante des sujets, un statut public consacré. Pour correspondre à des desseins soutenus, il a bien fallu qu'elles s'inscrivent dans des institutions et des usages. Mais alors, sont-elles encore des desseins de la volonté et de l'intelligence, ou ne sont-elles déjà plus que les routines où se sont aliénées l'intelligence et la volonté? Derrière ces routines, il y a tous ceux qui, plus ou moins consciemment, veulent préserver des situations acquises et sont déjà bien placés pour préserver celles qui font leur affaire.

À partir de quel point la liberté s'oublie-t-elle? L'aliénation ne commence-t-elle pas déjà dans les institutions et la
vision du monde habituelle sur lesquelles s'appuie nécessairement tout plan original? Karl Mannheim a distingué,
en théorie, l'idéologie justificatrice, où s'enlise l'histoire,
et l'utopie motrice qui la fait progresser[2]. Mais comment
les départager dans la pratique? En fait, on passe insensiblement de l'une à l'autre, de l'amour heureux au mariage
maussade, de l'enthousiasme révolutionnaire à la bureaucratie suffisante, du prophétisme au légalisme.

* * *

Nous croyons poursuivre telles fins mais ce qui résulte
de nos initiatives se révèle souvent tout autre que prévu.
Il y a là un motif de désespérer. Il y a là aussi un motif
de réajuster sans cesse ses plans et ses objectifs mêmes pour
tirer parti des conjonctures successives. Mais cela exige
souvent un changement des mentalités. Or, celles-ci ne se
transforment pas au même rythme que les conjonctures. Il
est difficile de renoncer à ses façons de voir, à ses espoirs
et à ses valeurs les plus chers, et en retrouver d'autres plus
appropriés aux possibilités du moment. Lorsqu'on est encore tout entier sûr de son bon droit et des objectifs que
l'on poursuit, on n'est guère attentif aux bavures de ses
politiques. Puis, soudain, les insuffisances et les conséquences malencontreuses de ce que l'on a fait sont les plus
fortes et bousculent notre belle assurance. On tombe de
haut si on a refusé de les envisager plus tôt et si on les a
laissées à leur libre cours. Pourra-t-on retrouver la détermination nécessaire à l'action, et surtout à l'action collective,
après avoir dû renoncer aux perspectives dans lesquelles
on avait défini ses plans, ses idéaux et sa propre identité?

Ne sera-t-on pas déçu irrémédiablement par l'écart entre ce qui avait été voulu et ce qui s'est produit?

2. *Objet et plan de cet essai*

Nous venons d'esquisser quelques questions autour desquelles se développeront les chapitres qui suivent. Le vouloir n'advient et ne subsiste qu'au sein d'une histoire déjà entamée, d'habitudes et de mentalités déjà instituées. Il nous faudra comprendre comment des fins se définissent et se réalisent en fonction des outils, de l'organisation économique, des alliances politiques et des idéologies disponibles, comment ces facteurs imposent leur loi et entraînent le vouloir.

Ce qu'on appelle une fin éthique ne tombe pas du ciel. Si elle précède et éclaire la lecture des possibles, c'est au milieu de ceux-ci qu'elle se précise. Elle est un «devoir être» qui se définit au creux du donné en même temps qu'elle le révèle sous un certain jour. Elle se détermine en relation à l'avenir que l'on prévoit vraisemblable, en relation aux moyens et aux occasions sur lesquels on table. Mais du coup, l'avenir n'est plus seulement ce qu'on prévoit. Il est aussi ce qu'on veut faire advenir et qu'on espère pouvoir faire advenir. Les occasions et les moyens dont nous parlions ne sont pas seulement ceux qui s'offrent. Ils sont aussi ceux qu'on essaie de discerner et qu'on prépare. Des valeurs et des espoirs prennent figure, s'entretiennent ou se renouvellent en fonction des pouvoirs dont on dispose ou dont on disposera, et des événements qui se produisent ou qu'on anticipe. Mais il est aussi vrai que ces événements et ces pouvoirs ne sont reconnus ou machinés qu'en regard des valeurs et des espoirs auxquels on tient.

C'est parce que les hommes refusent les situations qui leur sont faites, qu'ils prospectent les moyens de les changer. Dans le refus de leur sort comme dans la prospection de ce qu'ils peuvent, ils dépendent de leurs traditions morales. Celles-ci appartiennent aux situations héritées. Par ailleurs, elles véhiculent non seulement des valeurs mais aussi, parfois, des attentes plus ou moins utopiques, plus ou moins enthousiastes, vis-à-vis de l'avenir. Peut-être sont-elles excessives ou illusoires. Néanmoins, c'est dans la perspective de ces attentes que des faits sont repérés et appréciés, que des fins se définissent. Remarquons que les espoirs comme les fins se concrétisent ou se transforment en fonction des pouvoirs dont on dispose, des faits qui se produisent ou qui sont prévus. Il leur faut bien composer avec le réel pour demeurer vraisemblables.

Montrer que le vouloir, le pouvoir et l'espoir se déterminent réciproquement va nous amener à étudier une autre dialectique : celle qui s'établit entre les individus qui forment une collectivité et entre différentes collectivités. C'est que le vouloir, le pouvoir et l'espoir de chacun sont fonction de ceux des autres, de la façon dont ceux des autres s'agrègent pour former des forces communes, des perspectives et des idéaux partagés. Si nous étudions la situation où la liberté trouve matériaux, inspirations, occasions et médiations, aussi bien que limites et contraintes, il nous faut comprendre comment les projets de plusieurs s'ajustent les uns aux autres, s'enchaînent ou se contrarient les uns les autres et constituent l'horizon dans lequel chacun se comporte. Car le destin de chacun est indissociablement mêlé à celui des autres. Les possibilités comme les rôles qui s'offrent à l'individu dépendent de son entourage. Il lui faut bien tenir compte de ce qui se fait autour de lui. Sa sensibilité morale la plus intime se rattache à une mentalité. Cela ne signifie pas qu'un homme se confonde avec son milieu, mais que les hommes s'influencent réciproquement, chacun contribuant plus ou moins à la situation de tous.

Il est difficile de maîtriser toutes les conséquences de ses initiatives, parce qu'elles dépendent de tant d'aléas, notamment des réactions d'autrui et de leurs effets d'entraînement. L'interdépendance des hommes n'implique aucunement qu'ils se concertent et poursuivent les mêmes desseins. Ensemble, ils produisent l'histoire mais, en dépit des tentatives les plus totalitaires ou les plus volontaristes, personne ne la contrôle tout à fait. Elle est le résultat de l'interaction de variables si complexes et si nombreuses qu'elle résiste à toute direction qu'on tenterait de lui donner. L'histoire est toujours autre que ce qu'on avait voulu ou prévu. Cependant, elle nous affecte jusque dans nos ressorts les plus secrets. Nous ne pouvons que nous adapter tant bien que mal à son devenir. Nous héritons de significations, d'institutions, de coutumes que nous n'avons pas choisies, «qui, à la fois, résistent et donnent prise à l'action humaine»[3]. Cet héritage détermine ce que nous pouvons et voulons; il est aussi ce sur quoi nous nous appuyons pour agir.

L'héritage dont il est ici question, est le résultat plus ou moins aléatoire d'actions passées. Cependant, cet héritage n'est pas n'importe lequel. Il dépend du rapport des forces sociales et des politiques que poursuivent celles qui s'imposent. Si une mentalité et une organisation du travail assurent le pouvoir d'une catégorie sociale, il est vraisemblable qu'elle tâchera d'établir ou de perpétuer cette mentalité et cette organisation. Elle utilisera à cet effet tout le pouvoir qu'elle détient déjà.

La dialectique entre vouloir, pouvoir et espoir, la dialectique entre l'histoire de chacun et celle de tous, la dialectique entre les inerties du passé et les projets tournés vers l'avenir, la dialectique entre les différentes forces sociales, se recoupent évidemment. C'est ce que nous aurons à l'esprit au cours des trois parties de cet essai. Nous nous mettrons tour à tour au point de vue du vouloir éthique, au point de vue du pouvoir politique, au point de vue des espoirs qui soutiennent celui-ci et celui-là. Mais quand nous parlerons de chacun de ces sujets, ce sera pour les situer au sein des dialectiques que nous venons d'évoquer. C'est dans celles-ci qu'ils prennent toute leur signification.

Dans la première partie, nous insisterons sur l'historicité et la contingence des valeurs, des mentalités et des traditions morales. Nous verrons comment des fins éthiques se définissent à travers les moyens mis en œuvre, à travers les sollicitations et les occasions qui surviennent au cours de l'histoire. Nous verrons comment les sujets sont souvent obnubilés par les institutions, la distribution des rôles, les outillages et les plans qu'ils ont peut-être créés de toutes pièces, qui sont en tout cas œuvre humaine. Nous tâcherons d'analyser dans cette optique le système d'idées, d'intérêts et de forces sociales qui s'est noué dans la société post-industrielle, système qui conditionne les initiatives humaines et leur laisse une marge de manœuvre relativement étroite.

Après avoir tâché de saisir, dans la première partie, l'interdépendance entre ce qu'on pourrait appeler l'infrastructure et la superstructure, nous en resterons, dans la suite, au point de vue de la superstructure. Nous nous interrogerons sur les stratégies politiques et les espoirs du vouloir.

Dans la deuxième partie, nous essaierons de comprendre ce qu'est le pouvoir politique. Nous verrons comment ceux qui en usent, risquent d'en abuser ou d'être abusés par lui. Pour être fort, il faut bien s'unir mais la force ainsi constituée n'est pas également contrôlée par tous les membres de l'union. Les uns sont toujours plus ou moins manipulés par les autres. Nous verrons comment les objectifs et les ralliements politiques se définissent en fonction des intérêts actuels de différents groupes sociaux mais dépendent aussi des antagonismes déjà institués, des idéologies et des partis qui occupent déjà la scène.

Dans la troisième partie, nous parlerons de l'espoir qui soutient les vouloirs, mobilise et rassemble des forces sociales. Une existence a besoin de savoir ce qu'elle peut attendre de l'avenir avant de se déployer dans des initiatives particulières. Ce savoir tend à se mettre hors de question. Son rôle est de rassurer et d'affermir les cœurs. Mais il lui faut aussi s'adapter à la réalité pour ne pas être démenti par la suite des événements. Nous évoquerons à ce propos le millénarisme le plus enthousiaste et le marxisme le plus empirique. Même le premier aide ses adeptes à assumer l'expérience quotidienne et doit bien en tenir compte. Même le second transfigure et dépasse le donné par ses paris et ses promesses. Ce que le marxisme dit prévoir scientifiquement et attendre avec confiance, n'est peut-être que ce qu'il souhaite. En affichant des certitudes, il se donne du courage et éventuellement des alliés. Il pourra ainsi réaliser ce qu'il souhaite. Pour de bonnes causes, on a parfois besoin de mauvaises théories ou d'enthousiasmes qui ne vont pas sans aveuglement.

Le pouvoir politique devient facilement une fin en soi, et les fins qu'il proclame ne lui sont plus, dès lors, que des moyens de propagande. Pourtant, pour défendre les meilleures intentions, la propagande et le pouvoir n'en sont pas moins nécessaires. Il est de bon ton, aujourd'hui, de dénoncer les mensonges des aspirants révolutionnaires : derrière leurs promesses d'un monde meilleur, on soupçonne déjà la tyrannie ou, à tout le moins, le nouveau conservatisme qui s'établira sous le couvert et au nom de grands idéaux. Mais c'est confondre ceux-ci et l'usage pervers qu'on en a déjà fait et qu'on en fera encore. C'est dénigrer tout espoir de combattre les injustices actuelles, c'est cultiver un défaitisme bien utile à la conservation des pouvoirs établis. Sans doute convient-il de se méfier des utopies et du totalitarisme ou de l'aveuglement qu'elles recèlent. Il convient aussi de reconnaître leur vertu mobilisatrice.

Nous allons commencer la première partie en avouant un préjugé qui est aussi un pari sur l'avenir. Au moins le lecteur sera-t-il prévenu des faiblesses de nos théories et pourra-t-il se méfier de l'aveuglement qui se mêle peut-être à nos espoirs.

Cet essai de philosophie pratique fera souvent appel aux sciences sociales. Ces dernières ont profondément transformé la pratique éthique et politique. Malheureusement, il ne sera pas possible d'être exhaustif dans le traitement des problèmes qui relèvent d'abord de ces sciences. Par ailleurs, les digressions et les exemples prendront beaucoup d'importance dans cet essai. S'il s'agit de saisir sur le vif la dérive des meilleures intentions dans le fanatisme ou l'inertie bureaucratique, un croquis ou une allusion historique valent mieux qu'une longue théorie. Les exemples seront plus que l'illustration d'une théorie. C'est en les approfondissant que nous développerons notre problématique. La pratique que nous décrirons ne se résume pas en quelques idées claires. Pour la suivre à la trace, pour en comprendre les ressorts, bien des détours seront nécessaires. Nous ne pourrons même pas aboutir à une conclusion satisfaisante pour certains esprits systématiques, puisque nous soutiendrons que la pratique éthique et politique se doit de refuser la fascination de tout système et de toute solution prétendument finale. Tout cela sera redit clairement.

Introduction

Notes de références

1. Condition au double sens du mot : sens de préalable nécessaire (condition sans laquelle...), sens de situation obligée (condition dans laquelle on se trouve, la condition humaine ou la condition de l'esclave...). Évidemment, nous ne traitons pas ici du commencement chronologique de la liberté, mais nous supposons que celle-ci ne peut apparaître qu'au creux d'une pratique sociale, acquérant à la fois une certaine maîtrise et certains plis.
2. In *Idéologie et utopie,* Librairie Marcel Rivière, Paris, 1957.
3. N. WACHTEL, *La Vision des vaincus,* Gallimard, Paris, 1971, p. 309.

La liberté morale et les habitudes du corps social

1. Pari pour la liberté

L'individu est enrôlé au sein de plusieurs entreprises et solidarités. L'avenir qu'il voudrait promouvoir est lui-même fonction de ces solidarités et de ces entreprises. L'aventure de chacun est mêlée à celle des autres. Personne ne peut maîtriser les conséquences de ses propres initiatives dès qu'elles se répercutent dans l'espace social. Personne ne peut même savoir toutes les influences qui définissent jusqu'au plus intime de l'âme. L'histoire conditionne nos mœurs, nos desseins et jusqu'aux perspectives de nos consciences. Et quand, ainsi conditionnés, nous

croyons savoir ce que nous voulons, l'histoire nous entraîne encore ailleurs que nous ne l'avions voulu.

La liberté de poursuivre sa propre destinée n'est peut-
être qu'une illusion que l'on a dénoncée ou que l'on a cultivée selon les moments et les modes. Ce que le sujet estime
être son œuvre n'est peut-être que l'accomplissement de
l'inexorable. C'est en tout cas une hypothèse simple et
claire, qui peut tenir lieu de sagesse et justifie bien des dé-
missions. Il n'est pas moins sage de parier pour la liberté,
pour les œuvres et le sens qu'elle voudrait instituer, en
dépit des inerties et des complexités sociales, grâce au savoir de ce qui est déterminé de façon inexorable, grâce à
l'imagination, à l'audace et à la ruse morales et politiques.
Cet essai s'inscrit dans l'horizon d'un tel pari. Il le présup-
pose et veut expliciter les conditions dans lesquelles il pourrait être tenu. Il ne va donc pas sans parti-pris ni sans une
certaine inquiétude. Car le pari dont nous parlons peut
être perdu et n'est jamais gagné une fois pour toutes. En
d'autres mots, on ne peut façonner son destin à son gré, on
ne peut même pas toujours en tirer parti. Néanmoins, nous
voulons savoir quelles sont les lois du devenir social, en
vue de définir ce qu'il nous est permis d'espérer et d'entreprendre, et non pas pour déclarer toute volonté vaine
face aux déterminismes.

La lecture que l'on fait du devenir social et des possibilités qu'il offre, suit généralement le courant que favorisent
les institutions et les intérêts les mieux établis. Même les
opinions éthiques et politiques suivent le même courant.
C'est pourquoi ceux qui veulent décider de l'avenir plutôt
que suivre le courant, doivent d'abord reconnaître les
forces à l'œuvre dans l'histoire et jusque dans l'histoire de
leur propre mentalité. Ni la connaissance de ces forces ni

la conscience ne sont jamais parfaites mais elles ne sont pas inutiles pour cela. Si la liberté se révèle plus qu'un vœu, c'est qu'elle aura d'abord compris la situation où elle se trouve et où se trouvent tous ceux sur qui elle compte. Alors elle pourra définir des projets possibles, apprécier leurs chances de réussite, préparer ces chances et les exploiter. C'est là le seul chemin que puisse prendre une liberté qui ne renonce pas à elle-même.

Habituellement, les situations évoluent autrement que prévu. On se trouve entraîné par elles, distrait des objectifs qu'on s'était d'abord assignés, dans l'impossibilité de les poursuivre ou bien dans des circonstances telles que ces objectifs n'ont plus de pertinence. Alors il faut bien essayer de renouer des projets au creux des conjonctures qui se succèdent. Elles nous déroutent peut-être mais nous provoquent aussi à redéfinir ce que nous voulons et, éventuellement, ce que nous sommes.

Le sujet qui veut être libre, c'est-à-dire être lui-même et répondre à l'exigence éthique la plus fondamentale, ne peut que s'inventer en inventant ses fins à même les situations où il se trouve. Dans cette affaire, il est à la fois soutenu et entraîné par sa tradition morale. C'est à partir de celle-ci qu'il s'invente et, par le fait même, il la réinvente et la modifie. Il arrive évidemment qu'on s'accroche à des mœurs familières, qu'on veuille les conserver coûte que coûte et qu'on s'entête à ne rien changer. Mais ce n'est pas de cela que nous parlons ici. Nous voulons discuter de l'adaptation des traditions en réponse aux circonstances. Ensuite, nous chercherons une voie moyenne entre le scepticisme systématique et les certitudes définitives en morale.

* * *

Même les valeurs qui passaient pour absolues ou ultimes, se transforment au cours de l'histoire. Encore faut-il
comprendre cette transformation. Parfois, elle se laisse
penser comme découverte progressive de significations déjà
impliquées dans des idéaux antérieurs, alors que les significations qu'on avait d'abord prêtées à ceux-ci perdent leur
importance. Par ailleurs, le développement d'une même
tradition morale peut, sans aucune brisure, changer complètement de direction par une série de tournants insen-
sibles mais cumulatifs. Bousculé, dépaysé par les viscissi-
tudes de l'histoire, l'homme se réfère à des valeurs et à des
croyances traditionnelles, mais, en même temps, il est
peut-être en train de leur donner une portée toute neuve
qui lui permet de s'orienter dans la situation où il se trouve.
Au moment où il s'imagine fidèle aux mœurs de ses pères
et se donne ainsi la garantie de la permanence, il a peut-être
déjà transformé ces mœurs. Inversement, alors qu'il estime
avoir rompu avec sa tradition morale, il se peut qu'il la
continue en en explorant des aspects neufs. Un individu
ne pourrait se couper complètement de sa tradition, mais
celle-ci ne subsiste de génération en génération qu'en étant
manipulée et remanipulée pour répondre aux différentes
situations qu'elle traverse. Il est des traditions qui s'appro-
fondissent et d'autres qui se transforment plus ou moins
totalement.

La tradition, c'est donc aussi une invention permanente
à partir de références vénérées. Si, à son propos, on peut
parler de développement, il n'est pas nécessairement li-
néaire et encore moins téléologique. Il se peut que la continuité soit moins réelle qu'imaginée. Elle offre quand
même dans ce cas un enracinement affectif dont l'invention actuelle a besoin pour se déployer. Accomplir des rites

familiers, citer des versets de l'Écriture, à propos ou hors de propos, vouloir y trouver coûte que coûte un enseignement, rassurent le cœur effarouché par les difficultés du moment et l'aident à retrouver son chemin dans des circonstances déroutantes.

S'il est permis de parler de l'approfondissement d'une même valeur, non seulement à travers les moyens mis en œuvre pour la réaliser, mais aussi à travers des objectifs et des idéaux successifs, c'est que la valeur est d'abord une anticipation vague qui se précise dans des réalisations concrètes et limitées, qui se redéfinit à travers les circonstances. On comprend que la succession d'objectifs et d'idéaux puisse correspondre à l'actualisation progressive d'une même valeur. Mais les objectifs et les idéaux qui se succèdent et qui semblent découler les uns des autres avec continuité, peuvent aussi correspondre à un changement radical d'orientation, et ce d'autant plus que l'on observe les phénomènes sur une longue période. Bref, la continuité d'une tradition est une notion équivoque.

Cela dit, la permanence des valeurs étant mise en doute, on pourrait reprendre la discussion à un autre palier et déceler derrière la diversité des cultures et le devenir des codes moraux de chacune, une même quête de la liberté et de la coexistence de sujets libres[1]. Mais ce n'est pas là notre propos. Revenons-en à l'individu qui tâche d'orienter son existence au milieu des circonstances qu'il traverse, tout en s'appuyant tant bien que mal sur sa tradition. Ses essais et ses erreurs peuvent sembler dérisoires à qui s'est assuré d'un point de vue englobant l'histoire des sociétés. Les essais et les erreurs de chacun sont pourtant le lieu même où se dessinent tout sens et toute valeur.

* * *

Le mouvement d'anticipation dans lequel une existence se projette, dessinant une perspective d'avenir et y ordonnant son comportement, ne s'entretient qu'en s'appuyant sur des réalisations concrètes qui lui sont un relais et, éventuellement, un encouragement. Il faut à ce propos distinguer deux types de réalisations. Il y a celles que l'on reconnaît comme exemplaires et achevées, dont on choisit de s'inspirer, qui deviennent un motif d'en faire autant, et qu'on enjolive sans doute pour les besoins de la cause[2]. D'autre part, il y a les réalisations qui font partie d'un projet en cours, en constituent les étapes déjà complétées, à partir desquelles il se précise et se corrige. Pour qu'un projet soit plus qu'une velléité nébuleuse, il faut qu'il soit mis en œuvre et se détermine progressivement en fonction des possibilités. Et c'est en cherchant sa voie à travers des projets particuliers, par essais et erreurs, dans l'épaisseur du quotidien, que l'existence perpétue une tradition de l'initiative et de l'espérance. Elle en vit et en donnera peut-être, à son tour, un témoignage exemplaire.

Cependant, il semble que le parti-pris en faveur d'une destinée que l'homme devrait et pourrait prendre à son compte, n'aille pas de soi. On a dénoncé les naïvetés de la tradition où il s'enracinait. On a dit la relativité de toute morale et le sujet ne trouve plus de certitudes qui l'entraîneraient. Il est peut-être libre de préjugés mais, en même temps, sans foi en un horizon de sens où inscrire ses œuvres, y compris son œuvre d'élucidation. Dès lors, celle-ci apparaît à elle-même insignifiante, comme lui sont apparues insignifiantes l'existence et les valeurs. La lucidité sur fond d'une humeur désenchantée, non seulement souligne la vanité des idéaux, mais encore emploie ses dernières forces à célébrer l'absurdité. Elle n'a d'autre but que son propre bavardage.

Il y a aujourd'hui peu de consensus au sujet des modèles de conduite. La plupart des hommes semblent ne pouvoir assumer cette situation. Il faut beaucoup de courage et d'imagination pour jouer sa vie sans règles définies a priori et chercher patiemment ce qui mérite la vénération. Ainsi, il semble bien qu'une fois débarrassée de l'éthique du travail, la bourgeoisie contemporaine se trouve encombrée par une liberté dont elle ne sait que faire[3].

Notre temps risque de se complaire dans l'insignifiance et le relativisme comme d'autres se sont complus dans des croisades. Il connaît d'ailleurs, et par contrecoup, des engouements dans la ferveur desquels on ne se réfugie que pour fuir l'irrésolution et le sentiment du vide. Quand ils apparaissent dans des milieux instruits de la complexité psychique et sociale, le fascisme, les extrémismes de gauche ou de droite en politique, le renouveau fondamentaliste en religion, sont des exemples d'une foi forcenée, qui apparaît de mauvaise foi. Foi inspirée par la peur du non-sens plutôt que par la volonté de créer du sens, foi qui perpétue donc le non-sens.

Il ne suffit pas de briser les idoles pour être le sujet de sa propre existence. Il faut encore faire prévaloir le goût de l'initiative sur le désenchantement. Il faut susciter une espérance du sens qui ne demande qu'à renaître et savoir que rien ne la justifie en dehors de la perspective qu'elle ouvre. Elle est la disposition nécessaire à toute entreprise. Elle se nourrit des réussites qu'elle autorise, même si celles-ci sont souvent bien différentes de ce qui avait été anticipé. Il s'agit d'imagination pratique, de la disposition à reconnaître et à prospecter les possibilités qui ne s'offrent qu'à ceux qui veulent les trouver. Voilà qui est tout le contraire du vouloir d'un idéal figé, fétichiste ou sans relation à la réalité[4].

Répétons-le. La réflexion ne découvre guère d'autre fondement de l'existence que le sens pratique dont celle-ci prend l'initiative. La réflexion est elle-même un geste sans autre justification que l'œuvre d'intelligence et de communication qui résulte de sa persévérance. Elle ne découvre aucune valeur qui obligerait à coup sûr et justifierait l'existence toujours et partout. Mais cela ne signifie nullement qu'il n'y a pas de valeurs à découvrir, à inventer et à poursuivre. Bien sûr, elles ne tombent pas du ciel. Elles prennent figure à travers les possibilités que l'on ose reconnaître. Elles se précisent à même leur mise en œuvre. Pour les définir comme pour les réaliser, il faut être attentif aux occasions qui peuvent se présenter tous azimuts, s'en saisir et s'en accommoder.

* * *

La critique qui relativise les valeurs dont on vit ou dont on pourrait vivre, inquiète. Elle risque d'abîmer l'existence dans une irrésolution stérile. Le phénomène n'est pas neuf mais s'étend avec la vulgarisation d'éléments décousus de la psychologie et des sciences sociales. Pourtant, la critique morale trouve sa fonction au service de projets pratiques. Il faut transgresser toute idée préconçue au sujet de ce qui se fait ou ne se fait pas, quand il s'agit de réajuster ses objectifs en fonction des possibilités, quand il s'agit de déceler et celles-ci et le parti qu'on pourrait en tirer.

Il faut en tout cas se garder de deux facilités : le scepticisme systématique qui désespère de rien entreprendre et les certitudes toutes faites qui rendent incapable de déceler dans l'actualité des chemins inusités. D'ailleurs, de telles certitudes mènent au scepticisme quand, à l'expérience, elles s'avèrent illusoires. Quant au sceptique, dès que survient une question pressante, il retourne souvent aux réponses les moins critiquées et les plus habituelles. C'est en s'appuyant sur ces réponses, en trouvant refuge dans les «bonnes manières», qu'il peut continuer à jouer le désinvolte. Il arrive aussi que le sceptique finisse par trouver insupportable l'indétermination morale. Il risque alors de se précipiter dans des certitudes illusoires mais consolatrices, de céder aux engouements dont nous parlions plus haut.

Engager ainsi la réflexion, c'est la mettre au service d'un pari en faveur d'une pratique qui cherche quotidiennement sa direction, c'est l'inscrire dans une quête des fins possibles. Des maîtres du soupçon, comme Nietzsche, Marx et Freud, mirent en question les valeurs et la culture. Ils luttèrent, avec tout leur esprit, contre les faux-semblants où s'abîmait l'esprit. Ils firent bonne chasse aux mensonges, aux impasses et aux errances de la conscience. Mais ils osaient espérer en sa capacité de poursuivre une destinée moins insensée, dans certaines conditions. C'est pour établir ces conditions qu'ils travaillèrent tant. Leur œuvre ne justifie en rien la légèreté ou la lâcheté de ceux qui se réclament d'elle, à tort et à travers, pour ne rien entreprendre, ruiner toute espérance ou excuser des défaitismes plus ou moins opportunistes. L'œuvre de Marx ne justifie pas davantage les ferveurs non analysées des aventuriers de la révolution, des romantiques du socialisme ou des «fanatiques de l'apocalypse».

2. *Responsabilité, sociabilité et historicité*

Nous avons dit parier pour une liberté qui, au sein des circonstances les plus déroutantes, réussirait à imaginer le parti qu'elle pourrait en tirer. Mais pour tenir un tel pari, un sujet doit commencer par adapter ses fins subjectives aux situations objectives, valoriser l'initiative réfléchie et l'efficacité, c'est-à-dire une certaine rationalité des moyens. Or, une telle attitude n'est pas universelle.

Même si on en a les moyens, on peut être trop désillusionné ou trop timoré pour oser rien entreprendre, trop impatient ou trop enthousiaste pour être méthodique. Il arrive qu'on soit affectivement incapable de se réconcilier avec ses propres limitations ou avec celles de son monde, qu'on n'ait pas le cœur de voir les choses en face et de se plier aux exigences de stratégies réalistes et complexes. L'indignation morale la plus passionnée peut masquer une acceptation résignée du cours des choses. En n'abordant pas systématiquement les problèmes que l'on soulève fiévreusement, on se laisse déborder par ceux-ci. On serait tenté de dire que le pusillanime se donne ainsi bonne conscience : il est la victime impuissante d'un sort qu'il grossit. Mais s'il n'a pas l'espoir de maîtriser son sort, pourquoi essaierait-il de le maîtriser ? Peut-être faut-il avoir quelques bonnes cartes en main pour avoir le goût de les jouer toutes avec efficacité. Choisit-on d'avoir ce goût en partage, plus qu'on ne choisit ses cartes ?

Il convient de se demander pourquoi la contestation globale et inopérante persiste, et a même gagné du terrain, dans des sociétés industrialisées, notamment dans des milieux universitaires où la compétence et l'analyse sont à l'honneur ; pourquoi la gauche politique est contestée par des gauchistes ; pourquoi le découragement semble grandir avec les moyens dont nous disposons et les responsabilités qui nous incombent.

Face aux non-sens de la croissance économique et de la bureaucratisation, face aux impasses où mènent les meilleures intentions, face aux complexités des stratégies politiques et aux compromis qu'elles exigent, certains se retranchent dans un rejet global et romantique de ce qu'ils appellent le système. Ils créent un univers d'images et de mots, où le refus de l'argument, le primat de l'affectivité, l'identification à une utopie plutôt qu'à une fonction au sein d'un plan, l'explosion sans dessein des spontanéités, contredisent, au plan même du style, la discipline et l'affairisme des «gens sérieux», et en accusent la vanité. Ils associent dans une commune réprobation la droite conservatrice, la gauche technocratique et tous ceux qui se soucient de politiques efficaces. Leur impatience vis-à-vis de l'idéal, leur intolérance vis-à-vis de la réalité, sont telles qu'ils n'aboutissent qu'à des discours et des initiatives irréalistes. Ils ne peuvent évidemment pas réussir politiquement s'ils commencent par refuser tout compromis avec une société honnie, ne veulent même pas l'analyser sérieusement et jugent que toute modération est une trahison. Ils se consolent de leur inefficacité dans le sentiment d'une foi intacte en la croisade qu'il faudra faire ou qu'ils s'imaginent faire. Ils se composent un personnage dans les rites, les slogans et les outrances de leurs groupuscules. Ils célèbrent le royaume des fins en rejetant tout ce qui n'est pas lui, parfait, immédiat, et se campent dans ce rejet. Ils trouvent un refuge dans des attitudes sectaires et ludiques qui ont quelque chose de surréaliste[5], comme d'autres trouvent une justification dans la prudence et l'efficacité réelle ou imaginée de leurs œuvres.

Dans la suite, nous opposerons ceux qui professent des idéaux entiers et demeurent intransigeants à ce propos et, d'autre part, ceux qui se soucient du possible et le calculent avec précaution. Il y a là deux voies qui peuvent se pondérer et se compléter l'une l'autre. Il y a là aussi deux voies qui, chacune, peuvent devenir une façon d'éviter toute responsabilité, une manière de s'inventer de bonnes raisons de ne rien faire. Selon la première, on refusera de se salir les mains et d'employer les moyens nécessaires à ses prétendus objectifs. Selon la seconde, on refusera de courir des risques. Faut-il blâmer celui qui se laisse enfermer dans l'une ou l'autre de ces attitudes? Pas plus que celui dont nous parlions plus haut, qui s'indigne fiévreusement du cours du monde mais n'y change rien. Non seulement il y a des limites objectives à ce qu'on peut entreprendre, mais la lecture que l'on fait de ces limites et la volonté de changer le monde dépendent de mentalités qui ne sont guère malléables. Il ne suffit pas de condamner l'attitude des contestataires-par-principe. Il faut d'abord comprendre comment ils vivent les échecs et les insuffisances du réformisme, comment ils ressentent leur impuissance face aux événements macro-sociaux, à quelle classe sociale ils appartiennent et quelles perspectives pratiques de changement on peut envisager quand on appartient à cette classe. Nous allons nous poser les mêmes questions à propos de l'attitude des gens sérieux qui gèrent la société industrielle sans la remettre en cause.

Max Weber, entre autres, a tâché de comprendre les conditions qui avaient pu favoriser les mœurs raisonnables, le goût de l'efficacité et de l'initiative qui ont caractérisé une certaine bourgeoisie[6]. Il a montré comment, dans une conjoncture historique particulière, la volonté de réussite et la prévision à long terme avaient pu s'établir dans la pratique économique. Plus récemment, des auteurs comme David Riesman, Jacques Ellul et Herbert Marcuse ont voulu rendre compte de la métamorphose et de l'extension de la bourgeoisie. Ils ont expliqué, en termes fort différents d'ailleurs, comment elle s'est placée dans une telle situation objective et a adopté de telles mœurs qu'elle s'abandonne aux événements[7]. Elle s'emploie dans une économie déjà instituée, se laisse porter par celle-ci, la perpétue et, par le fait même, conditionne l'histoire de tous. Elle ne voit pas ou ne veut pas voir comment elle pourrait changer le cours des choses qu'elle administre pourtant avec une certaine compétence et pour son plus grand intérêt.

Comme il s'agit d'un phénomène collectif où les responsabilités sont diffuses, inégales certes, mais partagées néanmoins, la mauvaise foi est bien difficile à distinguer du conditionnement social. Chacun se réfugie derrière les pratiques et l'opinion de tous. Où trouverait-il le courage de faire mieux? À quoi bon prendre une initiative qui ne mène nulle part si elle ne devient pas aussi celle de beaucoup? Par exemple, pourquoi payer des impôts avec scrupule si les autres ne font pas de même? Il s'agit moins d'un alibi pour excuser l'incivisme que de l'inutilité évidente d'un civisme isolé. À quoi bon aller à l'encontre du courant, si on n'a pas une stratégie qui offre plus que le laisser-aller? Plutôt que de mauvaise foi, il faut parler dans ce cas d'un sentiment d'impuissance qui est à peine l'objet d'un choix.

La situation où s'amortit la volonté de changement de la bourgeoisie d'aujourd'hui[8], résulte de ses œuvres et de ses complicités, non d'un sort qui lui serait étranger. Mais les individus qui composent cette bourgeoisie ne peuvent réagir tant qu'ils sont isolés. Ils trouvent, pour la plupart, assez d'avantages dans leur situation, pour ne pas éprouver le besoin de s'unir en vue de la changer. Ils sont

aussi assez cultivés pour, à l'occasion, consommer contestation et contre-culture, assez cyniques pour reconnaître
parfois les impasses où ils s'engagent. Mais cette liberté
critique n'est souvent qu'un jeu, un jeu qu'autorise l'assurance que rien ne sera vraiment remis en cause.

On comprend les limites d'une telle liberté. Pourtant,
elle n'est pas nulle. Si les acteurs peuvent discuter du conditionnement social, c'est qu'il n'est pas absolu. D'autre
part, la pratique des collectivités, comme celle des individus, sans jamais être indépendantes des différentes conditions où elles se produisent, peuvent consentir aux unes
plutôt qu'aux autres, s'appuyer sur les unes et les renforcer
afin de s'affranchir des autres. À côté de tous ceux et de
tout ce qui contribuent au *statu quo,* il y a tous ceux et
tout ce qui poussent au changement. La marge de manœuvre est plus ou moins étroite, mais c'est dans cette
marge que se dessinent des stratégies, qu'elles sont imaginées et poursuivies. En un sens, nous redisons que le pari
dont nous parlions plus haut n'est pas injustifié. Mais nous
précisons que, pour le tenir et pour le gagner, il faut des
complicités dans les passions, les besoins et les intérêts qui
règlent la conduite des hommes et s'opposent à d'autres
passions, besoins et intérêts. En langage marxiste, on dirait
qu'il est possible de s'ouvrir à la sensibilité et de rejoindre
le combat d'une autre classe que celle dont on est issu, et
que le sentiment d'impuissance vis-à-vis du «système» ou
le refus des stratégies patientes doivent être dénoncées
comme «idéologiques».

* * *

Quand nous parlions d'une pratique qui aurait à chercher sa direction quotidiennement, nous pensions d'abord

à la dépendance dans laquelle chacun se trouve vis-à-vis des autres, qu'il s'agisse du choix de ses fins ou de ses moyens. L'existence la plus individuelle se définit dans la coexistence et, plus précisément, dans le devenir de cette coexistence. Elle trouve là des préoccupations et des habitudes déjà instituées, des outils et jusqu'à la suggestion de ses actions les plus originales. C'est dans la confrontation avec les perspectives et les décisions des autres que s'évaluent et se trempent normalement toute perspective et toute décision personnelles. On est enchaîné par les solidarités qui nous lient aux uns mais on est aussi provoqué à s'en arracher par les requêtes ou les défis que d'autres nous lancent, par l'audace à laquelle leur parole ou leur exemple nous invitent, par les erreurs ou la lâcheté que les premiers semblent illustrer et dont nous voulons nous différencier en rejoignant les seconds.

Une initiative qui veut réussir tient compte des multiples comportements qui sont déjà là, qu'il suffise de continuer sur leur lancée et de les relancer, qu'il faille les contrarier de biais ou de front, qu'on veuille les infléchir dans tel ou tel sens. Il faut aussi tenir compte des conséquences de ses propres actes en tant qu'ils interfèrent avec ceux des autres et avec les inerties des mœurs. Une intention ne se suffit pas à elle-même. Elle ne se réalise que par touches et retouches qui se succèdent dans le temps, à travers des circonstances et des réactions humaines plus ou moins imprévisibles, avec lesquelles il lui faut bien composer. C'est dire que l'histoire privée est mêlée à l'histoire publique.

La plupart des hommes mènent leur existence dans le cadre de plusieurs communautés ou solidarités, selon plusieurs perspectives. Celles-ci peuvent être divergentes et, en un autre sens, complémentaires. Si on se risque à militer politiquement dans l'espérance de grands bouleversements, on attend en même temps sécurité affective et gagne-pain de rôles plus modestes, médiocres peut-être, mais assurés. Par contre, les joies de la camaraderie, de la famille ou du métier peuvent trouver un surcroît de signification dans l'espoir d'un avenir politique grandiose. Il demeure que la fragilité de ces espoirs est supportable parce que la camaraderie, la famille et le métier offrent déjà un certain avenir. On parle surtout de grands espoirs mais c'est de petits que nous vivons le plus souvent. Ils sont parfois si petits qu'ils sont à peine exprimés et que le mot espoir semble grandiloquent, mais ils ont le mérite d'être concrets et réalisables.

Il n'y a aucun sens qui soit garanti, ni dans l'histoire de tous, ni dans l'histoire d'un seul. Mais si celle-ci poursuit un sens et le réalise plus ou moins, c'est que celle-là lui en offre la possibilité. Cette histoire de tous, du moins de tous ceux qui se trouvent rassemblés, n'est pas seulement le lieu des existences individuelles et ce qui résultera des initiatives de ces existences. Elle peut aussi apparaître comme une aventure à poursuivre ensemble, qui en appelle à chacun, le concerne, lui et sa postérité. Que l'on songe à une bataille pour l'alphabétisation ou le développement des campagnes, à la résistance contre l'occupant ou la lutte pour l'indépendance nationale, la conquête du droit de grève ou de l'école publique.

Il est des situations historiques où se dessinent des perspectives adaptées aux aspirations des acteurs. Il en est d'autres où l'individu ne sait que faire, où toutes les perspectives qu'il envisage paraissent bouchées. Mais, ne fût-ce que pour patienter et attendre des temps meilleurs, il faut pouvoir compter sur le soutien d'un milieu. Pour se donner du courage comme pour se résigner, n'a-t-on pas besoin d'être inséré dans un groupe dont on partage les convictions ou dans lequel on joue un rôle? Il n'y a pas de liberté qui puisse se déployer seule ni entretenir seule les consolations ou les attentes dont elle vit intimement. Même le héros solitaire se souvient de ses maîtres et trouve peut-être réconfort à la pensée qu'il sera à son tour un modèle pour la postérité.

C'est dans l'histoire que les hommes poursuivent leur destinée. Mais, par le fait même, ils produisent aussi l'histoire. Ils transforment les cadres sociaux dont ils ont hérité. Ils instituent certains rôles et une certaine distribution des rôles, des mentalités et des intérêts qui les rassemblent ou les opposent. Ils donnent ainsi lieu à des mœurs nouvelles dont dépendent leur avenir. Castoriadis précise ce que signifie dépendre dans ce contexte: «Notre rapport au social — et à l'historique, qui en est le déploiement dans le temps — ne peut être appelé rapport de dépendance, cela n'aurait aucun sens. C'est un rapport *d'inhérence* qui, comme tel, n'est ni liberté ni aliénation, mais le terrain sur lequel seulement liberté et aliénation peuvent exister, et que seul le délire d'un narcissisme absolu pourrait vouloir abolir, déplorer, ou voir comme une 'condition négative'[9].» Cependant, sur ce terrain, nous sommes toujours entraînés par les lignes de force qui s'y dessinent. Les médiations mêmes que la liberté s'est données, peuvent l'aliéner. Elles lui sont un destin intime, elles constituent pour le moins la condition qui lui est la plus inhérente. Ainsi, les procédés utilisés avec succès risquent de limiter l'horizon du souhaitable à ce que peuvent ces procédés. Des stratégies ou des alliances sur lesquelles on avait compté, tournent parfois de façon déconcertante. Il faut pourtant bien que le vouloir, pour se réaliser dans le monde, pour réaliser ses projets, se compromette avec des passions et des intérêts de tous poils. Jusqu'où ira le compromis? Avec quelles valeurs et quelles forces se retrouvera le vouloir?

Dans la suite de cette première partie, nous étudierons trois thèmes qui pourraient se formuler ainsi: interférences entre les moyens et les fins, entre l'intention et son extériorisation, entre la théorie et la pratique morales. Il y a là trois problématiques connexes qui nous serviront de fil conducteur pour saisir sur le vif comment la liberté se perd dans ses œuvres mêmes ou, plus exactement, engendre, par ses œuvres, des situations nouvelles où elle risque de s'égarer. Mais, dans ces situations, elle retrouvera peut-être des chemins prometteurs. Il y va de son être même. Car ses chemins sont ceux du sens qui s'offre, qu'il nous appartient de reconnaître et de faire advenir.

3. Interférences entre moyens et fins

L'exécution d'un projet ne suit pas nécessairement le programme dont on avait eu l'intention. Ce ne sont pas seulement les moyens qui changent. On doit souvent réapprécier l'objectif qu'on s'était assigné au fur et à mesure de sa mise en œuvre et de l'expérience des effets de cette mise en œuvre, au fur et à mesure aussi que se révèle le coût des moyens. La comparaison des coûts budgétaires et de l'efficacité de différents programmes administratifs, par exemple, aide le gouvernement à établir ses priorités et ses stratégies. On comprend que celles-ci soient en perpétuel réajustement[10]. Il ne suffit pas de dire que les programmes administratifs ne sont que l'application des objectifs gouvernementaux, ils sont aussi l'occasion de réévaluer ces objectifs.

Les moyens disponibles les plus économiques, ou les plus pratiques, entrent en ligne de compte pour définir les fins. Mais les moyens ont aussi leurs propres dynamismes ou leurs propres inerties qui risquent de nous distraire de nos projets initiaux. Ceci est évident lorsqu'il s'agit de projets à long terme impliquant beaucoup de monde. Les procédés dont on maîtrise l'usage, ceux dans lesquels la main-d'œuvre tient à s'employer et les cadres à consolider leurs positions, risquent fort de tenir lieu de fins ou du moins de ne pas être mis en question. Il y a des investissements que l'on veut amortir, des manières de penser et de faire, d'administrer et de produire, que l'on trouve onéreux de changer. En créant de nouveaux services et de nouveaux métiers, on institue aussi de nouveaux besoins et une nouvelle classe d'experts avec ses exigences. Par ailleurs, les hommes n'envisagent et ne poursuivent de concert que ce pour quoi les rôles, les outils et les administrations sont déjà établis. On laisse pourrir les problèmes qu'on ne peut traiter avec les moyens disponibles. Suffit-il d'invoquer l'intérêt pour expliquer pareille inertie? Très souvent, les intérêts objectifs sembleraient mieux servis par plus d'innovation et moins de routine. Mais la routine ne porte-t-elle pas aussi sur la façon dont chacun envisage son intérêt? Et ceux qui occupent une position dominante dans une situation donnée, ne désirent-ils pas, avec tout leur pouvoir, entretenir cette situation qui les sert? Nous reviendrons plus loin sur ces questions où les notions de pouvoir, de routine, d'intérêt et d'idéologie s'entre-croisent.

Les moyens nous entraînent donc à envisager nos fins d'une certaine manière. Ceux dont nous avons l'usage nous éloignent parfois des fins que nous voulions, nous en imposent d'autres ou nous habituent à en vouloir d'autres.

Avant de le déplorer, comprenons que les fins voulues en premier lieu peuvent se révéler vaines ou impossibles, que dans l'exercice des moyens on en découvre de nouvelles. On découvre éventuellement la satisfaction d'un ouvrage bien fait ou du devoir accompli au sein d'une équipe de travail et selon les critères de celle-ci. Que vaut cette satisfaction? Quelques exemples permettront de mieux poser la question.

Le métier des armes, ses routines, sa camaraderie, peuvent remplir le quotidien et justifier l'existence bien mieux que les idéaux et les ambitions politiques au service desquels les soldats sont enrôlés et ont pu trouver, dans un premier enthousiasme, une raison de s'enrôler. Ils ont quitté leur femme, leurs amis, leur profession, pour servir une patrie ou une cause abstraites. Il s'agit peut-être d'une grande cause ou d'une patrie qui méritent sacrifice et enthousiasme. Mais pour soutenir celui-ci et justifier celui-là, les soldats ont besoin de retrouver bientôt, dans des fidélités et des tâches concrètes, un enracinement qui aille de soi, le sel ou, au moins, la trame de leur vie. Ils prendront des risques parce que des compagnons attendent d'eux qu'ils partagent leur commune fortune, parce que c'est ce qu'exige le métier des armes. Cela ne signifie pas que les soldats puissent expliciter ces motifs. Interrogés là-dessus, ils reprendraient sans doute à leur compte des formules toutes faites de la rhétorique officielle, formules dont ils peuvent se moquer à d'autres moments[11].

S'il y a des soldats qui regrettent la guerre, des retraités qui ont la nostalgie de leur profession, c'est que la guerre ou la profession leur offraient une aventure où ils pouvaient se sentir utiles, ou bien tout simplement une aventure qui les pressait assez pour qu'ils puissent éviter de se questionner à ce sujet. La paix ou la retraite leur apportent, avec la solitude et le loisir, ennui et sentiment d'insignifiance. Les partisans qui coïncident avec la fièvre électorale et la lutte politique, n'embrassent-ils pas leur cause avec d'autant plus de ferveur qu'elle leur permet d'oublier une existence médiocre?

Avant de s'enthousiasmer et de se mettre à l'œuvre, il faudrait peut-être se demander qui ou quels buts on sert. Un outillage bien rodé invite à l'usage. Un métier, une aventure, une équipe au sein desquels on trouve un rôle à remplir, peuvent susciter dévouement et entrain. Mais qu'en résulte-t-il, qu'en coûte-t-il, quels intérêts utilisent ce dévouement et cet entrain? On se satisfait d'être un excellent technicien, un employé discipliné, un bon camarade. On investit toute son attention et tous ses scrupules dans des questions de moyens, on est plus à l'aise dans ces questions-ci et c'est sans doute déjà toute une réussite. Mais en même temps, on sert peut-être des fins dont on ne voudrait pas si on les regardait en face.

* * *

À côté des grands idéaux dont on parle et que l'on croit sans doute poursuivre, il y a de multiples raisons de vivre et de multiples satisfactions qui aident à vivre. On les trouve dans l'épaisseur du quotidien. Elles ne sont guère explicitées et ne vont pas toujours dans le sens des idéaux déclarés. Ce ne sont pas ceux-ci qui ont nécessairement le plus de poids aux yeux du sujet, quoiqu'il en dise quand il est sommé de s'expliquer. On parle parfois de la vie comme si elle correspondait à un projet soucieux de cohérence. C'est là une conception peut-être claire et flatteuse, mais trop partielle pour dire le moins. Il y a sans doute de tels projets dans beaucoup d'existences, mais ils peuvent être plusieurs, contradictoires et également impérieux. La vie ressemble davantage à une promenade dont le but affiché momentanément sert d'abord à rassurer le promeneur sur sa propre valeur et sur son identité, dont les buts véritables se forment en cours de route, sont souvent mal élucidés et pas nécessairement cohérents. En fin de compte, l'itinéraire ne suit pas une ligne droite. Le plus tortueux n'est pas le moins réussi. Il faudrait être bien sûr d'une direction pour ne jamais en dévier. D'ailleurs, même pour trouver le goût de consacrer sa vie à un grand objectif, il faut sans doute compter sur la complicité de mobiles qui soient moins grands. Dans ce contexte, on comprend que ce qui n'était que moyen prenne une tout autre signification, qu'il soit l'occasion de découvrir de nouvelles valeurs ou qu'il ajoute aux raisons de poursuivre celles auxquelles on tenait déjà. Ce n'est pas de tels détours qui aliènent le vouloir, mais le fait de se laisser entraîner par de tels détours au point de ne plus savoir ce qu'on fait ni ce qu'on veut.

Celui qui décide de centrer sa vie et d'agir avec cohérence, voudra évidemment définir des fins et ne pas s'en distraire. Mais des fins prennent sens et valeur au sein des significations qui émeuvent et sollicitent le sujet, et en fonction des possibilités qu'il décèle dans sa situation. Or, ces possibilités et ces significations se révèlent progressivement dans la pratique et notamment dans la pratique des moyens. Le sujet est donc amené à redéfinir ce qu'il veut. S'il s'y refusait, il croirait peut-être rester fidèle à ses premières résolutions, mais, subrepticement, n'auraient-elles pas perdu la pertinence et le sens qu'elles avaient auparavant? La droiture et la fidélité, si elles se distinguent d'un entêtement aveugle, exigent bien des retournements pour s'adapter aux circonstances changeantes, pour répondre aux nécessités de leur propre exigence à travers ces circonstances. Bref, on peut s'aliéner en s'entêtant dans une direction que l'on refuse de réévaluer, aussi bien qu'en se laissant entraîner les yeux fermés par les moyens ou les complicités qui se présentent.

Même ce que le sujet considère comme des fins ultimes, doit être redéfini. Comme nous le faisions remarquer plus haut, la succession ou la transformation des fins peut parfois se comprendre comme la révélation progressive d'un même idéal régulateur. Celui-ci ne se détermine que dans des visées concrètes, particulières, adaptées aux possibilités des différentes situations qui se succèdent, appelées par les occasions qui s'offrent à qui sait les reconnaître, provoquées par les besoins qui mûrissent et s'imposent dans la pratique. Les perspectives qui se redessinent du fait de ces possibilités, de ces occasions et de ces besoins, peuvent fort bien déborder tout ce qui avait été anticipé jusqu'ici dans l'horizon d'un idéal régulateur. Par contre, c'est souvent à cause même d'attentes et d'anticipations correspondant à un idéal déjà proclamé que des besoins nouveaux ont pu s'exprimer et occuper l'avant-scène, que de nouvelles solidarités se sont constituées pour les défendre et que des occasions ont été reconnues.

Il n'est plus ici question de la dépendance des fins vis-à-vis des moyens, au sens d'outils ou de procédés. Il est plutôt question de la dépendance des fins vis-à-vis des possibilités qu'offre une situation, et cela comprend les mentalités et le rapport des forces sociales. Dans l'histoire, la maturation des besoins, des intérêts, des idéaux et la maturation des forces qui les mettent de l'avant, vont de pair. Si des valeurs nouvelles sont portées par une classe sociale, se rallier à ces valeurs, c'est aussi se rallier à cette classe, à sa vision du monde comme à son action. Cette classe, sa vision, son action ne sont pas des moyens qu'utiliseraient souverainement des sujets pour atteindre leurs propres fins, mais sont d'abord la condition de ces sujets, le cadre de leur conscience et de leur conduite. La révolte des démunis est sans doute moyen pour la justice, mais n'est-elle pas d'abord le lieu où se précise la notion de justice et se forme une force qui veut la justice? Plus haut, nous parlions de l'oubli des fins dans l'usage des moyens ou dans l'enthousiasme d'une aventure. Ici, il s'agit de phénomènes sociaux d'une tout autre dimension. On ne peut plus parler de fins oubliées. Elles sont trop bien oubliées. Un monde nouveau apparaît où des fins et des moyens, des vouloirs et des pouvoirs nouveaux se dessinent.

Résumons-nous. Il faut savoir ce qu'on veut et y adapter ses moyens, ne pas se laisser absorber par ceux-ci, ce qui est une tentation naturelle quand ils forment tout un univers complexe et prestigieux, et que la fin est lointaine. D'autre part, il faut se rendre compte que les raisons pour lesquelles une fin fut voulue, avec tout son cortège de moyens et de fins médiates, peuvent évoluer. «Faire, faire un livre, un enfant, une révolution, faire tout court, c'est se projeter dans une situation à venir qui s'ouvre de tous les côtés vers l'inconnu, que l'on ne peut donc pas posséder d'avance en pensée mais que l'on doit obligatoirement supposer comme définie pour ce qui importe quant aux décisions actuelles[12].» En d'autres mots, si on doit à certains moments décider ce qu'on veut et ce qu'on peut, reconnaissons aussi que nos pouvoirs et nos vouloirs changent au cours de l'histoire et s'influencent réciproquement.

C'est dans une certaine perspective, en vue de certaines fins, qu'on avait institué des manières de faire, de s'organiser et de penser. Mais, au sein de ces manières, voilà qu'apparaissent des besoins, des aspirations et des possibilités neuves. Dans le devenir social, les rapports de force se transforment en même temps que les enjeux des luttes et les intérêts des partenaires.

* * *

Nous allons nous en tenir à un exemple. Nous verrons comment les hommes, mobilisés au sein de l'organisation économique, la rationalisent de plus en plus mais ne la contrôlent pourtant pas. Nous verrons comment cet instrument est devenu leur condition. On se laisse absorber dans la production et la consommation d'utilités qui ne sont peut-être guère utiles. Mais comment le savoir si on perd de vue les fins en référence auxquelles on pourrait en juger? Nous sommes tellement affectés par ce phénomène que nous nous y attarderons. Nous y trouverons non seulement une illustration de notre problématique, mais aussi l'occasion de l'approfondir et de la relancer. Nous tenterons en effet de comprendre la dépendance de chacun vis-à-vis des bénéfices, des pouvoirs, des institutions et des idées qui découlent de cette organisation. Nous tenterons de comprendre comment les forces sociales qui pourraient réaménager l'organisation du travail en dépendent elles-mêmes. Dans la deuxième partie, nous étudierons la formation des vouloirs politiques et des regroupements qui soutiennent ces vouloirs. Mais, dès maintenant, nous voudrions saisir la dépendance de la pratique politique vis-à-vis de l'économie contemporaine. Nous insisterons sur ce qu'a d'irrésistible l'aliénation dans les succès mêmes de la croissance économique. Si cette aliénation et ce qui s'ensuit sont la situation où les hommes se retrouvent, ce n'est que dans cette même situation qu'ils pourraient être amenés à concevoir des plans pour réorienter leur destin et à se solidariser pour réaliser ces plans.

4. Unilatéralité et déraison de l'économie

La révolution industrielle a réussi. Mais qu'a-t-elle réussi? La croissance économique[13] a mis en branle des intérêts, des institutions, des forces sociales et une mentalité qui s'appuient les uns sur les autres et entraînent l'humanité sur des voies unilatérales. Les entreprises, en organisant le travail, ont rendu possible certains gains évidents et, dès lors, on ne voit plus que ceux-ci. Elles ont inventé des modes d'opération qui, en tenant compte de contraintes culturelles et politiques diverses selon les pays, favorisaient leur expansion et leur autonomie. Elles sont elles-mêmes emportées par leurs propres dynamismes : celui des innovations techniques et administratives, celui de bénéfices qu'il faut réinvestir, celui des gestionnaires bâtissant leur propre importance en même temps que leur service[14]. Les grandes entreprises s'imposent sur les marchés plus qu'elles n'en dépendent. Elles planifient leur production et leurs prix, et parfois même de façon concertée. Elles séduisent les consommateurs. Elles enrôlent les travailleurs et offrent des promotions enviées à un certain nombre de ceux-ci. Elles canalisent l'épargne. Leur prospérité fait l'affaire des citoyens en général. Les gouvernements et les syndicats, qui les estiment indispensables, composent avec elles. Bref, les entreprises semblent organiser très rationnellement la production de biens et de services, et on oublie qu'elles n'existent que pour réaliser des profits, durer et grandir. On consent plus facilement à ce qu'elles utilisent à ces fins très particulières les ressources physiques et hu-

maines des nations parce qu'on n'imagine pas comment
exploiter de façon plus efficace ces ressources. On ne se
demande guère de quelle exploitation et de quelle efficacité
il s'agit. En fait, ces entreprises condamnent à l'inutilité
les hommes qu'elles ne peuvent employer, et au sous-développement les régions en marge de leurs opérations. Elles
consomment des biens et des services pour produire d'autres
biens et services qu'il leur faudra peut-être imposer à coups
de publicité, qui ne correspondent pas nécessairement à des
besoins, mais qui leur permettront de se reproduire et de
s'élargir.

Faut-il accuser ceux-là qui profitent de cet état de
choses? Mais beaucoup de monde croit, à tort ou à raison,
en profiter. Toute une nation peut imaginer qu'elle partage
les bénéfices de son économie. Faut-il alors rejeter la faute
sur la collusion objective entre les ouvriers et les gestionnaires des pays industrialisés dans une même politique
impérialiste? Ne faut-il pas plutôt accuser une culture qui
ne songe qu'à l'emploi d'utilités comptabilisables, apprécie
les succès politiques selon le taux de croissance du «revenu
national» et réduit l'idéal de justice à la consommation de
masse? On a même voulu rejeter la faute sur la technique
dont les progrès nourriraient la concurrence industrielle et
relanceraient le besoin insatiable de consommer en créant
sans cesse des innovations.

Tous ces facteurs s'enchevêtrent mais n'ont pas la
même importance. Ceux qui contrôlent les investissements
ont davantage le pouvoir d'imposer leur point de vue. Ils
constituent jusqu'à un certain point un groupe international solidaire et peuvent faire chanter les gouvernements
récalcitrants. Ils ont accrédité une idéologie qui confond
l'expansion de leurs affaires et le bien commun. Cette

idéologie peut se retrancher derrière la rationalité déjà instituée dans la technique, dans l'organisation du travail quotidien des salariés, dans les modes de consommation et
d'épargne. Le point de vue des entreprises est ainsi épousé par
de larges couches de la population. Pour beaucoup, l'économie établie, parce qu'elle est établie, représente la sécurité
et l'efficacité. Elle offre du travail, un gagne-pain et l'occasion
de se valoriser. Tout ceci signifie que ceux qui contrôlent
les investissements le font souvent avec le consentement
des citoyens, des épargnants, des consommateurs et des
travailleurs.

Il faut bien remarquer que, sans rationalité économique, il n'y aurait pas moyen de tirer un rendement maximum des ressources disponibles et on multiplierait les
manques à gagner. Un peuple ou un individu ignorant les
coûts, risque de se lancer inconsidérément dans des aventures qu'il ne pourra mener ou qui l'épuiseront. Il peut se
croire poète ou chevaleresque, il n'aura été qu'inconsé-
quent. Hélas, la rationalité à l'œuvre dans le néo-capitalisme est trop souvent axée non sur la maximation des
utilités sociales ou du bien-être national, mais sur la maximation du profit des firmes ou sur leur expansion.

* * *

Le savoir-faire et l'équipement économiques ne sont
pas des accessoires que l'on utilise impunément. Ils impliquent une discipline du travail, une distribution des rôles,
des pouvoirs et des bénéfices, une recherche du rendement
qui s'établissent dans les mœurs et dans les institutions qui
règlent ces mœurs. On pourrait parler d'une espèce de
nécessité immanente de la croissance économique dans
notre société. La concurrence, la quête du profit et d'une po-

sition dominante sur le marché, exigent que les firmes et même les États mettent en œuvre de nouveaux plans en vue d'une économie de plus en plus spécialisée, de plus en plus complexe et de plus en plus productive. Si les investissements qui se sont fondés sur de tels plans sont profitables, de nouvelles anticipations plus audacieuses encore peuvent prendre corps, puisque les premières se sont vérifiées[15].

Bientôt, dans les faits et plus encore dans les projets, se dessine la figure d'une économie planétaire dont le système est si achevé, les interdépendances si étroites, qu'on ne voit plus comment la modifier. Quand il y a crise, le système a des ratés mais on ne songe qu'à le corriger pour qu'il fonctionne mieux. Les chômeurs réclament des emplois plus souvent que la révolution. Le système économique est autonome en ce sens qu'il peut conditionner des besoins et ignorer ceux qu'il ne trouve pas avantageux de satisfaire. Tous ceux qui trouvent un emploi en lui sont mobilisés pour son fonctionnement. Ils produisent et consomment. Ils font l'envie des autres qui n'ont ni salaire ni pouvoir d'achat, et n'ont même pas toujours l'originalité de se révolter au nom d'une société différente, tant l'actuelle bouche leur horizon et conditionne leurs rêves. Les ruraux et les femmes, que l'on a tenus à l'écart des salaires et de la promotion professionnelle qu'offre la croissance industrielle, imaginent parfois se libérer en s'embrigadant làdedans. Mais il est vrai qu'à titre individuel, ils n'ont aucune autre voie pour échapper à la misère ou à la dépendance qu'ils connaissent déjà. Trop de nations sous-développées ou socialistes ne conçoivent le développement social que sous forme de concentration industrielle, de concurrence entre les hommes et les pays, d'exploitation outrancière ou imprévoyante des ressources humaines et naturelles en demande sur les marchés.

Si l'économie évolue unilatéralement, si la politique semble trop souvent à sa remorque, c'est d'abord parce que les intérêts qui y trouvent leur profit sont aussi les plus puissants. Mais ils sont les plus puissants parce qu'ils se rallient beaucoup d'appuis[16]. Des cadres, mais aussi des techniciens, des intellectuels et des ouvriers trouvent, dans l'organisation actuelle du travail, leur importance professionnelle, leur statut social, leur salaire et souvent même l'occasion d'exercer leur intelligence et leur esprit d'initiative. Quels que soient leurs scrupules individuels, ils ne collaborent et ne font valoir leur compétence qu'au sein des entreprises où ils sont employés et rémunérés. Comment s'identifieraient-ils en dehors de celles-ci?

Les entreprises créent une certaine idée de ce qui est utile en conditionnant la demande avec habileté, de ce qui est efficace en organisant la production avec un grand déploiement de moyens. On se trouve bien incapable d'imaginer une autre organisation tant celle qui est actualisée impose sa logique et investit l'imagination. Une publicité multiforme attaque sur plusieurs fronts. Elle rend tel ou tel produit indispensable aux consommateurs. Elle défend, au nom de la prospérité nationale, l'entreprise privée en général ou telle firme particulière, et convainc donc les citoyens. Elle flatte les actionnaires ou les employés dont les gestionnaires veulent la collaboration. Mais la manière quotidienne de produire et de consommer compte sans doute plus qu'une telle publicité et lui sert de toile de fond. L'idée même de rentabilité s'est imposée à tous telle qu'elle s'est déterminée dans la pratique comptable des entreprises. On a beau connaître les limites des notions de profit ou de revenu national, elles correspondent encore à des indicateurs privilégiés pour apprécier la gestion d'une firme ou d'un État. L'inertie culturelle à ce propos fait l'affaire non seulement des grands mais aussi de beaucoup de moins grands, qui jugent prudent de perpétuer le *statu quo* ainsi que les bénéfices médiocres mais certains qu'il leur apporte. On peut favoriser en parole des changements radicaux, consommer autant d'idées de gauche que de chemises, mais élire des candidats «sûrs» aux postes qui comptent. En tout cas, la puissance des entreprises se fonde sur la soumission des employés aux rôles qu'elles leur ont confiés, sur la timidité des citoyens et des réformes qu'ils favorisent, sur la prudence des épargnants en quête de bons placements et sur une demande de consommation qui se laisse manipuler par l'offre.

La rationalité de la division du travail et l'ingéniosité des techniques utilisées impressionnent d'autant plus qu'elles sont matérialisées dans des investissements formidables. Elles donnent un semblant de justification au développement de l'économie. Ce développement engendre pourtant des déséconomies massives qu'on ne peut plus traiter comme quantité négligeable, quoiqu'il soit difficile de les comptabiliser avec les méthodes courantes. Il engendre bien des injustices quoiqu'il permette d'en corriger certaines. Il va de crise en crise mais on ne songe qu'à le relancer. Des réallocutions de ressources maintiennent une certaine paix sociale et peuvent contribuer à stabiliser la croissance à l'intérieur d'une nation. Mais elles ne touchent guère à des problèmes tels que la qualité de vie, la valorisation de ceux que l'industrie ne peut employer et qui s'en trouvent méprisés. Elles ne démocratisent pas les instances qui décident comment, à quel rythme, pour produire quels biens et services, on va mobiliser le travail des hommes et les ressources de la

nature. Quelques-uns, qui représentent les intérêts établis,
continuent de commander l'organisation du travail de la plupart, avec beaucoup de raison tant qu'on se situe dans
l'horizon étroit de leurs préoccupations, avec beaucoup
d'arbitraire dès qu'on envisage les choses plus largement.
Il serait pourtant vain de les tenir pour les seuls responsables de cet état de choses. Ils sont eux-mêmes des acteurs
enrôlés au sein de structures sociales qu'ils n'ont pas créées.

* * *

Comment pourrait-on rendre moins absurde le développement de l'économie? Il provoque des revendications plus
ou moins organisées politiquement. Grâce à celles-ci, l'unilatéralité du développement pourrait être brisée. Ce sont
ceux qui en souffrent, et non ceux qui constatent théoriquement son absurdité, qui sont les plus résolus au changement et constituent une force sociale avec laquelle il faut
compter. Le projet de moraliser l'économie ne trouve les
moyens de se réaliser dans les institutions et les mœurs
qu'en se commettant avec la colère et le ressentiment populaires, avec les ambitions politiques qui exploitent mais
servent aussi ce ressentiment. Disons plus : ce projet ne
peut se définir qu'au cœur des luttes sociales en même
temps que se dessinent les forces pour le réaliser. Il ne
prend forme qu'en ralliant des partisans. C'est dans un
même mouvement que ceux-ci prennent conscience des besoins, aspirations et intérêts qui les rassemblent, et se rassemblent pour défendre ces intérêts, besoins et aspirations[17].

Malheureusement, les choses ne sont pas aussi simples.
L'expansion économique est évidemment appréciée différemment par ceux qui en profitent et par ceux qui en font
les frais. Mais les premiers réussissent souvent à relativiser

ou à discréditer le point de vue des seconds, à tel point que ceux-ci ne savent plus très bien ce qu'ils veulent. Les premiers arrivent à justifier une politique de croissance qui fait leur affaire en la présentant comme la seule réponse à tous les problèmes. S'ils y sont obligés, ils cèdent autant qu'il le faut à la poussée des syndicats et des partis ouvriers. Bien des revendications socialistes ont ainsi reçu un début de réponse dans des politiques néo-capitalistes et, satisfaites à demi, se sont estompées. En affirmant leur puissance, les organisations ouvrières, dans de nombreux pays industrialisés, ont obtenu de partager un tant soit peu les bénéfices de la croissance et songent d'abord à les augmenter. Elles en oublient la cause des plus démunis avec qui elles ne sont déjà plus solidaires, si elles l'ont jamais été. C'est moins leur libération qu'elles réalisent, que leur intégration à la classe moyenne et à un appareil économique qu'elles ne contrôlent guère.

Pourtant les jeux ne sont pas faits. D'abord, les mouvements ouvriers ont obtenu certains résultats. L'intégration à la classe moyenne dont nous parlions, c'est aussi un processus de «civilisation» par lequel des prolétaires sans droits se font reconnaître comme citoyens et partenaires sociaux. Ce processus ne va pas sans compromis. Le condamner globalement, c'est en rester à une vue simpliste, idéaliste et défaitiste. Évidemment, la libération socialiste n'a pas eu lieu. Autre chose est arrivé, qui déçoit, qui nous oblige à réajuster nos attentes et nos plans. Ce n'est pas la fin du monde. C'est le monde où nous sommes, dans lequel il est possible de s'opposer à la puissance de l'organisation économique en place et à l'unitéralité de ses raisons. Cela exige un mouvement qui exprime, entretienne et orchestre les révoltes de tous ceux qui sont victimes de cette organisation, un mouvement qui fortifie leur résolution et rassemble leurs forces. Dans la mesure où des plans réalistes et précis d'un autre type de société sont proposés et où des troupes résolues les adoptent, l'ordre établi ne bouche plus l'horizon. L'espoir de changer cet ordre peut se lever, l'opposition fait de nouvelles recrues et apparaît de plus en plus crédible. Les perspectives pratiques qui s'ouvrent ainsi peuvent ranimer l'énergie et l'imagination de ceux qui s'étaient résignés à un sort médiocre ou absurde.

Des mouvements de revendication ne mènent quelque part que s'ils donnent lieu à une organisation disciplinée et à une stratégie cohérente. Et pour mener à plus de justice, il leur faut s'inscrire dans une perspective qui aille au-delà de la satisfaction de besoins immédiats, dans une perspective qui se redéfinisse à chaque phase de la stratégie, qui assure la continuité et le sens de celle-ci au regard de l'idéal de justice. Sans stratégie et sans discipline, il n'y a que vaine effervescence où les énergies s'épuisent, où les espoirs ne connaissent aucune mesure et s'abîment en rêves impossibles. Une fois la fièvre enthousiaste passée, on risque de ne plus pouvoir susciter l'audace et le courage dans une masse désabusée par l'inutilité de ses émois. Et, sans une perspective éthique, sans un idéal de justice qui oriente et réoriente sans cesse la stratégie, quelle inspiration animera celle-ci, de quel sens se nourrira-t-elle, quels partisans appellera-t-elle, de quels partisans sera-t-elle bientôt prisonnière [18]?

Ce ne sont ni les moyens ni l'intelligence qui manquent aux contemporains qui veulent changer les mœurs. Mais ils passeront périodiquement d'une apathie résignée à des révoltes velléitaires, indéterminées et globales tant qu'ils n'auront pas découvert les voies d'une stratégie politique, stratégie qui concrétiserait leurs aspirations à une société juste et sensée. L'espérance et le courage ne peuvent durer, même pour les utopistes et les prophètes, que dans la perspective d'une entreprise méthodique et l'exercice de responsabilités précises. D'autre part, ce sont les idées et les conceptions toutes faites au sujet du souhaitable et du possible qu'il faut oser changer. Il faut essayer de coller à l'expérience quotidienne et multiforme de la révolte contre l'injustice, l'arbitraire et le non-sens. Peut-être, en dépit de certaines apparences, bien des gauchistes ont-ils davantage prise sur la réalité que les politiciens et les syndicalistes de la gauche «réaliste», s'accrochant d'autant plus à leur appareil de pensée et de pouvoir qu'ils ont perdu, en même temps que l'espoir de la «révolution», toute imagination.

* * *

Nous avons vu comment l'industrialisation et l'expansion, de moyens qu'elles semblaient être, puisqu'elles sont censées nous équiper, produire au meilleur compte les biens et les services dont on a besoin, sont devenues des fins collectives, fins immanentes à la société plutôt que choisies délibérément. Les entreprises, dans le procès de l'industrialisation, se sont taillé une position de puissance en regroupant derrière elles de nombreux intérêts : ceux des épargnants et des salariés, des consommateurs et de tous les citoyens soucieux de la prospérité nationale telle qu'elle est évaluée dans les comptes nationaux. Elles sont donc en mesure d'imposer à la collectivité la croissance qui leur convient. En même temps que les intérêts et la façon de les apprécier, ce sont les groupes d'intérêts, les clivages sociaux, la distribution des rôles et du pouvoir qui se redessinent du fait de l'évolution économique. Les possibilités de lutter contre les aberrations de celle-ci se transforment aussi mais ne sont pas toujours décelées. Ces considérations sur l'autonomisation de l'économie, sur un monde que les hommes ont institué, mais qui plutôt s'impose à eux et retentit sur leurs mentalités et toutes leurs institutions, nous amènent à une autre question : quels sont les rapports entre les intentions du sujet et leur extériorisation dans le devenir social, extériorisation qui peut bouleverser les attentes et les intentions, le milieu et la condition même du sujet ?

5. *Interférences entre extériorité et intériorité*

L'intention ne se reconnaît pas souvent dans les conséquences des gestes où elle s'est concrétisée. Même si l'intention déterminait à sa guise ce qui advient effectivement, elle n'en serait pas moins vécue comme événement intérieur alors que les conséquences surviennent à l'extérieur, dans le monde, et se répercutent comme telles sur la conscience. Elles prennent rang parmi les données qui, prévues ou non, forment la condition, les limites, les contrariétés et les médiations à partir desquelles de nouvelles intentions se détermineront. Il nous faut situer l'une par rapport à l'autre la signification que l'existence prend sur la scène du monde et celle dont elle eut le projet dans son intimité. Ces deux significations s'impliquent mais ne coïncident pas.

Si on réserve le cas de la «bonne-intention-alibi» qui vise à donner le change et à se donner le change, tout projet (ou intention) est par définition projet d'aboutir dans le monde[19]. Il est d'abord invention du parti qu'on pourrait tirer d'éléments divers. Les uns sont des circonstances qu'il faut bien accepter comme elles viennent. D'autres peuvent être influencés, façonnés et maîtrisés jusqu'à devenir des moyens. Rappelons que les moyens auxquels on recourt ont leur dynamisme, leur inertie ou leurs contraintes propres. Évidemment, l'inertie, le dynamisme ou les contraintes d'un marteau, d'un appareil conceptuel, d'un parti politique et de l'inflation galopante sont bien différents. Mais même la maîtrise d'un marteau n'est jamais parfaite et l'inflation a beau nous dominer, elle demeure un facteur dont bien des plans tiennent compte et tirent parfois un bon profit. Si le projet, qui est projet d'un résultat, peut l'atteindre en tout ou en partie, c'est parce qu'il aura pu s'appuyer sur de tels éléments qui lui sont hétérogènes. Le résultat lui aussi est hétérogène au projet. Qu'il soit ou non atteint tel qu'il fut projeté, il se produit dans un monde sur lequel l'intention humaine n'a qu'une prise médiate et toujours incertaine. Le résultat est un événement, un événement public peut-être. On peut vouloir le modifier ou l'utiliser, on ne peut le nier à son gré. Même si le résultat exerce une certaine influence sur les intentions d'autrui, ce résultat ne peut se produire que dans un monde extérieur au sujet qui le déclenche. La façon dont un homme en son intériorité réagit à l'action d'un autre, échappe à celui-ci plus encore qu'une pierre qu'il lancerait.

Un projet se définit à partir de circonstances qui définissent le possible, mais aussi à partir de sollicitations qui sont encore, en un certain sens, des données extérieures et qu'il serait difficile de recenser ou de tirer au clair. Cela dit, un projet est d'abord ce geste par lequel, en son intériorité, le sujet évalue le possible, érige des sollicitations en mobiles et engage son avenir[20]. C'est ce phénomène intérieur que le mot «intention» désigne plus particulièrement. Mais ce n'est qu'en réalisant ses plans et en les réajustant au fur et à mesure de leur mise en œuvre, en fonction de l'enchaînement d'événements aléatoires et de l'agrégation en cours de divers comportements, qu'un sujet tient son projet et gagnera la seule cohérence et la seule intégrité qui soient.

La cohérence dont il s'agit ici est tout le contraire d'une fidélité butée sur quelques principes. Nous en avons déjà parlé plus haut. Elle n'est pas donnée à l'avance, mais se cherche et s'invente à travers des situations mouvantes et des révisions parfois déchirantes. Car il ne suffit pas de s'en tenir à un idéal. Il faut encore le réévaluer et le redéfinir en fonction des possibilités. En explorant ces dernières au fur et à mesure qu'elles se dessinent ou se produisent, en renouvelant la lecture qu'on en fait, en sachant se mettre pour cela au point de vue de plusieurs stratégies concurrentes, on peut évidemment tirer le meilleur parti des circonstances.

Se plier aux circonstances, ce n'est donc pas toujours un pis-aller par rapport à des plans initiaux. Le potier dont l'œuvre manifeste une maîtrise exemplaire n'est-il pas celui qui obéit aux contraintes du matériau, celui qui transforme ces contraintes en autant de moyens parce qu'il sait imaginer l'œuvre à faire à partir de ces contraintes? Cette image du potier nous permet aussi de comprendre que ce qui est visé ne se précise qu'en prenant corps, qu'en advenant dans un matériau et par la grâce d'un matériau.

Parfois, il faut savoir jouer l'inflexibilité pour galvaniser la volonté des alliés ou se convaincre soi-même. En faisant montre d'une détermination entêtée, on entretient sa résolution et on suscite celle des autres, on entraîne leur adhésion, on effarouche l'ennemi et on élargit sa marge de manœuvre. Mais ce n'est là qu'un moyen de propagande ou une façon de se donner du cœur. À tout moment, il faudrait être capable de réviser ses plans, de renoncer à des risques et à des coûts qui se révèlent injustifiés, comme il faudrait être capable de se résoudre à des moyens cruels s'ils sont effectivement les plus économiques à terme. La justification d'un projet se trouve dans la prévision et l'appréciation de la suite de ses conséquences, dans son habilité à façonner le monde extérieur et à y faire advenir ce qu'on veut étant donné ce qu'on peut. On ne peut certes pas parler d'intention droite ni de cohérence morale hors du souci de réussir[21].

Malheureusement, ceux qui veulent aboutir à tout prix dans leurs entreprises risquent de ne pas trop regarder aux moyens qu'ils emploient. Ils risquent d'ignorer les conséquences désastreuses que peuvent entraîner certains procédés vis-à-vis de fins qu'ils voudraient promouvoir. Il demeure que celui qui veut la fin, doit vouloir les moyens. Parler des principes moraux et des scrupules que l'on ressent ne dispense pas d'agir[22], à moins qu'on ne trouve là une mission et un mode d'action particuliers. Nous pensons à la mission des prophètes et des hommes de conviction.

* * *

Max Weber distingue l'éthique de conviction de l'éthique de responsabilité[23]. Celle-ci caractérise celui qui veut réussir, y met le prix et emploie les moyens qu'exige le résultat visé. Il faut bien que l'homme d'État, par exemple, et nous en resterons à cet exemple, emploie toutes les ressources disponibles, la contrainte de la loi, la ruse de la propagande, le fanatisme des partisans et la violence de la guerre à l'occasion, quand l'avenir de la communauté est en jeu. Il doit s'allier à des groupes dont il ne partage pas tous les idéaux, utiliser des procédés qui ne lui plaisent pas toujours, faire montre de détermination et cacher ses hésitations. Par contre, l'homme dit de conviction s'en

tient à des valeurs qu'il juge et proclame absolues, auxquelles il veut tout sacrifier. Il refuse d'employer des
moyens nécessaires mais qui vont à l'encontre de ses valeurs. On ne peut l'accuser d'échapper à ses responsabilités
et de se réfugier dans un rêve de pureté, à l'abri des périls
de l'histoire, quand toute sa vie témoigne de sa foi, lorsque
ce qu'il dit et ce qu'il fait coïncident parfois même jusque
dans la mort et jusqu'à le conduire à la mort. Mais, s'il
refuse tout compromis et accuse les hommes de responsabilité (qui doivent bien se compromettre s'ils veulent arriver
à leurs fins), il lui faut laisser à ceux-ci la latitude d'organiser un monde dont lui-même se soucie moins que de
l'idéal. En général, il n'est pas préparé à reconnaître les
équivoques ou les effets contradictoires des fins qu'il poursuit[24].

Si l'homme de conviction prétend faire le métier du politique et en récuse les moyens ou refuse de composer avec
la réalité parce que cela blesse ses convictions, il se retrouvera dans une impasse. S'il condamne la contrainte, il sera
surpris par la nécessité d'en user. Comme il ne s'est pas
préparé à cette éventualité, il courra le risque d'en abuser.
S'il refuse de recourir à la violence, à temps et avec mesure, il sera peut-être obligé d'y recourir quand il sera trop
tard pour agir avec mesure. On a vu des idéalistes qui
croyaient devoir instituer la concorde et la fraternité. Ils
ne se contentaient pas d'établir un ordre paisible, où la
fraternité et la concorde pourraient éventuellement fleurir
dans les âmes. Parce que leur volonté d'instaurer la vertu
était sans patience, leur gouvernement était sans tolérance,
volontiers totalitaire. La vertu qu'ils voulaient était non
seulement partielle, elle devenait exclusive de toute autre.
L'homme tout entier à sa «conviction» risque de devenir
un apprenti sorcier exalté en face des complexités et des

inerties sociales. S'il refuse de composer avec la déraison et le mal pour les réduire, il se conduit déraisonnablement en croyant pouvoir les éliminer du jour au lendemain. Sa conviction n'est pas ridicule mais il est ridicule de ne voir qu'elle et prétendre la réaliser tout entière, tout de suite, sans médiation.

L'homme de responsabilité, au sens le plus complet, est bien plus que l'exécuteur d'une conviction, si noble qu'elle soit. Il tient compte de ce que les diverses exigences d'une même conviction peuvent se contredire les unes les autres et contredire les exigences d'autres convictions non moins importantes. C'est ce que ne veulent pas voir de belles âmes qui tiennent plus à leur intransigeance vertueuse qu'à la vertu. Il serait absurde de vouloir instituer un idéal unilatéralement, du jour au lendemain, sans expériences prudentes au cours desquelles des idéaux concurrents peuvent mûrir et se corriger les uns les autres.

La morale de conviction donne sans doute lieu à des vies sublimes qui sont à la fois signes d'espérance, dénonciations de nos accommodements moraux, exemples et inspirations du courage. Mais à moins qu'elle ne sache ruser habilement avec l'opinion et canaliser des aspirations, tabler sur la mauvaise conscience des puissants ou orchestrer les émotions du public, elle ne correspond pas à une stratégie politique efficace[25]. Une morale de conviction ne déclenchera un mouvement d'opinion significatif que si elle exprime des revendications largement partagées. Dans ces conditions, le pouvoir politique ne pourra pas ne pas en tenir compte. Pour ne pas prêcher dans le désert, il faut que le prophète exprime ce qui sera ressenti comme nécessité morale, du moins une fois que l'expression lui aura donné forme. Et pourquoi le prophète ne se soucierait-il

pas de l'à-propos de sa parole? Pourquoi se dispenserait-il
de tenir compte des besoins et aspirations de ses contemporains, s'il croit en sa mission parmi eux?

Il est sans doute difficile à un même homme d'être à la
fois «de responsabilité» et «de conviction», parce que
chaque caractère se constitue en jouant des rôles définis
par la distribution qui les met face à face, et les oblige à se
camper l'un par rapport à l'autre. Il y a des vocations
d'administrateur et des vocations de prophète qui naissent
de leur opposition. Il y a aussi des institutions qui ne se
soucient que de stratégies, du calcul des coûts et des risques, et d'autres qui ne parlent que d'exigences éthiques.
Et ces institutions modèlent des caractères en imposant des
rôles. Il faudrait espérer que, quelle que soit la spécialisation de ses soucis, chacun demeure sensible à la fois aux
arguments des prophètes et à ceux des «administrateurs».

* * *

Au sujet de la dualité «morale de conviction et morale
de responsabilité», Weber se réfère à la scène du Grand
Inquisiteur où Dostoïesvki oppose le Christ et un cardinal
inquisiteur. Le Christ refuse d'édicter une loi et des observances, prêche seulement la droiture du cœur, l'amour et
la liberté. Le cardinal inquisiteur, soucieux de protéger un
ordre viable, définit clairement des règles dont le respect
puisse assurer la sécurité morale des hommes tels qu'ils
sont[26]. Pour garantir la paix des âmes médiocres, l'inquisiteur se doit de supprimer le Christ, qu'il a pourtant reconnu,
parce que le Christ inquiète et désempare les hommes en
leur ouvrant des perspectives aussi indéfinies qu'infinies. Il y
a là un problème qui est au cœur d'une morale de conviction
— celle du Christ — mais concerne ceux qui sont «responsables» de la viabilité et de la durée, de génération en géné-

ration, de cette morale. Le christianisme prétend inspirer l'homme engagé dans le monde. Il prétend susciter, cautionner et ériger en modèle des vies saintes, maintenir une tradition de l'espérance et de l'audace morale dans la ligne de Jésus. D'autre part, ne fût-ce que pour subsister, il s'est souvent plié aux besoins d'hommes, de classes sociales, de nations en quête de règles et de justifications qui offrent un encadrement sécurisant. Le christianisme fut souvent à la remorque des pusillanimes plutôt que facteur d'innovation morale. Ses rites et ses observances offrent en tout cas plus de confort aux pusillanimes que l'exigence indéterminée et immense de justice, de liberté et d'amour (exigence qui s'inscrit au sein d'une espérance du Royaume de Dieu, royaume de justice, de liberté et d'amour promis par Dieu) que les Écritures peuvent à peine circonscrire, ne peuvent qu'évoquer[27].

La religion chrétienne est débat entre la loi et les prophètes mais, selon ses propres vues, sa fonction n'est-elle pas essentiellement prophétique? La loi serait-elle plus que le cadre transmissible et le repoussoir nécessaire pour que le prophétisme puisse se perpétuer? C'est parce que celui-ci se reconnaît dans la loi, défini, institué mais aussi sclérosé et trahi, qu'il se redéfinit avec plus d'audace et d'à-propos en prenant appui sur les insuffisances de la loi et sur les occasions de l'actualité. Si la loi signifie davantage qu'une trace et une antithèse à partir desquelles le prophétisme retrouve son élan, n'est-elle pas alors son tombeau[28]? Peut-être est-il inévitable que la religion devienne l'opium du peuple, le Royaume de Dieu une projection inoffensive, hors du temps et du monde, le salut une affaire de bonne mœurs, de rites et d'observances. Mais c'est aussi un scandale qui suscite la vocation des prophètes.

Il n'y a rien d'étonnant à ce que la parole, dite de Dieu, ne puisse être appropriée ou déterminée, et qu'elle prenne plus de force quand elle dénonce ceux qui prétendent l'administrer. Il faut des prophètes, des hommes qui croient en l'utopie et la célèbrent, pour inquiéter tous ceux qui se cantonnent dans le prévisible et le praticable. L'utopie sera toujours irréalisable comme telle, mais commencera à influencer les institutions le jour où les prophètes auront donné leur souci en partage aux politiques[29], tout en leur laissant la latitude des méthodes. Le prophète n'exclut pas nécessairement un certain sens politique pour toucher les cœurs. Si les tortionnaires sont impressionnés par les anathèmes, pourquoi ne pas en user à leur endroit? Il ne faut pas non plus exclure la possibilité que le prophète se fasse politique. Mais alors il devrait avouer qu'il change de rôle et savoir qu'il n'est pas spécialement habilité à faire des lois justes et mesurées parce qu'il peut dénoncer l'injustice avec éclat.

* * *

Concluons cet argument au sujet des interférences entre la volonté et son extériorisation, entre l'intention et ce qu'il en advient au cours de sa mise en œuvre. La nécessité d'une morale de responsabilité n'est pas seulement évidente en politique. Elle l'est aussi chaque fois que nos gestes provoquent, en plus ou à la place de l'effet désiré, des effets inattendus que nous ne désirons peut-être pas. Mais n'en va-t-il pas toujours ainsi, même si nous n'aimons pas l'envisager? Nous vivons dans un monde et une histoire où même nos omissions retentissent et acquièrent une signification qu'il faut bien assumer, où l'on ne peut réussir qu'en tenant compte de ce qui nous résiste.

Une intention qui se dit éthique ne peut se réaliser qu'avec les moyens du bord, dans les circonstances du moment. Mais une réalisation donnée n'épuise sans doute pas l'intention. Elle peut apparaître comme un premier essai à partir duquel l'exigence infinie et indéfinie, que porte en elle l'intention éthique, se précise davantage. Ce premier essai correspond à un certain compromis avec le possible. Sans doute ne pouvait-on faire mieux à un moment donné et on s'en accommoda. Malheureusement, si on s'en satisfait, on ne voit plus les possibilités de faire mieux quand elles s'offrent. Ceux qui s'emploient à donner une figure déterminée à l'intention éthique et s'emploient à l'instituer dans l'histoire, sont parfois si absorbés par la difficulté des différentes opérations de leur œuvre, qu'ils en oublient l'exigence à laquelle leur œuvre est pourtant censée répondre. C'est pourquoi les hommes de conviction ont raison de les talonner. D'autre part, c'est en prenant appui sur les promesses et les insuffisances de ce qui est déjà institué que l'homme de conviction peut préciser davantage l'exigence infinie dont il est le témoin d'élection, désigner de nouvelles tâches et remuer les cœurs à propos.

Aucune théorie ne peut établir a priori tout ce que peut signifier l'exigence éthique. Celle-ci se révèle progressivement dans la pratique. Nous avons insisté sur la nécessité, pour pouvoir mener une existence cohérente, de tirer au clair ses priorités et ses stratégies. Mais nous avons aussi dit qu'il fallait les remettre en cause, être sensible aux moyens et possibilités, aux perspectives et sollicitations qui surviennent à travers les circonstances, à travers les besoins et les aspirations qui émeuvent les hommes. S'entêter dans des idées et des idéologies arrêtées, c'est aussi ne pas être capable de saisir les occasions qui se présentent.

6. *Interférences entre théorie et pratique*

Celui qui veut se tenir responsable de ses actes et poursuivre une existence sensée, doit donc commencer par
scruter sa situation et les possibilités qu'elle recèle, réfléchir à ses valeurs, éviter les attitudes toutes faites du fanatisme ou de la désinvolture. Il lui faut déterminer des
objectifs, planifier des moyens et se soucier d'efficacité.
Mais la réflexion qui porte sur les fins, les sciences et les
techniques qui concernent les moyens, sont déjà des pratiques plus ou moins instituées. Celles-ci ont leurs propres
servitudes, dépendent subrepticement d'intérêts particuliers,
se sont peut-être développées pour répondre aux besoins
d'une société donnée ou aux besoins des forces sociales dominant cette société. On prétend s'informer, réfléchir, agir
raisonnablement, mais ne risque-t-on pas de se laisser entraîner par une conception du monde, une manière de l'ha-
biter et de l'exploiter qu'on ne met pas en question?

Nous allons parler rapidement du développement sau-
vage de la science et des techniques. Ensuite (sous le titre:
«La rationalisation des décisions»), nous aborderons la
question de la planification des politiques et de la rationalisation de la pratique. Enfin (sous le titre: «La réflexion
morale»), nous discuterons des errements, de la pertinence
et de l'incidence de la réflexion morale. Ces trois sujets
sont bien différents mais ils nous permettront de saisir diverses manières dont la théorie interfère avec la pratique
sociale, en dépend et retentit sur elle. Avant de parler de
l'idéologie comme moyen de domination, il faut voir que
des idées parmi les plus courantes ne sont pas innocentes
et font corps avec les habitudes et l'organisation même
de la société.

* * *

Les sciences et les techniques (et toutes les possibilités qu'elles ouvrent) dépendent d'une évolution contingente, particulièrement des besoins pratiques qui ont justifié des crédits pour telle recherche ou tel développement. Elles dépendent des procédés qui ont paru pratiques et que l'on veut perfectionner, des fonctions que la société réserve aux chercheurs ou dans lesquelles les chercheurs réussissent à s'imposer. Ceux-ci s'orientent spontanément vers les secteurs où il y a de l'argent ou un renom à gagner, des équipements disponibles ou une équipe prestigieuse déjà rassemblée[30]. Tout cela ne garantit pas l'utilité sociale de la science et des techniques, mais on s'aperçoit difficilement des chemins qu'elles n'ont pas suivis, on juge difficilement celui qu'elles ont suivi.

Tout naturellement, les médecins tendent à se concentrer dans des centres hospitaliers, à se spécialiser dans les directions à la mode, à garantir en même temps leurs revenus et leur statut professionnel. Ceci a pour conséquence des progrès certains dans quelques domaines. Cependant, la médecine sociale ou préventive, la médecine dans les régions rurales, dans les secteurs où il n'y a ni profit à faire ni renom à acquérir, ne progressent guère, à moins que la répartition des ressources médicales ne soit organisée en fonction d'un plan national et non seulement en fonction de la carrière des médecins. Le malheur, c'est que ces derniers peuvent exercer, dans une société qui a pris le pli de dépendre d'eux, une pression et un chantage auxquels les gouvernements résistent difficilement.

Prenons un exemple plus complexe et plus révélateur. La mécanisation a bien servi la concentration du capital industriel. Avec le développement des machines, les tours de main et le savoir-faire de la force de travail se sont décomposés en gestes élémentaires, les processus de production se sont réorganisés et les cadres de l'entreprise furent bientôt les seuls à avoir la maîtrise de ces processus. La production est devenue plus régulière et plus rapide. Elle échappait au contrôle des corporations ouvrières au fur et à mesure que machines et ouvriers spécialisés se substituaient aux artisans et à leur outillage. Une nouvelle conception du travail s'est imposée en même temps qu'un certain rythme de travail. Mais les machines qui avaient un tel impact étaient celles que l'on créait pour répondre aux besoins des grandes unités de production. Seules ces dernières pouvaient financer le développement technique qui serait donc adapté à leur taille, à la production de masse et à l'embrigadement de la main-d'œuvre. Bientôt, la mécanisation devint inimaginable hors de ce cadre. Elle réclamait un type de discipline dans les usines, elle le justifiait. Pour être vraiment rentable, elle exigeait que l'ouvrier ne soit plus qu'un outil parmi d'autres, interchangeable, dont le coût et le rendement se comparaient à ceux d'une machine, entièrement subordonné à l'organisation d'ensemble de l'usine. On comprend comment la décomposition du travail et le progrès de la machinerie se sont combinés et ont entraîné la réification de l'ouvrier[31]. Celui-ci ne pouvant participer à la production que comme outil manipulé, il lui est difficile de concevoir son aliénation. Les effets du progrès technique ne sont tels que parce que ce progrès fut conçu dans un certain cadre et pour servir certains intérêts. La mécanisation a suivi une tout autre voie quand elle fut conçue et développée pour des unités de production familiales, dans l'agriculture notamment[32].

Chaque science, comme chaque technique, continue sur sa lancée, pour autant qu'elle trouve des crédits ou des utilisateurs, sans trop se soucier de ses retombées sociales.

Les diverses expertises se développent au service de qui peut se les payer. On oublie trop souvent de s'interroger sur les intérêts qu'elles servent, tant elles fascinent. Les contemporains admirent les entreprises qui promeuvent «la recherche et le développement», mobilisent des cerveaux et des équipements prestigieux. La capacité de tirer parti des progrès du savoir et du savoir-faire fait non seulement le profit mais aussi la justification de ces entreprises.

La diversification des sciences et des techniques est irréversible et il est sans doute bénéfique que chacune croisse selon ses propres voies. Pourtant, l'usage désordonné que l'on en fait est intolérable. En l'absence d'une direction politique qui leur assignerait des tâches déterminées, elles serviront des ambitions éparses et surtout celles des puissants qu'elles rendront plus puissants encore. Il faudrait que les hommes puissent se concerter afin d'utiliser judicieusement leurs moyens. Hélas, la concertation n'a lieu qu'entre ceux qui sont en mesure de faire valoir leur point de vue. Même si personne n'essayait d'imposer le sien par la force, tous ne seraient pas sur un pied d'égalité. Les idées reçues servent les arguments des uns et désservent tellement les autres que ces autres n'arrivent même pas à formuler leurs intérêts et leurs aspirations.

Que penser, dans ce contexte, des efforts en vue de rationaliser les décisions pratiques? N'y aurait-il pas dans la présentation comptable des coûts et des bénéfices de différents programmes d'action politique, un instrument précis qui permettrait de choisir le meilleur programme ou, au moins, un langage objectif qui aiderait les hommes à se concerter et à porter des jugements de valeur? La réponse à cette question exige un long développement.

7. La rationalisation des décisions

Chercher l'usage le plus productif des ressources disponibles, comme on le fait en économie, peut passer pour une forme achevée du souci moral. Quand l'analyse des bénéfices et des coûts d'un programme d'action est complexe, un système de comptabilité permet de rationaliser les décisions[33]. Il faut bien, dans un tel cas, recourir à un commun dénominateur pour apprécier des stratégies concurrentes et les comparer. On est tenté de se servir, pour cette comparaison, de l'évaluation monétaire en usage dans les affaires et d'établir sur cette base quelles sont les stratégies les plus efficaces. On éprouve d'ailleurs l'impression grisante de dominer la situation, quand on peut calculer avec précision le meilleur usage possible des moyens disponibles et quand on peut rendre compte de ses opérations comme étant les plus rentables. On en oublie que les coûts et les profits, les manques à gagner et les utilités envisagés ont été soit comptabilisés plus ou moins arbitrairement par des gestionnaires en place, dépendants des institutions qu'ils servent, soit évalués au sein d'un marché, où l'influence des partenaires est inégale, où l'équilibre des prix sanctionne un rapport de forces.

Dans les sociétés contemporaines, on impute à une bombe, à une automobile ou à un plan d'amaigrissement une valeur définie: ce sont des biens ou services offerts et en demande, dont l'offre conditionne souvent la demande et que l'on produit parce qu'il y a des clients qui peuvent les payer. Dans le calcul du «revenu national», on additionne sans sourciller le coût de l'assainissement de l'air et de l'eau par une entreprise industrielle et le coût de la production dont la pollution est un effet. Ce sont là des activités industrielles reconnues, qui se sont imposées et qui entrent dans les comptes nationaux. Par contre, comment apprécier les déséconomies externes, c'est-à-dire les coûts extérieurs au système de production et d'échange, tel qu'il est envisagé d'un point de vue comptable? Ces déséconomies sont parfois massives: destructions écologiques, maladies professionnelles, tensions dues aux concentrations urbaines, criminalité et misères de toutes sortes, engendrées par la destruction du tissu social et des solidarités traditionnelles. Comment évaluer des biens et des services non comptabilisés par ce même système, et dont il dépend peut-être de façon essentielle? Ainsi le dévouement et la patience des femmes dans certaines fonctions sont comme l'eau et l'air, utilisés gratuitement ou à bon compte. La société industrialisée compte sur les mères et les épouses pour reproduire, entretenir, soigner, dans leurs mauvais et dans leurs vieux jours, les travailleurs qu'elle emploie. Elle compte même sur l'horticulture que pratiquent les femmes pour réduire en dessous du minimum vital les salaires versés aux ouvriers dans certains pays[34]. Par ailleurs, comment estimer, et rendre estimable à leurs propres yeux, le travail des mères et des épouses[35]? Comment imputer une valeur aux charmes d'un village, d'un habitat ou d'un paysage quand ils ne sont pas commercialisés ou transformés en facteurs de l'industrie touristique et, le plus souvent, gâchés par la même occasion? Enfin, comment calculer la valeur des biens et des services nécessaires à ceux qui n'ont ni pouvoir d'achat[36] ni pouvoir politique, et comment persuader la société de produire ces biens et ces services? Toutes ces questions se recoupent et sont loin d'épuiser le sujet.

Dès que l'on sort des seules perspectives d'une firme en quête de profits, la rationalisation des décisions exigerait que les coûts et les utilités soient envisagés à plusieurs points de vue qui ne sont même pas explicités. Il y a tant de valeurs et de besoins qui, faute de reconnaissance sociale ou d'un mode d'évaluation adéquat, n'arrivent même pas à être nommés. Il y a tant de groupes sociaux qui reprennent à leur compte les rêves que leur instille une propagande commerciale et ne savent jamais ce qu'eux-mêmes voudraient. D'autre part, il faut bien remarquer que chacun n'envisage coûts et utilités que dans le cadre d'informations et d'anticipations limitées. Même une firme multinationale avec tous ses experts et n'ayant pourtant que des objectifs précisés (maximisation des profits à terme, maîtrise des marchés, élimination des incertitudes et des risques financiers, sa propre expansion), ne peut prévoir tout ce qui importe à ces objectifs. Elle limite sa prospection des possibilités à un certain laps de temps, à certains cadres institutionnels et à des secteurs d'activités où son expertise est plus ou moins éprouvée[37].

* * *

C'est dans un système fermé, comme celui que lui offre la comptabilité économique d'une firme ou d'une nation, dans un système où les données et les règles du jeu sont claires, où les moyens et les objectifs sont recensés et ont une valeur définie, que la raison se déploie volontiers, c'est là qu'elle trouve l'illusion de sa maîtrise sur le destin[38]. C'est dans cette illusion que la bourgeoisie d'affaires se constitua et constitua un monde.

En fait, on ne peut maîtriser le destin, on ne connaît pas toutes les données de l'histoire et on ne peut juger souverainement des objectifs que l'on poursuit. Pourtant, il faut bien prendre des décisions. Celles dont les enjeux auront été soigneusement analysés et dont la mise en œuvre aura été soigneusement planifiée, auront quelques chances de donner les résultats escomptés. Pour pouvoir analyser des enjeux, comparer les coûts et les bénéfices de plans d'action, il faut parfois oser comparer l'incomparable : le bénéfice que des villageois tirent d'une vie paisible et le bénéfice que la nation tirerait d'une autoroute traversant le village, l'avantage d'une vie familiale tranquille et celui d'une promotion professionnelle qui soit source de revenu et de fierté pour la famille. Il faut réduire à une même échelle de comparaison des objectifs irréductibles, soupeser les utilités qui découleront de leur réalisation et des conséquences de leur réalisation, et les utilités qu'il faudrait leur sacrifier. Est-ce possible ? Comment pourra-t-on évaluer ce dont on ne fait pas commerce ? Certaines œuvres d'art deviennent des objets de spéculation financière, des placements sûrs ou des accessoires choisis pour millionnaire en quête de statut. Mais les œuvres d'art qui n'ont pas ces usages « vaudraient-elles » moins ? Et le prix de l'amour ? On a souvent ignoré des « valeurs sans prix » qu'on ne remarquait pas tant qu'on n'en n'était pas privé. Quel prix leur attribuer cependant ? Remplacer par des services professionnels et rémunérés une maîtresse, une épouse, une mère aboutit à des impasses financières (macro-socialement) aussi bien qu'affectives.

Pour juger différents objectifs, il faut les envisager non seulement comme des fins en soi, mais aussi comme différentes variables en interférence avec d'autres variables, dans une même dynamique sociale. Dans celle-ci, les effets se croisent, s'annulent, se contrarient, se renforcent ou se multiplient les uns les autres, et ce à plusieurs moments et à plusieurs paliers. Cette façon de voir, lorsqu'on veut la formaliser, appelle cependant bien des réserves. On peut toujours critiquer le choix des variables retenues, la valeur relative attribuée à chacune d'elles, le modèle selon lequel, pour fin d'analyse, on imagine quelles seraient leurs interactions et les interactions de leurs effets. Puisque les conséquences d'une légère variation d'une variable ou les conséquences de l'introduction d'une nouvelle variable, apparemment insignifiante aujourd'hui, peuvent avoir des effets multiplicateurs, un modèle opératoire n'est-il pas impossible, du moins pour le long terme?

D'autre part, si on n'envisage l'utilité d'un objectif que dans la série de ses conséquences, ne serait-on pas tenté de sous-estimer tous ceux qui ne peuvent être appréciés en fonction de leurs répercussions sur l'avenir? Par exemple, ne préférera-t-on pas systématiquement investir dans l'éducation de la main-d'œuvre future ou la médecine préventive vis-à-vis des enfants, plutôt qu'assurer le bien-être des vieillards? Ne sacrifiera-t-on pas volontiers la douceur de l'amitié présente au souci du lendemain, et ce dans la mesure où la première ne se justifie que par elle-même, trop simplement sans doute pour des hommes sérieux, préoccupés par des stratégies complexes? Ils ne poursuivent que des buts qui sont en fonction d'autres buts qui, eux-mêmes, concernent un lointain futur. En se tenant responsables de celui-ci, ils se trouvent sans doute justifiés, au-dessus du commun dont les vues sont plus courtes. Ils engrangent des moissons, bâtissent de nouvelles granges, défrichent des champs mais ne goûtent jamais le pain ni la fraternité au travail ou à table. Ils sont trop préoccupés. Sans doute ces plaisirs leur sembleraient-ils insignifiants. Le report de toute question (au sujet du sens et de la valeur de la vie) à un idéal à venir, c'est aussi une façon de se débarrasser de ces questions, une façon d'éviter de reconnaître la multiplicité, la contingence, la fragilité, la force émouvante et déroutante des raisons de vivre qui surviennent souvent ailleurs et autrement que prévu.

Faisons le point. La rationalisation des décisions morales et politiques exige qu'on les situe dans la seule perspective réaliste qui soit, celle qui envisage la chaîne des conséquences à long terme de ces décisions. Cela suppose qu'on envisage aussi les répercussions de plusieurs chaînes de conséquences les unes sur les autres[39]. D'autre part, nous venons de souligner l'arbitraire inévitable d'une analyse de ce genre. Elle risque de nous égarer plutôt que de nous éclairer.

Nous croyons qu'il faut commencer par accorder une attention respectueuse aux valeurs qui nous sollicitent et qui sont vécues au jour le jour. Les plus discrètes sont peut-être celles qui se révèleront les plus précieuses. Elles n'ont peut-être aucune fonction apparente dans la dynamique sociale que veut amorcer l'homme d'État, dans les plans à long terme que poursuivent des gens sérieux. Pourtant, nous ne savons ce que deviendrait la coexistence et nos raisons de vivre affichées si nous perdions l'habitude de nous laisser émouvoir par la détresse d'un voisin ou le sourire d'un enfant, si nous abandonnions toute manière de table, si nous réduisions les relations avec nos fournisseurs aux seules nécessités économiques. Nous sommes convaincus qu'on ne peut ni tout prévoir ni recenser a priori tout ce qui nous importe et donne du sel à la vie[40]. Cela dit, il faut bien essayer de prévoir et de planifier ses initiatives, quitte à corriger sans cesse ses prévisions et ses plans, si on veut éviter des catastrophes.

La prévision et la rationalisation de l'action sont en tout cas les voies de la responsabilité politique. Elles se développèrent dans le domaine de l'économie, furent peut-être à la remorque de la croissance économique, mais elles sont aussi le meilleur moyen d'en combattre les errances. On leur reproche d'être unilatérales, incapables de tenir un compte équitable de besoins et de valeurs multiples. Mais le hasard, qui résulte de l'imprévision et de l'inertie des habitudes, ferait-il mieux? Il laisse le champ libre à la tyrannie d'intérêts particuliers qui seront capables de prévision et de système dans la poursuite de leurs objectifs. En second lieu, ne sont-ce pas ces mêmes intérêts, regroupés pour imposer leur point de vue, qui font dévier puis discréditent les politiques les mieux planifiées et qui résultent d'une large concertation? S'ils n'ont pu influencer la conception de ces politiques, ils tâcheront d'en influencer l'application. Les objectifs d'un gouvernement et la cohérence avec laquelle il les poursuit dépendent du rapport des forces sociales. Les difficultés théoriques de la planification, difficultés dont nous venons de parler, n'apparaissent pas en vase clos mais se combinent avec les préjugés et les pressions des classes dominantes. En troisième lieu, la rationalisation des politiques ne signifie pas nécessairement une planification rigide. Il faut parfois passer par là, mais il semble plus pratique de compter sur les initiatives des citoyens et des associations quand ils font preuve d'initiative, sont sensibles au bien commun et acceptent de se concerter. En quatrième lieu, les techniques actuelles de l'information et de l'analyse des systèmes permettent de corriger des prévisions ou des plans d'action, d'y modifier ou d'y ajouter des variables au fur et à mesure que l'expérience nous informe. Il est possible d'éclairer des stratégies concurrentes en simulant leurs conséquences respectives sur des périodes fort longues. Il ne s'agit pas de faire l'économie du débat politique et de la réflexion morale, mais, au contraire, de les relancer sur les bases de méthodes et d'informations précises.

En résumé, il s'agirait de généraliser le type de rationalité à l'œuvre dans une stratégie systématique tout en tenant compte de deux difficultés. D'une part, le modèle que constitue la rationalisation des coûts budgétaires dans les administrations privées ou publiques oblitère les coûts et les bénéfices qui ne s'évaluent pas en termes budgétaires. D'autre part, et cette objection est plus radicale, la prétention même d'une rationalisation générale se heurte au fait que nous ne savons pas tout ce qui nous importe. Il y a des valeurs qui sont déjà vécues avec intensité sans être encore reconnues. Ce n'est pas un motif pour renoncer à l'idéal d'une rationalisation plus poussée des décisions, mais c'est un motif pour considérer toute planification générale comme devant faire l'objet d'un débat et d'une révision constants. Toute planification s'institue à partir d'une interprétation de ce qui est bénéfique et de ce qui ne l'est pas. Cette interprétation fait sans doute l'affaire des uns au détriment des autres. Elle est donc un instrument de pouvoir. Mais dans la mesure où un débat sur la planification peut se faire dans la clarté, il contribue à démarquer les influences inavouées et les idées reçues.

* * *

Pour terminer cette première partie, nous allons parler de la réflexion morale. Bien qu'elle ne puisse se couper de toute inhérence aux schèmes culturels et aux intérêts socio-économiques du milieu où elle se produit, elle demeure un chemin pour démasquer les idées reçues et les alibis confortables, et ainsi relancer la pratique. Ce n'est ni le seul chemin ni un chemin infaillible. Le débat politique et la prédication morale ou religieuse procèdent autrement et parfois mieux, quoique leur but premier ne soit pas l'élucidation. Pour sa part, la réflexion morale doit être confrontée avec les espoirs et les valeurs, les réussites et les échecs vécus par les collectivités et les individus, pour penser avec pertinence. Elle ne juge souverainement ni du devenir des mœurs, ni des idéaux, ni des idéologies établies ou qui tentent de s'établir. Ils lui sont un paysage. Hors de ce paysage, on ne peut imaginer ce que serait la réflexion, quels seraient son objet et ses mobiles.

Pour établir à quelles conditions la réflexion morale peut éclairer la pratique, nous dirons d'abord comment elle s'égare dans le verbiage, dans l'«esprit de système», dans des justifications plus ou moins mensongères ou des enthousiasmes unilatéraux. Il n'y a pas d'assurance contre ces égarements. Au moins faut-il les reconnaître.

8. La réflexion morale

La réflexion morale peut s'abîmer dans un jeu brillant et cynique, une conscience aiguë et amusée de nos limites. Le bon mot devient alors plus important que la vérité du discours. Mais le bon mot peut aussi servir la vérité. La désinvolture prépare le détachement. La verve ou l'élégance de la phrase donnent, dans certaines circonstances, le courage de la clairvoyance. Les jeux de l'esprit et du langage autorisent l'ironie à propos des certitudes et des habitudes auxquelles une culture veut s'en tenir. Ils permettent de railler et de retourner contre elle-même la propagande du pouvoir. Ce que Voltaire fit contre l'Église et l'ancien régime, des résistants le font aujourd'hui en

Europe de l'Est vis-à-vis du communisme russe et de l'État.

La réflexion morale peut se perdre non seulement dans les jeux et le brio du langage mais aussi dans de graves systèmes de pensée. Ceux-ci sont l'élément de l'intelligence mais elle peut s'y complaire au point d'en oublier de dire la réalité. Sans être encore à la solde d'aucun pouvoir, l'intelligence est déjà totalitaire quand elle ne voit que ce qui trouve place dans ses schèmes. Le reste est exclu et ne pourra plus contredire un discours aveugle à ce qui lui est étranger. Cependant, la suffisance d'un système clos sur lui-même peut être liée à un ordre social qui tient à se maintenir ou à s'établir. Ainsi, une certaine présentation comptable du «progrès» économique fait l'affaire de puissances en place et celles-ci, du seul fait qu'elles utilisent et perfectionnent cette présentation-là, contrarient la formation d'une autre présentation du «progrès» économique. Dans ce cas, l'intelligence n'obéit plus seulement à un penchant qui lui est propre mais aussi à des habitudes de pensée correspondant à un rapport de pouvoir. Nous allons nous attarder sur ce sujet qui est celui de l'idéologie, c'est-à-dire de la dissimulation et de la justification, par la raison, par une vision du monde qui se présente comme raisonnable, d'un rapport de domination et d'exploitation. L'idéologie, en dissimulant et en justifiant un tel rapport, contribue à l'établir.

La distinction entre, d'une part, l'idéologie d'un pouvoir et, d'autre part, la suffisance d'un système de pensée se refermant sur lui-même, n'est pas toujours claire. Un discours, en se déployant, tend spontanément à oblitérer tout discours concurrent, à contrôler le monde par la pensée, à se consacrer et à ne pas souffrir la contestation. Cependant, cette propension a plus ou moins de moyens à sa disposition. Un régime politique ou une religion d'État peuvent être dédiés à la défense d'une doctrine et trouver en elle leur raison d'être. S'ils prétendent avoir raison, ils peuvent aussi imposer leur raison. En même temps qu'une doctrine, ce que leurs cadres tâchent de maintenir, ce sont de multiples rôles d'autorité, des manières de penser et d'administrer, des emplois et des bénéfices de toutes sortes. Tous ces facteurs sont, certes, interdépendants mais on ne gagne rien à les confondre ou à les réduire a priori à l'un d'entre eux, si ce n'est peut-être la satisfaction de sauvegarder un système de pensée. La volonté de conserver une vision du monde, plus ou moins systématique, plus ou moins doctrinaire, joue sans doute un rôle *sui generis*. Il est d'ailleurs probable qu'en tenant moins à ses idées, on pourrait souvent transiger plus habilement avec ses opposants et sauvegarder davantage ses intérêts et son pouvoir. Les inquisiteurs, les doctrinaires de tous poils, les rois philosophes de la *République* platonicienne, Ford dans *Le Meilleur des mondes* d'Huxley, sont-ils des tyrans parce qu'ils sont obnubilés par leur doctrine? Ou des tyrans qui ne voient dans la doctrine qu'un outil pour asseoir leur tyrannie et la justifier aux yeux des autres? Ils sont et deviennent l'un et l'autre. Leur tyrannie a besoin d'une doctrine. Celle-ci débouche sur la tyrannie dès qu'elle en a les moyens.

Jean-Pierre Faye, dans *Théorie du récit, Introduction aux «Langages totalitaires»*[41], à propos du IIIe Reich, Marc Augé, dans *Théorie des pouvoirs et idéologie*[42], à propos d'une étude de cas en Côte d'Ivoire, montrent qu'un système de pouvoir ne se produit qu'en se pensant, qu'en s'interprétant, qu'en propageant une vision du monde qui lui permet de se présenter avantageusement. Cette vision, la tradition culturelle qu'elle continue et la cohérence qu'elle poursuit en tant qu'ensemble d'idées et d'idées-forces, a un poids spécifique. «Aucune pratique sociale, économique ou politique ne peut s'effectuer ou s'analyser sans référence à (...) une logique des représentations que l'on peut aussi bien appeler culture du fait de sa cohérence et idéologie du fait de son apriorisme fonctionnel, de la structure de sa syntaxe qui commande toute interprétation, toute action possible et apparaît tout uniment comme rapport de force et rapport de sens[43].»

Il est ici question de la vision du monde qui permet à des hommes de se situer collectivement et individuellement, de s'identifier et de donner sens à leurs actions. Cette vision est déjà conditionnée par la pratique et, notamment, par le rapport des forces sociales en présence, lui-même lié aux rapports de production. Elle est également une pièce essentielle d'un système de pouvoir et d'exploitation. Si des princes, des prêtres ou des financiers occupent un position dominante, c'est dans une certaine mesure parce qu'ils s'appuient sur une idéologie qui justifie cette position et donc supplée à bon compte l'ouvrage d'une police. D'autre part, pour paraître convaincante et accomplir son œuvre de justification, une idéologie doit respecter une certaine «logique des représentations», tabler sur des valeurs admises et les manipuler de façon qui demeure crédible. Le «rapport de force» compte donc sur un «rapport de sens», celui-ci fait partie de celui-là.

Pour mobiliser des effectifs afin de modifier un rapport de force établi, il faut aussi donner sens à ce renversement. Il faut commencer par discréditer l'idéologie régnante et, pour ce faire, accréditer une contre-idéologie[44]. Nous allons envisager comment la réflexion morale est fatalement mêlée aux constructions idéologiques qui visent à conserver et à promouvoir un certain ordre social, et comment elle peut servir également le combat contre les idéologies et l'ordre établis.

* * *

La réflexion morale court non seulement le risque de se distraire dans un jeu badin ou dans la suffisance d'un discours clos sur lui-même, mais elle sert parfois à justifier la domination et l'exploitation de l'homme par l'homme. Pour légitimer un ordre social et le perpétuer, il y a toujours des moralistes qui s'offrent. Ils inventent des idéologies qui ont la cohérence dont parlait Faye. L'alibi ainsi construit est une certaine réponse à l'exigence de réflexion, un ouvrage de dissimulation qui vise à circonvenir la raison. Mais celui qui fabrique une telle idéologie peut être lui-même mystifié par son œuvre de mystification. La mauvaise foi dont il est un fonctionnaire est si achevée qu'il en perd la trace.

En fait, nous avons parlé à tort de mauvaise foi. L'idéologie qui fabrique une conception du monde ignore sans doute qu'elle n'est pas vérité mais justification. Elle défend non pas un point de vue isolé mais un point de vue collectif. Selon le freudisme, l'instance refoulante est elle-même inavouée. Cependant, même si le névrosé coïncide parfaitement avec son comportement, il peut être envoyé chez l'analyste par son entourage. Ce qui était dissimulé peut être révélé. Dans le cas de l'idéologie, c'est tout un milieu qui est dans le mensonge. Nombreux et puissants sont ceux qui ont intérêt à y demeurer. Dans cette affaire, il n'y a guère de place pour une critique impartiale qui ait en même temps un certain impact social. Ou bien l'idéologie s'impose sans conteste et qui la contredit est condamné ou ridiculisé. Ou bien elle est battue en brèche et une contre-idéologie se développe en même temps qu'une opposition se constitue. Dès qu'il y a lutte, chacun doit choisir un camp ou est placé dans un camp par l'opinion. D'ailleurs, pour imposer à l'attention un point de vue, fût-il neutre, il faut pouvoir s'imposer. Le dialogue ne s'amorce que dans un certain équilibre des forces ou des propagandes. Il a fallu que les Chinois aient la bombe atomique pour qu'on entende leurs raisons. Il a fallu que la classe ouvrière gagne les batailles que furent les premières grèves, pour qu'on lui reconnaisse ce qui passe aujourd'hui pour des droits «naturels». Dans l'intimité même de l'amour, le respect reconnu à la femme, comme celui qu'elle revendique, dépend des idées mises de l'avant par les mouvements féministes, de la propagande et des lois qui imposent ces idées aux hommes et aux femmes.

Nous croyons que le moraliste est mystifié par les idéologies dominantes (à moins qu'il n'y consente) s'il ne s'emploie pas à les dénoncer. Mais pour les dénoncer, pour en reconnaître les mensonges, il lui faut commencer par écouter les dominés et éventuellement les aider à s'exprimer. Car ils sont parfois si bien dominés, si bien mystifiés, qu'ils peuvent à peine dire leur sujétion, leurs vrais besoins et leurs vraies aspirations. Le moraliste pourrait alors les aider à voir clair en même temps que lui-même y verrait plus clair en partageant leur condition. Nous ne parlons ici que du moyen de savoir, non du moyen de changer l'ordre établi. Mais savoir, en l'occurrence, c'est déjà contester cet ordre, c'est déjà prendre parti.

Le moraliste doit bien reconnaître qu'il n'est plus homme de réflexion dès qu'il s'enthousiasme et combat pour une cause, aussi sacrée soit-elle. Après la distraction dans le discours, après la perversion dans l'idéologie, l'enthousiasme pour une bonne cause est la troisième tentation du moraliste. Entendons-nous bien. Hors de son métier[45], il lui faut y céder et même pour bien faire son métier, pour pratiquer la neutralité axiologique, il lui faut une résolution passionnée qui défie l'opinion. Car en matière morale, la curiosité intellectuelle et la froideur analytique passent souvent pour des attitudes saugrenues, mal tolérées. Le moraliste peut préférer l'action ou la prédication à la réflexion. Cela peut lui paraître plus utile ou plus moral. Mais qu'il admette alors qu'il change de rôle, même s'il fonde son engagement sur une réflexion longuement mûrie. Celui qui combat pour une cause, veut la faire triompher plutôt que la comprendre. Pourquoi en appellerait-il à la seule intelligence de ses interlocuteurs, sans artifices, quand son but n'est pas de faire la lumière sur la situation, mais de gagner une bataille?

* * *

Faisons le point. La réflexion morale n'est pas indépendante des idéologies ni des rapports de domination et d'exploitation qui se font et se défont au cours de l'histoire. Chaque groupe social, comme chaque individu, tient à sa vision du monde. Il en a besoin pour se consoler ou se faire valoir, pour se situer, se défendre ou attaquer. Il a besoin de conserver ses assurances morales. Ceci vaut pour les révolutionnaires comme pour les conservateurs. Les premiers ne possèdent même rien d'autre que leurs assurances morales.

Les idéologies mettent en relief certains faits et en oublient d'autres. Elles visent à convaincre afin de vaincre des adversaires, afin de rallier et de réconforter des partisans. Elles servent un pouvoir et un ordre établis. Mais ce que nous avons appelé contre-idéologie ne fait encore que viser le pouvoir. Elle mobilise, au sens psychologique et parfois au sens militaire de ce mot, en vue de contester l'ordre établi. Voilà pourquoi elle n'est pas tout à fait une idéologie. En attendant de disparaître ou de s'imposer, elle a le mérite d'attaquer les évidences et les maîtres du moment. En pratique, les idéologies comme les contre-idéologies sont multiples et en concurrence. D'autre part, dans la mesure où une idéologie domine, toutes les autres qui lui font concurrence reprennent à leur manière les thèmes de la première et sont influencées par elle. Dénoncer une idéologie dominante, énoncer une contre-idéologie ne se fait qu'à tâtons, à partir et à l'encontre des idées reçues, au cours d'une lutte qui est déjà politique.

Il convient d'insister sur la dialectique qui unit intimement idéologie, rapports de production et rapports de domination. Ces deux séries de rapports ne s'instituent, durablement et avec un minimum de contrainte, qu'en donnant lieu à des droits et des devoirs qui vont de soi. Des structures sociales, politiques et économiques s'imposent parce que les hommes conçoivent leurs rôles et acceptent de les jouer selon une certaine distribution. Il suffit d'ailleurs qu'un certain nombre de protagonistes jouent selon une mise en scène pour que celle-ci s'impose aux autres acteurs. Le rôle d'un «big man» ou d'un cacique se trouve confirmé aux yeux de tous par le consentement de quelques-uns. Le consentement de ces quelques-uns et de tous ceux qui suivront leur exemple est sans doute dicté par la nécessité, mais il y a nécessité parce qu'on ne conçoit aucune autre issue. Ainsi, la logique du néo-capitalisme est largement acceptée parce que trop de gens ne *voient* pas comment

retrouver statut, gagne-pain et sécurité s'ils ne s'y soumet-
taient plus. Leur imagination est prisonnière des institutions
et des habitudes du néo-capitalisme, des biens et des services
qu'il produit, des attentes qu'il entretient, des tâches qu'il
assigne. Voilà comment une situation dont on connaît les
absurdités se perpétue, sans qu'il soit besoin de recourir à
la contrainte directe, si ce n'est épisodiquement.

On peut aussi parler de système d'idées, de système de
pouvoir et de système économique qui s'appuient l'un sur
l'autre pour mieux durer, et se combinent en un seul
système. Cependant, la situation que nous vivons actuellement n'est pas aussi monolithique, aussi bloquée que de
telles expressions le laissent entendre. Cette situation est
aussi travaillée par le doute et la critique, des dysfonctions et
des tensions. C'est là que surgissent des occasions et des
moyens d'action pour la liberté. C'est là qu'elle trouve des
mobiles et des suggestions. C'est là que se dessinent des
révoltes qui l'entraînent et la servent.

La réflexion que nous avons poursuivie s'enracine dans
l'hypothèse que l'homme est non seulement le jouet d'un
destin, mais peut aussi prétendre être le sujet d'une destinée. Il ne s'agit donc pas seulement de comprendre les
déterminismes qui font et défont les conjonctures et les
mentalités. Il s'agit plutôt de situer la signification de ces
déterminismes dans la perspective du projet de la liberté[46].
La responsabilité sociale du moraliste nous semble être de
mettre ses contemporains en face d'eux-mêmes en disant
quels sont leurs idéaux, leurs possibilités d'action, leurs
comportements effectifs et quels sont les écarts qui sé-
parent idéaux, possibilités et comportements.

La vérité à laquelle peut prétendre la réflexion morale
est toute relative. La réflexion n'est jamais indépendante

des idéologies. Elle se nourrit de la contestation des unes par les autres. Elle est portée par cette contestation et la continue à sa façon. Mais nous croyons qu'elle doit et peut prendre quelque distance vis-à-vis des affrontement sociaux et politiques, se soucier moins de la victoire d'un parti et davantage de l'élucidation des positions de chacun en les confrontant à d'autres. Il n'est pas question pour elle de prendre tel ou tel parti, mais d'amener à prendre parti en connaissance de cause. Elle vise à corrompre le confort moral, mais oblige aussi la liberté à se déterminer. D'ailleurs, elle est déjà une œuvre de la liberté, tout comme le refus de se tirer au clair est déjà une œuvre de la liberté. Dans un cas, la liberté prépare son déploiement et dans l'autre, elle choisit de s'amortir. La réflexion dont il s'agit ici se veut à propos de l'histoire qui se fait et de l'histoire qui est à faire.

On pourrait sans doute en dire autant de toutes les sciences des mœurs. Mais la réflexion morale se caractérise par une volonté permanente de ne pas s'oublier dans l'analyse des objets, d'en revenir sans cesse au moment où le sujet décide de son avenir. Il est inadéquat de parler d'une méthode de la réflexion morale dont les règles seraient codifiables, indépendamment d'une disposition à la fois ironique à l'égard de toute croyance et attentive aux raisons d'espérer. S'il s'agit de nous étonner à propos de nos valeurs coutumières, c'est pour pouvoir mieux les apprécier. À moins de sombrer elle-même dans l'habitude du dénigrement, la critique des mœurs vise à libérer *de* l'habitude et *de* l'aliénation, afin de libérer *pour* la quête de valeurs originales.

C'est jusqu'à la cruauté qu'il faut manier l'ironie. C'est de nos aliénations chéries, de notre confort acquis par de

longues habitudes de mensonge qu'il faut nous dépouiller.
La réflexion morale entreprend un combat infini contre le
non-sens vécu. Elle sourd d'une liberté qui s'était déjà em-
ployée à se nier dans les routines et l'affairement quotidien, et il n'y a pour elle aucun acquis définitif. L'inertie
contre laquelle elle lutte, ce n'est pas seulement la force
des choses, c'est aussi nos complaisances secrètes. Des-
cartes disait de ses méditations : «Mais ce dessein est pé-
nible et laborieux, et une certaine paresse m'entraîne insensiblement dans le train de ma vie ordinaire. Et tout de
même qu'un esclave qui jouissait dans le sommeil d'une liberté imaginaire, lorsqu'il commence à soupçonner que sa
liberté n'est qu'un songe, craint d'être réveillé, et conspire
avec ces illusions agréables pour en être plus longuement
abusé, ainsi je retombe insensiblement de moi-même dans
mes anciennes opinions, et j'appréhende de me réveiller de
cet assoupissement[47]...» Nous savons que ces anciennes
opinions ne sont pas seules en cause, que les rôles, les
normes, les aspirations, les besoins, définis notamment par
les structures socio-économiques, les conditionnent.

Nous avons parlé en termes généraux de la liberté
morale et de sa condition. Il nous faut voir plus concrètement comment les hommes agissent de concert et modi-
fient délibérément les institutions dont ils dépendent. Dans
la deuxième partie, il sera question des nécessités de la
politique, des compromis qu'il faut consentir pour gagner
du pouvoir et saisir les occasions qu'offre le devenir social.

Première partie

Notes de références

1. Voir à ce propos J. LADRIÈRE, «Les Droits de l'homme et l'historicité», in *Vie sociale et destinée*, Duculot, Gembloux, 1973, et «L'Impact sur l'éthique», in *Les Enjeux de la rationalité,* Aubier, Unesco, Paris, 1977.

2. Nous voudrions noter ici l'effet complexe des saints et des héros en tant qu'exemples: ils font honte à la médiocrité commune et, au même moment, en donnant consistance à des aspirations élevées, en leur donnant un modèle prétendument réalisé, donnent courage et envie de réaliser ces aspirations. Il faut remarquer aussi combien la mémoire des gestes exemplaires les embellit jusqu'à les rendre parfois invraisemblables et inimitables. Nous reviendrons sur ce phénomène dans la troisième partie, sous le titre «Les hauts et les bas de l'espérance».

3. Rollo MAY, dans son livre *Amour et volonté* (Stock, Paris, 1971), estime que pour la bourgeoisie aisée qui fréquente son cabinet de psychanalyste, le traumatisme des interdits compte moins que la difficulté de vivre sans principes moraux qui aillent de soi et qui, dans un âge moins prospère, étaient soutenus, la plupart du temps, par l'obligation de «gagner son pain à la sueur de son front».

4. Ernst BLOCH a écrit les pages les plus perspicaces sur la distinction entre la projection figée d'un avenir et l'anticipation toujours en chantier, en relation dialectique avec la lecture de la réalité actuelle et des possibilités qu'elle ouvre.

5. Cf. notamment les situationnistes qui s'exprimèrent dans la revue *Internationale situationniste*, réimprimée en 1975 aux Éditions Champ-Libre, Paris. Cf. également Raoul VANEIGEM, *Traité du savoir-vivre à l'usage des jeunes générations,* Gallimard, Paris, 1967.

6. Citons de Max WEBER, *L'Éthique protestante et l'esprit du capitalisme,* Plon, Paris, 1964.

7. Citons de David RIESMAN, *La Foule solitaire,* Arthaud, Paris, 1964; de Jacques ELLUL, *Métamorphose du bourgeois,* Calmann-Lévy, Paris, 1967; de Herbert MARCUSE, *L'Homme unidimensionnel,* Éd. de Minuit, Paris, 1968. Nous reviendrons sur cette question quand nous parlerons de l'unilatéralité et de la déraison du développement économique.

8. Nous voulons parler de la bourgeoisie qui, plutôt que de créer la société capitaliste et industrielle, en hérite, la perpétue et en subit le conditionnement.

9. C. CASTORIADIS, *L'Institution imaginaire de la société,* Le Seuil, Paris, 1975, p. 155.

10. Cf. Conseil économique du Canada, *L'État et la prise de décision,* huitième exposé annuel (1971), Information Canada, Ottawa, pp. 72 et suivantes. Il y a là un excellent exposé à propos de la réaction des programmes administratifs sur les stratégies du gouvernement et de celles-ci sur les priorités du gouvernement.

11. La rhétorique officielle, quand elle ne pouvait parler de patrie, invoquait la gloire des drapeaux et l'honneur des armes. C'est tout ce qu'elle pouvait invoquer quand il fallait trouver une cause à des mercenaires. Sans le savoir, elle trouvait le mot juste pour tout soldat. Il tient à son poste parce que c'est ce qu'exigent la discipline, la solidarité, l'honneur du peloton, de la compagnie ou du régiment. Quand il chante en chœur, la «Madelon» fait aussi bien l'affaire que la «Marseillaise». Les grands idéaux ne l'agitent que sporadiquement. Si les officiers les lui rappellent, lors des harangues, c'est pour renforcer la discipline et l'esprit de corps, qui sont le cadre et le credo pratique du soldat. Peut-on lui reprocher de ne guère considérer le cours de l'histoire et la stratégie que poursuivent les états-majors et les diplomates? D'ailleurs, même si de telles considérations fondent un comportement quotidien, c'est dans la mesure où elles correspondent à des idéaux partagés dans le compagnonnage.

12. C. CASTORIADIS, *L'Institution imaginaire de la société,* Le Seuil, Paris, 1975, p. 121.

13. Nous parlons ici de l'économie néo-capitaliste. Bien des critiques que nous formulerons peuvent s'adresser aussi à une économie bureaucratique, à condition de les nuancer, ce que nous ne pouvons faire dans les limites de cet argument. Nous parlerons de néo-capitalisme ou de néo-libéralisme pour désigner l'accommodement du capitalisme et du libéralisme avec la social-démocratie et non pour désigner des écoles spécifiques comme celle de Chicago ou celle de Virginie.

14. Les capitaines d'industrie, bourgeois capitalistes d'hier, ne se reconnaîtraient ni dans les hauts fonctionnaires en charge de l'économie nationale, soucieux d'en harmoniser la croissance, ni dans les actionnaires (au nombre desquels comptent surtout des institutions financières et industrielles), ni dans les gestionnaires salariés (parmi lesquels le pouvoir est diffusé moins selon une hiérarchie unique que selon des relations fonctionnelles multiples et en interférence) des grandes firmes capitalistes d'aujourd'hui.

15. On a pu parler des finalités immanentes à l'économie de marché, qui se réaliseraient indépendamment des finalités vécues par les agents en interférence sur les marchés de l'emploi, des capitaux, des biens et des services. Ces agents ne chercheraient que leur profit mais, dans une situation de concurrence parfaite, il résulterait de l'agrégation de leurs comportements une double tendance vers l'équilibre des marchés et vers une efficacité de plus en plus grande de l'appareil économique. En fait, aujourd'hui, du moins dans les secteurs qui donnent le ton au reste de l'économie, les marchés sont dominés et manipulés par de grandes entreprises, des consortiums financiers, des politiques gouvernementales et syndicales. La croissance est délibérée. On ne peut donc plus parler de finalités immanentes par opposition aux vouloirs des agents économiques dans le même sens qu'auparavant. Cependant, ceux qui décident de l'avenir économique sont enchaînés par les règles du jeu qu'ils perpétuent et dont ils tiennent leur pouvoir. C'est pourquoi nous parlons d'une nécessité immanente de la croissance, quoique celle-ci soit voulue comme telle, ce qui n'est pas le cas dans un modèle de concurrence parfaite.

16. On parle de complexe militaro-industriel, de collusion impérialiste entre les États et le capital industriel et financier, d'alliance entre les gestionnaires du capital et les principaux actionnaires et même les grands syndicats. On signifie par là que les puissants le sont grâce à leur insertion dans un réseau de pouvoir qui n'est pas qu'économique, même s'il est conditionné par le développement économique.

17. Nous pensons ici à la notion de conscience de classe, conscience d'une commune aliénation du fait des rapports de production, conscience d'aspirations et d'intérêts communs, conscience de former une force sociale unie pour et par un même projet. Celui-ci est à la clé de la formation d'une même force. Il émerge d'une conscience commune mais cette dernière ne s'affermit que dans la perspective d'une stratégie politique. Les intérêts et les aspirations

qu'une classe partage ne sont eux-mêmes tirés au clair qu'à l'occasion de cette stratégie. Nous aurons l'occasion de revenir sur ces
notions dans la deuxième partie. La notion de classe nous paraît
cependant poser bien des problèmes et nous ne l'employons
qu'avec réticence. La classe que définit des facteurs objectifs
n'est pas nécessairement celle qui a une conscience d'elle-même.
Ce n'est certainement pas une notion univoque correspondant à
une réalité qui s'impose sans ambiguïté.

18. Nous appelons perspective éthique celle qui donne sens et valeur
en fin de compte à nos gestes, celle que nous traçons déjà pour
comprendre, juger et orienter nos besoins, celle que nous traçons
pour guider et relancer nos entreprises. Mais une telle perspective
n'est pas donnée a priori. Elle se dessine au creux des moyens et
des occasions. Ceux-ci, par contre, n'apparaissent qu'au regard
d'un sens et de valeurs qui cherchent les moyens et les occasions
de se définir et de se réaliser. L'idéal de justice, «le respect de tous
par chacun et de chacun par tous», «la liberté, l'égalité et la fraternité» ne deviennent projet que pour ceux qui voient comment
les poursuivre. Il n'y a là que formules vides pour les autres, déses-
pérément vides s'ils ont du cœur, ridiculement vides s'ils sont
cyniques.

19. La «bonne-intention-alibi» est encore un projet d'aboutir, mais
ailleurs qu'on veut le faire croire aux autres et peut-être aussi à
soi-même.

20. Celui qui croit être autonome et à l'origine de ses résolutions,
oublie sans doute qu'il dépend, dans sa volonté d'autonomie
comme dans l'objet de ses résolutions, de modèles, morts depuis
longtemps peut-être, et d'une éducation qui lui fait une obligation
d'être autonome. Par ailleurs, les sollicitations extérieures peuvent
devenir des mobiles et s'intérioriser progressivement. Cf. P.
RICOEUR, «Le Discours de l'action», in *La Sémantique de l'action,*
recueil préparé sous la direction de D. Tiffeneau, Éditions du
CNRS, Paris, 1977.

21. Un homme peut vouloir être jugé en dernier ressort sur ses intentions, que ce soit par sa propre conscience, par des confidents ou
par un Dieu qui sonderait les reins et les cœurs. On en appelle à
la pureté de ses intentions surtout quand on se rend compte de
l'écart entre le projet et le courage qu'il nécessite éventuellement,
d'une part, et, d'autre part, ce qu'il en résulte dans le monde et
l'opinion. Il demeure qu'une intention se définit comme intention
d'un résultat et se traduit par un comportement dans le monde,

devant l'opinion. L'artiste méconnu, le héros et le saint solitaires n'échappent pas à la règle. Même s'ils ne se réfèrent pas à un avenir qui pourrait les reconnaître et qu'ils vivifieraient par leurs œuvres, ils n'en doivent pas moins accomplir leurs œuvres jusqu'au bout, afin de ne pas démériter à leurs yeux ou à ceux de Dieu.

22. D'ailleurs, «il y a une manière de désavouer Machiavel qui est machiavélique, c'est la pieuse ruse de ceux qui dirigent leurs yeux et les nôtres vers le ciel des principes pour les détourner de ce qu'ils font. Et il y a une manière de louer Machiavel qui est tout le contraire du machiavélisme puisqu'elle honore dans son œuvre une contribution à la clarté politique» (M. MERLEAU-PONTY, *Signes*, Gallimard, Paris, 1960, p. 283).

23. Cf. Max WEBER, *Le Savant et le politique,* Plon, collection Le Monde en 10-18, Paris, 1963, pp. 165-185. C'est l'argument qu'il développe dans ces pages que nous présentons ici.

24. Le *Léon Blum* de Jean LACOUTURE (Le Seuil, Paris, 1977), et notamment le chapitre intitulé «Sang d'Espagne», est une illustration de la morale de responsabilité que suivit un homme de conviction, devenu chef d'un gouvernement de coalition dans un pays divisé.

25. Par exemple, Gandhi n'aurait pu entamer l'impérialisme britannique en en appelant à la non-violence si cet impérialisme n'avait pas déjà été entamé par le doute. Les Britanniques étaient sensibles à la morale de Gandhi. Surtout, ils n'avaient plus les moyens de leur politique impériale.

26. *Les Frères Karamazov,* Livre V, chap. V.

27. Aussi usent-elles de formules négatives ou allusives comme «mes voies ne sont pas vos voies» (Isaïe, LV, 8) «sept fois soixante-dix-sept fois» (Mathieu XVIII, 22), «on vous a dit... mais moi je vous dis...» (Mathieu V, 20-48). Nous nous référons à la Bible de Jérusalem.

28. La question est posée en termes dramatiques, par exemple, dans *Le Vicaire* de R. HOCHHUTH, Le Seuil, Paris, 1974 (traduction française). Elle l'est aussi par Jésus lorsqu'il traite les pharisiens de sépulcres blanchis pleins d'ossements de morts (Mathieu XXIII, 27-28), lorsqu'il leur reproche d'édifier des tombeaux aux anciens prophètes et de mettre à mort ceux d'aujourd'hui (Mathieu XXIII, 29-30). On comprendra qu'il y a abus de langage quand on compare l'opposition politique «droite-gauche» à l'op-

position religieuse «loi-prophète». La droite et la gauche offrent chacune des programmes politiques, même si la gauche peut être dite la conscience de la droite. Si la loi concurrence le prophétisme, elle n'est pas sur le même plan que celui-ci. Elle en est le cadre et le soutien, ou bien elle est le prophétisme mort.

29. Nous pourrions tout aussi bien dire administrateurs, stratèges ou hommes de responsabilité.

30. On connaît l'influence des guerres, de la course aux armements, de la concurrence commerciale et industrielle sur la «recherche et le développement». On parle moins de la ruée des universitaires sur les problèmes à la mode, pour lesquels des crédits sont libérés. Ainsi, aux États-Unis, la mode dans les sciences sociales fut successivement à l'économie du développement, au problème noir, aux méfaits de la concentration urbaine, à l'écologie et au féminisme.

31. Cf. la contribution de Stephen MARGLIN, «Origines et fonctions de la parcellisation des tâches», in *Critique de la division du travail,* Le Seuil, Paris, 1973.

32. Nous ne prétendons pas que de petites unités de productions indépendantes pourraient être aussi rentables que les grosses mais que, pour en juger, il faudrait que «la recherche et le développement» ne soient pas des armes que se réservent les secondes pour ruiner les premières. Et puis, que signifie rentable? Pour qui une entreprise est-elle rentable? À partir de quel point de vue juge-t-on de la rentabilité?

33. Nous pensons ici à la planification économique ou à la rationalisation des coûts budgétaires en tant que l'une et l'autre débordent le cadre de la politique économique pour s'étendre à l'ensemble des décisions gouvernementales.

34. Cf. C. MEILLASSOUX, *Femmes, greniers et capitaux*, Maspero, Paris, 1975.

35. Quant aux femmes employées dans les services publics ou l'industrie, non seulement leurs salaires sont souvent inférieurs à ceux des hommes, mais dans certaines fonctions (garderie, écoles, hôpitaux, relations publiques), c'est leur tendresse et leur conditionnement à la serviabilité qui sont exploités.

36. Leurs demandes n'étant pas solvables, elles ne sont pas exprimées dans une économie de marché.

37. K.J. ARROW traite du problème des limites et des coûts de l'information nécessaire à la rationalisation des décisions écono-

miques. Cf. notamment le chapitre III de son livre *The Limits of Organization,* W.W. Norton and Co., New York, 1974.

38. C'est pourquoi on se repose en jouant aux échecs. Et celui qui se veut justifié ne trouve l'évidence de sa justification qu'en relation à une épreuve dont les règles et l'enjeu sont clairs. Aussi a-t-il besoin et cultive-t-il une vision du monde rétrécie, de façon à pouvoir en maîtriser tous les éléments.

39. Il ne suffit pas de parler en général de totalité historique et de dialectique de l'histoire. Il faut encore appliquer l'analyse des systèmes à l'étude des futuribles, intégrer dans un même modèle le plus grand nombre possible de variables et pas seulement celles qu'une doctrine politique ou philosophique aurait sélectionnées a priori. Citons à ce propos la série des travaux de Jay W. Forrester, dont le «modèle mondial» a inspiré la fameuse étude du M.I.T. commanditée par le Club de Rome, *The Limits to Growth* par D. and D. MEADOWS, J. RANDERS, W. BEHHENS (Universe, New York, 1972). Cette liste est révélatrice: *Industrial Dynamics,* The M.I.T. Press, Cambridge, Mass., 1961; *Principles of Systems,* Wright-Allen Press, Cambridge, Mass., 1968; *Urban Dynamics,* The M.I.T. Press, 1969; *World Dynamics,* Wright-Allen Press, 1971.

40. Cf. l'argument de Stuart HAMPSHIRE, «Morality and Pessimism», in *The New York Review of Books,* 25 janvier 1973.

41. Collection Savoir, Hermann, Paris, 1972.

42. Collection Savoir, Hermann, Paris, 1975.

43. *Ibidem,* p. 410.

44. Est-ce bien nécessaire? Ne suffirait-il pas de dénoncer les mensonges, les silences, les préjugés de l'idéologie régnante? Mais ce sera toujours au nom d'une idéologie concurrente. Le dessein de contrer la première n'est ni sans mobiles ni sans passion. Il n'est efficace que lorsqu'il donne lieu à une propagande et finit par s'inscrire dans un mouvement socio-politique. Dès lors, il s'agit de vaincre l'adversaire plutôt que de le convaincre. Cela ne veut pas dire que l'on n'a pas de bonnes raisons de son côté. Par ailleurs, dans la mesure où un mouvement politique gagne en pouvoir, les intérêts qu'il représente, ou du moins certains d'entre eux, occupent déjà une position de force et font tout pour la maintenir ou l'améliorer. Ce qui avait été au début revendication des opprimés tend à devenir idéologie de nouveaux oppresseurs et celle-ci devra être dénoncée par une nouvelle contre-idéologie portée par

un mouvement de revendication. On voit comment une contre-idéologie tend à devenir une simple idéologie concurrente. Nous reviendrons sur cette question dans la deuxième partie.

45. Il s'agit moins d'une profession que d'une disposition d'esprit ayant une tradition et une discipline.

46. Projet dont le sujet est la liberté, mais dont l'objet est aussi la liberté, car la liberté n'est pas donnée à elle-même achevée, elle est procès de libération, à la fois individuelle et sociale.

47. Fin de la première méditation.

Rapport des forces et concurrence des idées en politique

« *Le travail théorique, je m'en convaincs chaque jour davantage, fait aboutir plus de choses dans le monde que le travail pratique ; quand le royaume de la représentation subit une révolution, la réalité effective ne tient plus.* »
(HEGEL — **Lettre à Niethammer,** 28 novembre 1808)

« *Mais on pourrait tomber facilement dans l'idéalisme et croire que toute cette affaire est une "question de représentation" et qu'il suffirait pour changer l'état des choses de changer leur représentation... Il existe au-delà d'une façon de pensée, les conditions de cette pensée, de ces représentations, qu'il faut analyser et découvrir.* »
(GODELIER — «Pouvoir et langage», in **Communication** 28-1978)

1. Société, politique, État

Un vouloir politique ne compte que s'il rallie des forces et devient le vouloir d'un pouvoir. Le pouvoir politique ne se gagne pas sans propagande et celle-ci correspond à une éducation ou à une manipulation du vouloir des citoyens. Il s'agit de travailler les mentalités, d'obtenir le consentement ou la sympathie du plus grand nombre, de mobiliser des effectifs. Cependant, la politique n'est pas que la chose de chefs façonnant l'opinion. Elle dépend d'abord des forces sociales qui prennent conscience d'elles-mêmes et se constituent les unes par rapport aux autres, chacune luttant pour ce qu'elle croit, à tort ou à raison, être son intérêt ou une grande cause. Au cours de la lutte, les forces en présence et les enjeux se transforment. Il ne suffit pas de répéter que les rapports de production déterminent les rapports de pouvoir et les forces sociales en présence. Il faut encore comprendre comment ces forces opèrent. Comment elles se forment ou se réalignent à travers des affrontements qui sont aussi idéologiques. Comment les unes ne l'emportent durablement sur les autres qu'en réussissant à modifier à leur avantage les rapports de production et les appareils de l'État. C'est la complexité de ce jeu qu'il s'agit de saisir.

Auparavant, il est utile de définir ce qu'est la politique et, d'autre part, ce qu'est l'État démocratique et libéral auquel nous nous référerons surtout.

* * *

C'est au sein de relations sociales que les individus s'identifient, gagnent éventuellement en puissance, se valorisent comme ils peuvent et trouvent une sécurité relative. Il arrive qu'ils discutent et luttent pour établir des relations qui leur conviendraient davantage, qu'ils protègent celles qui leur conviennent déjà. Quand ils se préoccupent de l'organisation sociale dans son ensemble et des institutions, des lois et des coutumes qui y correspondent, ils font de la politique, dit-on. Ce peut être par intérêt, par idéal ou parce qu'ils aiment le pouvoir et trouvent un champ d'action à la mesure de leurs ambitions dans l'exercice d'une influence aussi large. Habituellement, ces trois motifs se mêlent intimement. Ainsi des intérêts communs ne réunissent un parti que sous la direction de chefs qui ont quelque ambition. Et encore faut-il que ces intérêts communs puissent se mêler à de nobles aspirations et passent pour le bien commun afin de paraître légitimes. Qui départagera ce qui revient aux idéaux, aux intérêts et à l'ambition dans cette affaire?

Le problème se corse du fait que les conflits d'intérêts, d'idéaux ou d'ambitions provoquent la cristallisation de solidarités et de passions. Bien des individus s'identifient à une solidarité ou à une passion et prennent parti avant de savoir clairement leurs intérêts et leurs idéaux, les ambitions qu'ils servent ou celles qu'ils poursuivent. Les intérêts dits de classe déterminent sans doute les antagonismes politiques, mais ceux-ci s'instituent et durent au-delà des causes qui les avaient suscités. La distribution des partis ou des factions s'entretient par la volonté de leur appareil et l'habitude de leurs clients. Les batailles politiques peuvent ne plus correspondre à des enjeux importants. Elles n'en auront pas nécessairement moins de virulence. Il se peut que, pour mieux oublier l'insignifiance et la stérilité de ces batailles, on y investisse toutes ses énergies. Les clivages politiques peuvent être entretenus pour eux-mêmes, parce qu'ils offrent à certains un des rares moyens de jouer un rôle grandiloquent, et à tous un camp auquel s'identifier.

Si la politique concerne l'ensemble de l'organisation sociale, tout dans cette organisation ne relève pas également de la politique. Celle-ci porte sur l'aspect de l'organisation sociale qui est sanctionné par la force. Qu'il s'agisse de la force de la loi ou de la coutume, elle s'impose en droit, constitue une dernière instance et donc une garantie de paix. La politique assure un ordre intérieur et une protection contre l'extérieur. Elle structure, encadre, protège la société mais ne se confond pas avec celle-ci. L'État, et plus particulièrement la police, l'armée ou l'administration qui exécutent ses décisions, sont souvent ressentis par les administrés comme des contraintes extérieures. Démocratie ou pas, ce sont des corps spécialisés dont la fonction est d'imposer des règles à un corps social[1].

Il y a pourtant des sociétés sans État, sans force armée, où le pouvoir politique est diffus, non déclaré, jamais monopolisé par des personnes ou des organisations spécialisées. Par exemple, tous les adultes mâles, ou tous ceux d'un lignage particulier, ou toute une classe d'âge, peuvent participer à la conduite des affaires publiques. Dans de tels cas, l'organisation politique n'est pas prise en charge par un corps constitué qui se distinguerait clairement au sein de la société. Les chasseurs-cueilleurs du Kalahari ou de la forêt amazonienne ne s'accommodent que de chefs sans pouvoir, qui tâchent de dire la coutume, de parler au nom du groupe et d'amener des factions opposées à un compromis. Ils ne peuvent rien imposer. Mais alors doit exister, au moins dans les communautés locales et dans la sphère des activités usuelles, un consensus au sujet des droits et des devoirs de chacun. Quant aux dérogations aux coutumes, elles sont réprimées par le ridicule ou par des menaces mystiques, aussi sûrement que par la force armée[2].

L'unanimité et l'absence de corps policier qu'on trouve dans certaines cultures reposent sur la répétition de modèles ancestraux. Une forte ritualisation des rôles et des devoirs les place au-delà du discutable[3]. Ces cultures sont donc soumises à un ordre politique, contraignant comme n'importe quel ordre politique, et incontestable de surcroît. Qu'on n'y trouve pas de division en classes, ni maître ni tribut, que l'exploitation de l'homme par l'homme y soit réduite, que cet ordre soit meilleur que le nôtre, ce sont d'autres questions. Il nous semble qu'il faille une certaine spécialisation et personnification des rôles politiques pour que les hommes puissent se distancier de l'ordre qui les régit. Si la loi d'un maître écrase, au moins peut-on la reconnaître, la critiquer et la renverser. En d'autres mots, une contrainte qui n'est qu'idéologique est peut-être plus irréductible qu'une autre[4].

Dans bien des sociétés africaines, la contestation permanente des maîtres et la concurrence des allégeances politiques n'abolissent pas la continuité de l'ordre politique. Différents groupes peuvent tâcher de faire prévaloir des principes de solidarité bien différents. Et pourtant, entre ces principes, un équilibre se rétablit sans cesse. Jamais il ne s'éloigne trop d'un modèle coutumier. La contestation des rois ou des chefs aboutit tout au plus au remplacement du personnel politique dans les mêmes cadres. La plupart du temps, elle permet à des tensions de se soulager en s'exprimant de façon dramatique et le *statu quo* est sauf. Même quand une nouvelle unité politique se crée, par fission ou par fusion, c'est un même régime qui dure, ce sont les mêmes rôles et statuts qui sont redistribués. Souvent la religion est invoquée pour rappeler et imposer un minimum d'ordre — celui qui est conforme au vouloir des ancêtres, à la bonne intelligence des morts et des vivants, à l'ordre des choses, à la volonté des dieux — quand les conflits entre factions rivales semblent ne laisser subsister aucune instance capable de discipliner ces conflits[5]. D'ailleurs, la faction qui réussit à s'associer à la célébration mystique de l'ordre coutumier marque des points contre les autres. En se mettant au service d'une loi qui prime toutes les autres, elle gagne en légitimité, elle augmente le nombre de ses partisans ou réduit celui de ses opposants[6]. En même temps qu'elle proclame cette loi et lui donne une nouvelle actualité, elle l'utilise aussi à son avantage. Mais alors, la dernière instance n'est peut-être plus la coutume mais le pouvoir qui s'en réclame habilement, s'en sert et la manipule éventuellement.

Sous les apparences d'un grand désordre et en l'absence d'un monopole bien établi du pouvoir, un certain ordre politique peut donc perdurer. Même s'il y a plusieurs chefs ou plusieurs principes de solidarité en concurrence, un *modus vivendi* peut s'établir entre eux. Il y a des régimes féodaux en équilibre, même si chaque palier de gouvernement prétend à la souveraineté. Les peuples s'accommodent de l'instabilité de leurs maîtres pour autant que leur droit et leur coutume soient respectés et qu'un minimum de sécurité soit sauvegardé. Mais si l'instabilité et l'insécurité portent sur la vie quotidienne, la situation risque de devenir insupportable. Un peuple peut alors s'organiser pour rétablir la paix ou soutenir la cause de qui lui offre sécurité et se porte garant de l'ordre[7]. Dans les désordres de la guerre de Cent Ans, la France découvrit les vertus d'un roi et d'un État. Le royaume d'Angleterre sortit plus fort de la guerre des Deux-Roses, parce que le peuple aspirait à la paix et non seulement parce que les grands nobles étaient affaiblis[8]. Des tribus entières ont bien accueilli la garantie d'ordre que leur offrait le régime colonial, parce que l'administration indirecte que pratiquait ce régime sauvegardait apparemment leurs coutumes et la paix. Dans le Sertaô brésilien, au début du siècle, on a vu des bandes de hors-la-loi faire la loi. La population et même les fonctionnaires se mettaient sous leur protection quand ils ne pouvaient plus attendre une protection efficace de la police de l'État. Il valait mieux faire allégeance aux bandits que d'être pris entre le feu de ceux-ci et celui de la police[9].

Bref, on ne peut donc vivre sans un ordre défini. Il faut bien qu'une règle s'impose. En ce sens, il n'y a pas de société sans politique, c'est-à-dire sans une certaine forme d'organisation qui s'impose à tous et assure la paix. Mais certaines sociétés s'accommodent d'un pouvoir décentralisé ou même très diffus et de ce qui apparaît à d'autres comme un désordre intolérable. Certaines sociétés n'ont pas de maîtres mais elles n'en sont pas moins soumises à un ordre moral ou idéologique. Les sociétés étatiques aussi sont soumises à un tel ordre. Le législateur doit composer avec lui. Tantôt il sera contrarié par ce qu'il appelle l'inertie des mœurs. Tantôt il tablera sur ce qu'il considère comme de bonnes dispositions nationales.

* * *

L'État correspond à une forme particulière d'organisation politique. Il se présente comme souverain. En fait, il se fonde sur des rapports de force mouvants et des compromis plus ou moins stables pour s'imposer à une société. Il n'est pas indépendant des luttes sociales alors même qu'il prétend être au-dessus d'elles.

L'État tend à monopoliser la force armée et la fiscalité, les gens d'arme assurant les recettes fiscales et celles-ci assurant la paie des gens d'arme. La centralisation qui semble caractériser l'État suppose qu'il se soit imposé aux pouvoirs rivaux ou périphériques, et que ses serviteurs ne deviennent pas à leur tour des princes locaux plus ou moins autonomes. La féodalisation est inévitable là où le pouvoir central, faute de liquidités, de moyens de contrôle ou de communication, ne peut entretenir ses agents qu'en leur accordant des fiefs qui deviennent rapidement une base de pouvoir indépendant. Cependant, l'émiettement en fiefs n'est pas encore la dissolution de toute autorité étatique. Ou bien des princes locaux reprennent à leur compte l'autorité de l'État, s'imposant comme souverains dans leur territoire et tâchant d'élargir celui-ci. Ou bien un pouvoir central subsiste en composant avec des féodaux et ceux-ci gardent une certaine autonomie en composant avec le pouvoir central. D'autre part, dans un État dont l'unité et la souveraineté sont bien établies, la compétition pour le pouvoir ne cesse pas. Mais les opposants visent moins à remettre en cause la centralisation qu'à l'utiliser pour leur compte.

Selon la perspective marxiste, l'État apparaîtrait avec la différenciation des classes sociales. Il serait un instrument par lequel une classe consoliderait sa domination sur les autres. Il assurerait l'intégration d'une société [10] que divisent des intérêts divergents. Avec toute la force dont il est seul capable, il garantirait le bon fonctionnement d'un système de production qui oppose des exploiteurs et des exploités. Cependant, ces différentes classes se transforment en même temps que les intérêts qui les unissent ou les désunissent [11]. Il faut alors comprendre comment le rapport des forces sociales et des classes qui correspondent à ces forces, s'exprime politiquement et s'établit à l'occasion des luttes pour le pouvoir politique. Car la façon dont les forces sociales changent, s'allient ou s'opposent, prennent conscience d'elles-mêmes et font évoluer les idéologies, transforment les institutions ou s'en accommodent et, finalement, constituent un système de pouvoir, ne va pas de soi. C'est ce qui justifie l'originalité au point de vue de la politique au sein même de la théorie marxiste [12].

L'État prétend régir les cadres généraux d'une société délimitée, celle qui correspond à une aire où il peut exercer un monopole ou un quasi-monopole de la force armée pour soutenir son administration. Il représente une dernière instance plus nettement que ne pouvait le faire toute autre forme de pouvoir politique [13]. On comprend l'importance et l'âpreté des conflits pour accaparer ou influencer un tel pouvoir qui se présente comme souverain. Mais il n'est jamais aussi énorme qu'une telle définition le laisse entendre.

Ce pouvoir ne porte que sur des cadres généraux. Il doit bien se limiter à ce qu'il peut contrôler effectivement. Même avec une volonté totalitaire, une administration centralisée et bien rodée, une police efficace, le pouvoir politique ne pourrait tout superviser. Il coexiste avec des initiatives et des moeurs qui lui échappent plus ou moins. Il tolère souvent, parce qu'il est plus pratique de les tolérer, des infractions aux règles mêmes qu'il a définies. Ce peut être par fatigue ou pour ne pas affronter plus fort que lui et devoir avouer sa faiblesse. Ce peut être aussi pour des raisons d'économie : une sanction exemplaire de temps en temps suffit sans doute à maintenir un minimum d'ordre et d'autorité. Sans doute, tout pouvoir s'emploie à mieux s'établir mais, pour s'établir et durer, il lui faut tenir compte de ce qui pourrait le contester. Ainsi, bien des premiers ministres ne le demeurent que parce qu'ils acceptent de laisser beaucoup d'autonomie à des Églises, à des fiefs administratifs, à des régions entières, à ce qui porte le nom de multinationales ou à des espèces de mafia.

Si le pouvoir de l'État paraît sans partage, c'est qu'il respecte le rapport des forces sociales, sert celles qui prédominent, mais évite aussi de provoquer la révolte des autres. Il ne sert d'ailleurs les premières et n'assure l'ordre qui leur convient qu'en se faisant passer pour l'arbitre ou le maître équitable de toutes, le garant de la paix, de la justice ou du développement. Ce rôle amène l'État à être plus qu'un simple instrument de la classe dominante, à tenir compte des revendications les plus criantes de diverses classes, à y chercher des alliés. Il lui arrive de pouvoir jouer, les unes contre les autres, différentes forces sociales. Comme toute institution, il tend vers une certaine autonomie, et ce d'autant plus que son rôle s'accroît. Cependant, même si l'État réussit à diversifier ses appuis et à gagner ainsi une certaine indépendance, il continue à dépendre de tous ceux sur qui il s'appuie.

Des princes firent prévaloir l'État national contre les féodaux en ménageant davantage le Tiers État, en s'appuyant sur le haut clergé, en arbitrant des conflits en faveur de ceux qui étaient susceptibles de leur demeurer fidèles. Et ce que nous disons à propos des limites du pouvoir étatique vaut aussi bien pour d'autres formes d'organisation politique. La suprématie d'un chef de guerre sur toute une région peut dépendre des droits qu'il a su garantir, des privilèges qu'il a accordés judicieusement, des alliés qu'il a honorés, autant que de ses conquêtes. Il faut être fort pour accorder des privilèges ou garantir des droits, mais la force du pouvoir politique vient en grande partie de ce qu'on y consent. Et on y consent soit parce qu'on ne peut faire autrement, soit parce qu'on y trouve son avantage, peut-être même parce qu'on a la force ou l'habileté d'en obtenir ce qu'on veut. Le pouvoir politique, c'est donc aussi celui de tous ceux qui ont la force de l'influencer ou l'habileté de mettre les forts de leur côté.

* * *

Dans les pages qui suivent, il sera question de l'État libéral et démocratique. Ses idéaux et, dans une moindre mesure, ses pratiques se sont répandus. Il répond à une idée clairement définie du pouvoir. En principe, sa volonté s'exprime de façon cohérente et explicite dans un corps de lois et de règlements généraux. Il est représenté par des institutions et un personnel spécialisés dont les compétences sont strictement limitées par la loi ou la coutume. On l'appelle constitutionnel pour cette raison, pour l'opposer à un État où tout dépendrait de l'arbitraire d'une assemblée ou d'un leader, fussent-ils élus. Il prévoit un cadre où se règlent les affrontements en vue de contrôler ou d'influencer le pouvoir étatique. Il fonde son autorité et sa légitimité sur la volonté populaire telle qu'elle s'exprime dans ce cadre. Il y a démocratie et libéralisme dans la mesure où cette volonté se définit et s'exprime librement.

Il convient de distinguer la légitimité du personnel politique en place, élu ou nommé selon la loi, et la légitimité du régime politique défini par la loi, au sein duquel le personnel politique opère. Contester la première n'est pas contester la seconde. On peut aussi, derrière la légitimité des hommes au pouvoir, derrière la légitimité du régime, distinguer la légitimité du corps social qui, solidairement, s'est donné ce régime et peut le changer soit par une révision constitutionnelle qui ne briserait pas la continuité légale, soit par une révolution. De Gaulle n'était pas la Ve République, celle-ci n'est pas la France. Évidemment, toutes ces distinctions peuvent être manipulées ou oblitérées pour des fins très partiales. En offrant certaines questions à la discussion, en les posant d'une certaine façon, on évite de les poser autrement ou de laisser surgir d'autres questions. On peut glorifier le pouvoir du peuple et, du même coup, refuser de remettre en cause l'unité nationale ou de reconnaître les droits d'une minorité.

Il faut comprendre que les moyens de participer démocratiquement au pouvoir sont parfois sclérosés, pipés. Les mêmes moyens peuvent non seulement servir l'opposition mais aussi consolider un gouvernement despotique, en lui conférant une apparence démocratique. En tout cas, une opposition qui le comprend peut se servir de ces moyens plutôt que d'être abusée par eux ou plutôt que de les rejeter imprudemment, alors qu'elle n'a aucune autre ressource.

Revenons sur ce que nous disions plus haut à propos de la division des classes et de l'État. Celui-ci n'a du pouvoir qu'en s'appuyant sur des forces et des intérêts particuliers, mais son rôle l'amène à être plus que le serviteur de ceux-ci. L'État, habituellement, prétend agir au nom de l'ensemble de la société et pour le bien de cet ensemble; il réussit à se présenter non comme l'instrument d'une classe, mais comme l'arbitre de toutes. D'abord, son personnel tend à constituer un groupe coupé de ses origines sociales, et cela se vérifie dans les États révolutionnaires autant, sinon plus, que dans les autres. Ensuite, l'État exerce un certain monopole de l'information, ce qui donne une apparente hauteur à ses vues. Sa bureaucratie détient une somme de données et une expertise qui sont un atout certain face aux groupes de pression et partis. En un sens, on peut parler d'une supériorité de l'État vis-à-vis des citoyens, grâce au savoir, comme on peut parler d'une supériorité de la direction d'une entreprise, par le savoir également, vis-à-vis des ouvriers cantonnés dans leurs tâches parcellaires. Mais il y a plus. L'État se pose en responsable unique du bien commun face à une société où il ne reconnaît que des individus ou des personnes morales qui lui sont subordonnés. Le pouvoir de l'État, c'est dès lors le pouvoir pour le bien de tous, tous devant céder devant lui comme le particulier face à l'universel. Ces derniers mots traduisent bien la prétention étatique. Que l'on songe au Contrat social de Rousseau : l'individu n'a de droits et de liberté que dans la soumission à la volonté générale et celle-ci n'est, à bien des égards, qu'un Léviathan déguisé. L'opposition entre l'individu et le privé, d'une part, l'État responsable de la Chose Publique, d'autre part, est une vue de l'esprit fabriquée par l'État afin d'établir sa toute-puissance sur la nation [14]. Mais cette fabrication a des effets réels.

Si l'État démocratique et libéral dépend d'une classe dominante, le rôle qu'il doit jouer, s'il le joue bien, implique qu'il gagne une certaine indépendance aux yeux du pays. Il ne suffit pas d'opposer les apparences de l'indépendance à la réalité de la dépendance. Il faut expliquer l'ambiguïté réelle de l'État démocratique. Il n'est pas un sujet souverain au-dessus des conflits sociaux. Il est plutôt un des lieux privilégiés où une classe dominante établit sa domination. C'est dans les appareils de l'État et par eux qu'une telle classe réussit à instituer, donc à faire durer, les règles qui lui assurent une position privilégiée dans les mentalités et dans la division sociale du travail. Mais cela exige d'elle compromis et alliance de classes, ne fût-ce que pour éviter un regroupement dangereux de tous ses antagonistes.

L'État libéral et démocratique n'est pas seulement le cadre où se cristallise une domination. Il est aussi le cadre où se poursuivent les luttes sociales. L'État n'est pas monolithique. Ses différents organes peuvent entrer en conflit les uns avec les autres au nom d'intérêts de classe. D'autre part, si ceux qui sont dominés le sont dans le cadre étatique, ils peuvent aussi s'en servir pour le changer en leur faveur. Il leur offre au moins des moyens de résistance (élection, liberté d'association et d'information garantie par la constitution, indépendance du judiciaire par exemple). Ces moyens, qui sont justement ce qui permet à l'État de se poser en État de tous et de faire durer, par cette «ruse», un rapport de pouvoir, permettent aussi de renverser ce rapport. Bref, l'État libéral et démocratique est un lieu où se poursuivent des affrontements sociaux. Non seulement il offre des moyens légaux pour les affrontements mais, au sein de ceux-ci, tels qu'ils se déroulent dans un cadre démocratique et libéral, des groupes dominés peuvent prendre conscience d'eux-mêmes et de leurs intérêts, s'organiser et s'allier pour mieux défendre leurs intérêts. Dans quelle mesure et comment? Nous allons tâcher de répondre à ces questions.

2. *Le droit du plus fort*

Quels que soient les idéaux à la mode, les intérêts dominants, les façons d'administrer et de gagner du pouvoir, les sujets demandent au prince[15] d'instituer un ordre social qui les avantage, ou au moins de limiter les désordres qui risquent de ruiner la paix et les affaires. Pour rester en place, le prince doit bien se ménager des appuis et céder à certaines revendications. C'est ainsi qu'il dure et institue un ordre qui fait l'affaire de ceux qui réussissent à s'imposer. La paix n'est souvent que la reconnaissance et la stabilisation momentanée d'un rapport de force. La majesté de l'État sert et consacre ce rapport. Telles sont les grandes lignes de l'argument que nous allons développer sous ce titre.

La première justification et fonction du prince, ce qu'on attend d'abord de lui, c'est d'assurer la paix. La peur ou le souvenir du désordre font généralement plus que la police pour maintenir la loi. Les hommes ont besoin de règles déterminées afin de savoir leurs droits et leurs devoirs, de savoir à quoi s'attendre et sur quoi compter. Mieux vaut une loi injuste que pas de loi du tout. On ne peut se prémunir contre l'inconnu. Seuls les débrouillards, et encore tant qu'ils sont bien éveillés, peuvent s'accommoder d'une jungle sociale. Des contemporains assujettis à la bureaucratie, ennuyés par une réglementation excessive, rêvent parfois d'un monde sans loi, mais ils ne savent pas ce que c'est. L'ordre établi sanctionne sans doute le droit du plus fort mais, au moins, ce droit est-il défini. Il n'est pas nécessaire de guerroyer sans cesse pour éprouver la puissance de feu des autres et faire la preuve de la sienne quand le rapport des forces est inscrit dans les institutions ou bien s'exprime et s'apprécie selon des règles instituées. Dans ce cas, on a bien recours à des campagnes électorales ou d'opinion, à des grèves légales ou sauvages, à des pressions plus ou moins avouées pour faire valoir son point de vue. Mais, en général, on ne dévie pas trop des formes acceptées et on limite la contestation à des périodes et à des sujets déterminés par la loi ou la coutume. Faire valoir son point de vue, c'est essayer de modifier l'ordre légal ou coutumier à son avantage. Mais, même alors, on le respecte plus ou moins. Soit qu'on espère le redéfinir à son profit. Soit qu'on puisse s'appuyer sur lui dès maintenant. Soit qu'on en ait l'habitude et que l'on sache comment en tirer parti. Soit qu'on estime qu'il y aurait trop de risques à généraliser la contestation. En un mot, ce n'est pas seulement la peur des gendarmes qui oblige à respecter la loi, mais aussi l'avantage qu'on y trouve, ne fût-ce que l'économie du risque.

Nous venons de parler de l'exigence rationnelle d'un individu ou d'un groupe calculateur, sachant ce qu'il veut, ayant besoin de connaître les lois et les coutumes afin de pouvoir tabler sur elles dans ses entreprises, fussent-elles entreprises en vue de contester ou de conquérir le pouvoir. Mais il y a aussi un fort préjugé en faveur du respect de la loi. L'ordre établi a le mérite d'être réel et celui qui le justifie a beau jeu d'opposer ses avantages éprouvés aux rêves fumeux des contestataires. Si on veut l'améliorer, ce sera encore dans le cadre qu'il offre qu'on imaginera des changements et qu'on en trouvera les moyens. Même ceux qui sont défavorisés par cet ordre sont tentés de l'accepter comme allant de soi. La contrainte politique est souvent indissociablement idéologique, elle influence jusqu'aux attentes des hommes, jusqu'à leurs conceptions de la justice.

D'autre part, surtout quand l'histoire se précipite, beaucoup veulent protéger leur statut, leur profession, leur gagne-pain, maintenir des usages et des valeurs dont ils ont déjà l'habitude. Ils demandent alors à l'organisation politique de garantir la stabilité de la société. Pour se retrouver et oser entreprendre quoi que ce soit, l'homme a besoin de la permanence d'un cadre de références. Celui-ci ne se limite pas à l'ordre légal, mais l'ordre légal en est un élément explicité, garanti, et donc propre à rassurer. Pour la même raison, une modification apparemment mineure aux droits des femmes ou des noirs, au régime de sécurité sociale ou à la loi sur l'avortement peut devenir le symbole d'un bouleversement des moeurs.

La doctrine organiciste qui se formule en réponse à la Révolution française, la fermeture des frontières à toute idée étrangère, dans certains pays et dans tant d'utopies, peuvent être comprises dans la même perspective. Il s'agit de conserver un équilibre social, imparfait sans doute, mais acquis, lentement apprivoisé, où chacun peut trouver ses voies sans tâtonnements ni angoisses stériles, où les aspirations des différentes couches de la population sont mesurées et bien adaptées les unes aux autres. Le besoin de stabilité est souvent celui des classes dominantes qui ne veulent pas remettre en cause les structures de leur domination, qui veulent maintenir l'ordre établi et présentent celui-ci comme le meilleur possible. Mais il faut remarquer que ces mêmes classes peuvent aussi favoriser des bouleversements qui les avantagent, et ce sont des ouvriers qui réclament qu'on retarde ou qu'on étale les innovations techniques, afin de préserver leur emploi et, plus largement, leur mode de vie. Ceux qui n'ont pas l'initiative des innovations et devinent qu'elles se feront sans égard pour eux, veulent évidemment freiner une évolution qui leur échappe et maintenir des bénéfices maigres mais acquis [16].

Cependant, le besoin de stabilité d'une partie de la population et la routine des administrations ont beau se liguer contre le changement, il y a également des couches sociales, des groupes de pression et des partis qui le requièrent et l'imposeront dans la mesure où ils s'imposeront. Pour maintenir l'ordre, un gouvernement doit le redéfinir sans cesse, afin de tenir compte des regroupements d'intérêts en constante évolution. Il ne gardera le pouvoir qu'en sachant, par ses politiques, retrouver des appuis nouveaux dès qu'il en perd d'anciens.

S'il évalue bien les forces sociales et cède quand il faut, un chef de gouvernement le demeurera. Pour jouer son rôle, qui peut paraître prestigieux, il lui faut souvent n'être que le commis de l'alliance qui le soutient, deviner les nouvelles alliances qui s'annoncent, se rallier à la gagnante et, si possible, en être le maître d'œuvre. On peut d'ailleurs être un commis indispensable dont l'influence n'est pas négligeable. On peut aussi être un arbitre respecté et craint qui joue habituellement des différentes revendications et devient le maître d'œuvre d'une alliance qui soutiendra la politique de son choix. Pour devenir un tel maître d'œuvre, peut-être faut-il paraître un commis effacé. À l'inverse, il y a des leaders prestigieux, indépendants des clans et des groupes d'intérêt qui, progressivement, se laisser lier à l'un d'entre eux.

Expliquons ce que nous voulons dire par maître d'oeuvre d'une alliance. Un leader ne représente pas nécessairement un groupe qui aurait déjà été constitué indépendamment de lui et qui aurait toujours su les intérêts et les aspirations qui l'unissaient. Un leader peut être celui qui nomme ces intérêts et ces aspirations, rassemble les forces sur lesquelles il va s'appuyer en leur proposant des objectifs communs. Cependant, pour ce faire, il a besoin d'un parti organisé. Il a une certaine latitude pour imposer à ce dernier ses propres vues s'il est lui-même indispensable aux succès de son parti et réussit mieux que quiconque à lui gagner une clientèle. Mais un chef politique qui ne jouit pas d'un charisme extraordinaire, n'est rien tant qu'il ne s'est pas donné ou tant qu'il n'a pas conquis un parti. Il ne peut même pas rejoindre ses partisans.

Un leader doit se situer assez près du centre de son parti s'il veut bien l'avoir en main, en assurer la cohésion et se maintenir. Ce centre, par-delà les combinaisons de personnalités et les tractations au sujet d'un programme, est déterminé par les revendications communes à ceux que rallie et que représente le parti. Celui-ci ou son chef peuvent machiner des alliances diverses, susciter ou orienter des besoins et des aspirations, essayer de mobiliser des appuis en vue d'un programme donné, mais leur marge de manoeuvre demeure limitée par leur propre passé qui les a déjà identifiés à certains intérêts, à une certaine tendance et à une certaine clientèle. Ils sont prisonniers de leurs appuis traditionnels et, même s'ils ont plus d'imagination que ceux-ci, ils peuvent difficilement courir le risque de perdre des effectifs fidèles.

Il arrive qu'un leader réussisse à n'être l'instrument d'aucune clientèle particulière parce qu'il s'appuie tantôt sur l'une, tantôt sur l'autre. Mis en selle par une classe pour défendre les intérêts de cette classe, il peut prendre ses distances vis-à-vis de celle-ci, se tenir à égale distance de différentes forces sociales, jouant les unes contre les autres, évitant qu'elles ne se liguent contre lui[17]. Mais même un prince fort de sa police, de la passivité de ses sujets, de la division ou de la débandade de ses opposants, doit au moins plaire à sa police, entretenir la passivité des uns et la débandade ou la division des autres. D'ailleurs, dans une société où le prince ne ferait face à aucun groupe organisé et dynamique, il aurait les mains libres, son autorité serait sans mesure, mais quels seraient ses moyens? Où seraient les forces de la nation? S'il n'y a pas d'industriels à discipliner, il n'y a peut-être guère de richesses disponibles. S'il n'y a pas de corps de fonctionnaires ou de militaires dont il faut tenir compte, quels sont les instruments de l'État[18]?

Bref, un chef politique doit bien épouser les revendications de ses supporters. Son rôle consiste à élaborer un programme ou au moins une rhétorique qui concilie des points de vue divers, et à combiner ainsi des alliances sur lesquelles il s'appuiera afin de gagner du pouvoir pour le compte de ses supporters et, peut-être, pour son propre compte. S'il excelle dans son rôle, il devient indispensable. Il augmente sa marge de manoeuvre pour imposer ses idées à ses supporters, pour leur imposer de nouveaux alliés et changer le centre de gravité de son parti ou de la coalition sur laquelle il s'appuie. Mais il risque aussi de n'avoir plus qu'une idée : manoeuvrer pour rester en place. Le paradoxe, c'est qu'il faut plaire pour gagner en indépendance, continuer à plaire pour garder son indépendance.

Tout cet argument peut être repris par un autre bout. C'est la perspective des luttes politiques et les questions qu'elles mettent en jeu qui amènent des forces sociales à se constituer l'une en face de l'autre. Une classe ou une alliance de classes découvre ce qui la rassemble et la nécessité de s'unir en découvrant les batailles qu'il lui faut mener et les intérêts qu'il lui faut défendre. Les leaders politiques sont, à un certain point de vue, les simples porte-parole de groupes d'intérêts, mais ils peuvent être les maîtres d'oeuvre de leur regroupement et de leur réalignement en mettant de l'avant les enjeux qui exigent telle ou telle alliance. Nous ne prétendons pas qu'un discours puisse modifier du jour au lendemain le rapport des forces sociales. Mais chacune des forces qui se font face, se constitue en prenant conscience de ce qui l'unit et de ce pour quoi il lui faut lutter. La propagande politique vise à précipiter ou freiner, à guider ou fausser cette prise de conscience. Le rapport des forces non seulement s'exprime mais s'établit au cours des luttes politiques. C'est en réponse aux sollicitations de différents leaders et partis que des clivages sociaux se redéfinissent en même temps que les enjeux qui comptent. Si le pouvoir politique repose sur un rapport de force, celui-ci, par contre, se détermine à l'occasion des transactions et des manoeuvres en vue de prendre le pouvoir, en vue de l'influencer ou de lui résister.

* * *

On peut dire que la société la plus équitable et la plus démocratique serait celle où la revendication de chacun pourrait peser également sur le pouvoir, où cette revendication ne serait pas manipulée et détournée de son objet au profit d'un démagogue ou d'un groupe habile à tirer parti de tous les mécontentements, où la sclérose des appareils revendicatifs et des idéologies n'oblitérerait pas les véritables besoins et intérêts de chacun [19]. En fait, il faut des cadres qui informent le peuple au sujet de politiques possibles, qui regroupent et organisent des effectifs, qui soient capables de mettre de l'avant les revendications prioritaires, celles-là qui rallieront le plus de forces. Mais comment le peuple peut-il distinguer entre les cadres qui le servent et ceux qui le flattent et se servent de lui pour défendre des intérêts qui ne sont pas les siens? Il faut que différents groupes s'allient pour accroître leur capacité de pression. Mais les plus démunis servent souvent de masse de manoeuvre aux autres. Il faut bien des idées générales pour mettre en perspective et même susciter des revendications particulières. Mais ces idées, une fois instituées, tiendront-elles compte des revendications telles qu'elles se révèlent, des besoins tels qu'ils sont, toujours insolites au regard des discours tout faits?

Aucune démocratie n'a résolu ces questions, aucune révolution ne pourrait les résoudre une fois pour toutes. Nous voudrions au moins les poser clairement. Il faudrait aussi montrer combien est difficile la prise de conscience des intérêts qui sont en jeu dans une bataille politique et des intérêts pour lesquels chacun aurait avantage à se battre. Nous aurons l'occasion d'y revenir. Ici, nous voudrions évoquer la manipulation et l'inertie idéologiques dans la démocratie libérale, de façon à mieux définir celle-ci.

La domination des uns sur les autres n'est quasi jamais tyrannie pure, oppression brutale et avouée. Elle s'exerce, à moindres frais d'ailleurs, sous la couverture d'une conception du monde qui masque ou rend acceptable le fait de la domination. Les puissants s'arrangent sans doute pour orienter l'information, pour éviter que certaines questions embarrassantes soient soulevées ou certaines décisions prises. Mais pour expliquer la persistance du *statu quo*, il n'est pas nécessaire d'invoquer des manoeuvres plus ou moins occultes qu'exerceraient délibérément des individus afin de maintenir leur pouvoir. Souvent, le poids des structures sociales et des mentalités suffit à expliquer que certaines revendications ne puissent même pas être imaginées et que de larges pans de l'électorat ne se rendent pas compte de leurs véritables intérêts [20].

Normalement, l'ordre établi et la contrainte étatique qui le sanctionne réussissent à se présenter comme condition de la paix et de la prospérité collective ou au moins comme exigences justifiées [21]. C'est justement dans la mesure où leur hégémonie ne sera pas fondamentalement remise en cause que les puissants acceptent le jeu électoral et trouvent même avantageux d'accepter les critiques avec une grande ouverture d'esprit. Il demeure qu'à la faveur des libertés démocratiques, l'idéologie dominante peut être battue en brèche et c'est pourquoi on ne devrait pas les sous-estimer.

La démocratie libérale semble ne fonctionner régulièrement que dans les pays industrialisés, là où la lutte des classes peut s'amortir dans une apparente co-prospérité, là où les travailleurs se sont organisés et ont pu réclamer une part de la croissance économique, là où l'accumulation du capital s'est déjà faite et où bien des coûts sont transmis vers l'extérieur. On parle parfois de l'éducation civique et du bon sens du peuple dans ces pays. Disons plutôt que les moeurs du pluralisme démocratique subsistent là où les citoyens estiment avoir plus à gagner en les respectant qu'en ne les respectant pas, là où il n'y a pas, entre groupes organisés du moins, d'exploitation trop voyante mais un certain bien commun, là où de larges secteurs de la population croient pouvoir participer à « la richesse de la nation » et sont prêts à s'entendre avec ceux qui la gèrent pour mieux en profiter. Ces moeurs si désirables, puisqu'elles autorisent apparemment toutes les critiques et toutes les associations, du moins en théorie[22], dépendent d'une situation privilégiée où ni les inégalités ni les revendications ne sont excessives, où l'on pratique la mesure et la prudence dans les affrontements.

Dans cette situation privilégiée, il convient de distinguer trois éléments. D'abord, la mentalité des classes dominantes d'autant plus disposées à tolérer l'opposition ou un gouvernement qui leur serait opposé, qu'elles sont sûres de ne pas être fondamentalement contestées. Elles se savent, aux yeux mêmes du grand public, nécessaires à la prospérité ou au bien commun. Elles veulent continuer à tenir, en transigeant avec souplesse, les rôles qui assurent leur prééminence. En second lieu, il y a la mentalité des autres classes qui acceptent l'ordre établi et visent à se ménager, dans cet ordre et grâce à lui, une meilleure part du gâteau. Il y a enfin tous les faits matériels qui expliquent ces mentalités. Il faut, en effet, offrir des avantages réels pour donner le goût de la mesure à un peuple ayant la liberté de revendiquer et de s'organiser. Il faut aussi une certaine prospérité pour que les classes dominantes qui la gèrent paraissent légitimes aux autres et consentent à une certaine redistribution des revenus. Ces faits, cependant, peuvent donner lieu à une idéologie démocratique qui durera plus longtemps qu'eux et ils n'engendrent pas nécessairement une telle idéologie.

Si la démocratie correspond à une idéologie, si les libertés
et le pluralisme qu'elle autorise servent ainsi de couverture à
une distribution très inégalitaire des pouvoirs et des
richesses, que vaut-elle alors et que valent ses libertés? La
réponse n'est ni simple ni théorique. Disons qu'elles valent
dans la mesure où les différentes oppositions pourront
quand même faire valoir leur point de vue. Elles valent dans
la mesure où elles permettent quand même la critique des
institutions et des idées reçues, la redistribution des pouvoirs
et des richesses. Elles valent dans la mesure où elles mini-
misent la violence sous toutes ses formes et promeuvent la
discussion sur un pied d'égalité entre groupes d'intérêts.
Puisque personne n'a le monopole ni de la vérité ni de la justice, vive le pluralisme démocratique. Nous n'en nions pas
les insuffisances, le formalisme et les faux-semblants, mais il
permet de les dénoncer [23].

* * *

Faisons le point. Ce qu'on attend d'abord de l'État c'est
le maintien de l'ordre et de la paix. Il exclut les affrontements violents en monopolisant la violence, en la subordon-
nant à ce qui s'appelle désormais la légitimité, à une loi qui
exclut toute loi rivale. L'homme a besoin de pouvoir
compter sur un droit défini et cohérent, de se retrouver dans
un cadre social prévisible. C'est pourquoi il accepte souvent
l'autorité de l'État, quoiqu'elle soit sans partage, justement
parce qu'elle est sans partage et met fin aux désordres. Mais
ni la paix ni l'ordre ne sont encore la justice. C'est parce
qu'ils reconnaissent et instituent le droit des plus forts que
l'ordre et la paix durent. La justice, c'est-à-dire un ordre
équitable pour chacun, supposerait que chacun ait une force
égale. Or, il n'en est rien. Même là où il y a libre concurrence

et libre formation des associations politiques, l'offre des partis, des groupes de pression et des élites en place conditionne en partie les demandes de la base. De plus, cette offre et ces demandes sont déjà fonction des idéologies dominantes, des craintes et des espoirs auxquels correspondent ces idéologies.

Dans la tradition libérale, on considère comme satisfaisante une concurrence entre quelques grands partis, concurrence qui évite la dictature de l'un de ces partis par la capacité que les autres ont de s'y opposer. La multiplication des partis permettrait peut-être une expression plus adéquate des points de vue de chacun, mais les regroupements massifs sont les seuls à pouvoir s'imposer. D'ailleurs, pour être massifs, il leur faut reprendre à leur compte les revendications les plus criantes de leur supporters éventuels. Répétons-le cependant, ces revendications sont elles-mêmes déjà mises en forme par des façons de penser et des clivages politiques consacrés qu'appareils de parti et groupes de pression tâchent d'influencer ou d'entretenir. Des revendications qui ne tiendraient pas compte des idées et des partis déjà accrédités risquent de n'éveiller aucun écho. Il serait, dès lors, bien difficile d'établir si elles correspondent ou non à des besoins réels[24].

L'ordre politique se maintient parce qu'il se redéfinit en fonction de la pression des forces sociales qui évoluent, se concurrencent ou s'allient. Si un gouvernement ne sait pas évaluer, dans chaque conjoncture, ses opposants et ses appuis, céder ou résister à bon escient aux premiers, ménager les seconds, il lui faudra céder la place. Les hommes politiques ne peuvent d'ailleurs pas toujours s'adapter aux conjonctures avec la souplesse nécessaire. Même s'ils avaient l'imagination requise pour le faire, ils perdraient toute crédibilité en contredisant leurs slogans d'hier de façon trop manifeste, en abandonnant les politiques auxquelles ils se sont déjà identifiés, ou en trahissant les intérêts de leurs fidèles.

Si un gouvernement ne cède pas à la pression montante des revendications en changeant de politique ou en quittant la scène, l'opposition ne peut que provoquer une révolution dès qu'elle en aura la force. Mais quel prix faudrait-il payer ? Les groupes d'intérêts les mieux établis ont le plus à perdre et ils le savent. Normalement, ils obligent le pouvoir qu'ils soutiennent à manoeuvrer, ou s'entendent, si nécessaire, avec un nouveau pouvoir afin de sauvegarder au mieux l'ordre qui leur convient.

Dans ce sens, la politique est une négociation permanente entre partis et groupes de pression, afin d'éviter une explosion de mécontentement qui remettrait tout en cause. La majesté de la loi résulte souvent d'un savant dosage qui neutralise les opposants les plus dangereux. Pour neutraliser ceux-ci, il faut leur accorder en partie ce qu'ils demandent, si du moins on ne peut les diviser ou les leurrer avec des concessions insignifiantes. En fin de compte, c'est le plus fort qui l'emporte, mais la force en cette matière est aussi affaire d'organisation, de ralliement autour d'objectifs définis, de stratégie qui sait compter avec la propagande et l'opinion.

Une dernière remarque. Ceux qui recourent à la force brutale veulent, la plupart du temps, que ce ne soit que temporairement, pour démoraliser l'adversaire ou le désorganiser. Ils espèrent le réduire rapidement de telle sorte que la force sera bientôt superflue et que ceux qui les auraient dénoncés, soient anéantis moralement ou physiquement. La force brutale vise à subjuguer une opinion de façon à pouvoir compter bientôt sur le consentement de cette opinion, sur la servitude d'un peuple désorganisé et démoralisé. Quand une dictature pratiquant la torture, l'arbitraire policier et l'assassinat politique, prétend vouloir restaurer la démocratie, elle ne ment pas nécessairement. Elle pense sans doute pouvoir la restaurer dès qu'elle aura décapité toute opposition. La torture vise, entre autres buts, à briser la personnalité de ceux qui pourraient dénoncer le régime si les libertés de parole et d'association étaient restaurées.

3. Pluralisme des partis et démocratie

Quelles que soient sa véhémence et sa justification, une revendication ne s'impose qu'en devenant celle d'un groupe de pression ou d'un parti qui ont la force de s'imposer. L'agitation spontanée des masses peut atteindre des paroxysmes, elle ne mène nulle part, faute de direction. Une organisation de parti non seulement dirige mais peut entretenir et même susciter la combativité de ses troupes en leur offrant des perspectives et des moyens. Une classe sociale dominée a certainement besoin d'une telle organisation pour se dégager de l'idéologie dominante, pour démêler ses intérêts, se reconnaître et s'unifier.

Un parti est donc nécessaire pour mener une stratégie mais aussi, dans bien des cas, pour provoquer ou maintenir parmi ses membres la conscience des intérêts et des idéaux qui les rassemblent. Des besoins, des aspirations, des ressentiments partagés doivent se savoir partagés pour donner lieu à des objectifs communs, pour devenir volonté politique. Il faut donc qu'un parti commence par explorer les besoins susceptibles d'être partagés, par proposer des objectifs susceptibles de devenir communs. Ensuite, en traçant des perspectives de lutte et de victoire, et non seulement en proclamant des objectifs généraux, il rassemblera des troupes et leur donnera du cœur. Si une stratégie repose sur la force, celle-ci repose sur la capacité de mobilisation de la stratégie. Le vouloir et l'espoir que proclame un parti appellent ses premières recrues, mais c'est le pouvoir et l'efficacité dont il fait montre, avec un certain bluff, qui lui valent de nouvelles recrues et renforcent donc sa crédibilité.

La nécessité pour un parti de mener des luttes politiques est évidente. Mais il est aussi évident que la direction de ces luttes et la définition de leurs enjeux semblent échapper aux premiers intéressés : les masses [25]. Ce ne sont pas elles qui prennent l'initiative de la propagande et du bluff pourtant nécessaires aux causes les plus démocratiques. Ce qui rassemble des hommes dans un même parti est un commun dénominateur qui ne correspond pas exactement aux intérêts de chacun. Mais il y a plus grave. Les luttes politiques se centrent souvent sur des questions dépassées ou superficielles. Des gens qui ont des intérêts diamétralement opposés se retrouvent dans un même camp pour de mauvaises raisons et d'autres, qui ont des intérêts semblables, s'opposent sur des questions sans importance. Les organisations et les chefs qui s'imposent de fait, les enjeux et les clivages qui comptent, ne sont pas nécessairement ceux qui permettent l'expression la plus adéquate des intérêts des différents secteurs et classes de la population. Néanmoins, c'est par les organisations et les chefs qui s'imposent que des forces sont mobilisées, que mille revendications se ramènent à quelques centres d'intérêt et de ralliement, que des problèmes sont posés non comme de simples curiosités sociologiques, mais en vue d'être résolus. D'autre part, la mobilisation politique ne se fait pas sans passion. Bien que beaucoup soient frustrés par l'inadéquation ou le simplisme souvent caricatural des programmes politiques, il est des partisans qui épousent le point de vue affiché par leur chef ou leur parti comme s'ils entraient en religion. Ils en arrivent à n'avoir d'autre point de vue que celui qui leur est commun. Ils sont ravis de leur unanimité qui est aussi une force. Ils s'identifient à cette force et aux slogans qu'ils répètent ensemble.

Nous parlerons de la personnalisation du pouvoir et du rôle des partis comme traduction et trahison des besoins et aspirations des masses. Les besoins véritables et ceux qui sont allégués par divers porte-parole, ne coïncident pas nécessairement, mais on ne le saura que par une parole qui s'imposera à l'attention et dénoncera les allégations reçues. Pour contredire efficacement un parti, il en faut un autre. Nous verrons que les moyens d'assurer l'initiative des masses et de critiquer les élites politiques en place ne sont ni simples ni innocents, qu'ils recourent à de nouvelles élites qui peuvent être aussi dangereuses que les anciennes.

*   *   *

Bien des démagogues, mais aussi de grands démocrates, en ont appelé directement au peuple, par-dessus la tête des notables et des parlementaires. Ils disaient libérer la nation des lenteurs, du carriérisme, des malversations de politiciens combinards ou de la superbe des corps constitués. Ils prétendaient lui donner une voix, une direction, une dignité, et le rallier pour de grandes causes. Il est évident que l'on ne peut juger un tel phénomène en bloc. La dénonciation du fascisme ou du bonapartisme marque nos mémoires[26]. Mais on peut aussi apprécier les avantages d'une certaine personnalisation du pouvoir.

Un leader suscite sans doute plus d'intérêt qu'une équipe de technocrates ou de politiciens. Il donne un visage au pouvoir, attire l'attention d'un public qui, autrement, se désintéresserait complètement de la politique. En identifiant une orientation, en s'en faisant le héraut, il favorise un débat sur cette orientation et peut recevoir un mandat clair pour la promouvoir. Encore faut-il qu'il y ait un véritable choix, qu'il y ait une concurrence des hérauts et que les orientations offertes vaillent la peine d'être considérées[27]. Mais ces exigences sont de toute façon indépendantes de la personnalisation du pouvoir.

On peut regretter que les parlements ne soient pas ou ne soient plus composés de députés indépendants les uns des autres, n'ayant de comptes à rendre qu'à leurs électeurs, libres de choisir et de critiquer un gouvernement selon leur âme et conscience. Les parlementaires ne peuvent plus susciter mille questions et proposer autant d'idées nouvelles. Ils sont liés à un parti par la discipline du vote. Surtout ils ne sont élus et connus, la plupart du temps, que parce qu'ils portent les couleurs de leur parti et de leur leader. Le député moyen doit s'aligner sur celui-ci et bénéficier ainsi de la publicité faite autour de lui par la presse, la radio et la télévision, car il n'a aucune chance comme indépendant. Ainsi les premiers ministres de Grande-Bretagne ou du Canada sont désignés au suffrage universel par députés interposés et contrôlent la majorité parlementaire dans la mesure où chacun de ses membres doit son siège au renom de son chef et de son parti. Le président des États-Unis n'a pas un tel pouvoir sur le Congrès, celui-ci ayant une légitimité et des assises indépendantes et concurrentes de celles du président.

Pour des raisons diverses, la personnalisation du pouvoir s'est opérée un peu partout et au sein même des régimes dits parlementaires, sans qu'il y ait eu nécessairement de révision constitutionnelle[28]. Avant de crier au bonapartisme, voyons comment les choses se passent là où les parlementaires font encore les gouvernements du fait qu'aucun parti[29] n'ayant une majorité absolue au terme des élections générales, il faut bien que les élus, après les élections, forment une coalition capable de s'entendre sur un programme de gouvernement et sur une équipe ministérielle. Les élus représentent peut-être fidèlement la variété des opinions politiques que l'on trouve chez les électeurs, mais ceux-ci ne se reconnaissent plus dans les cabinets qui se succèdent, résultant de dosages savants et de combinaisons imprévues sur lesquelles s'entendent momentanément les partis. Les coalitions qui se font et se défont en Italie, en Belgique et en Hollande, dépendent moins de la sanction électorale que des considérations subtiles des parlementaires au sujet de leur carrière. Admettons que ceux-ci soient informés et sages, que les électeurs soient manipulables et peu aptes à juger du meilleur chef de gouvernement. Il demeure que les élections générales deviennent insignifiantes et le pluralisme politique une farce, si les électeurs ne savent pas pour ou contre quel gouvernement ils votent[30].

*   *   *

Les relais de l'agrégation des forces politiques sont multiples, mais les partis sont parmi les plus importants : ils orchestrent et encadrent l'opinion publique en vue de regrouper des effectifs, ils ne se contentent pas d'informer, ils visent à conquérir le pouvoir. C'est pourquoi le public les prend au sérieux. À moins qu'il ne préfère demeurer un club d'avant ou d'arrière-garde, un témoin de sa foi plutôt qu'une organisation habile à s'imposer, un parti doit aller de compromis en compromis pour élargir son audience et représenter une puissance avec laquelle il faudra compter.

Souvent, les compromis sont le fruit de marchandages laborieux et ne représentent que des accords tactiques limités, ressentis comme autant de pis-aller. En essayant de plaire à gauche et à droite, un parti court le danger de diluer son programme et de mécontenter tout le monde. Il y a donc des limites au compromis. Mais un parti peut jouer une tout autre carte, défendre des positions radicales et tenter de gagner à la fois en profondeur et en largeur, augmenter son attrait et sa clientèle. En tablant sur des besoins et des aspirations partagés par de nombreux secteurs de la population, en osant aller bien au-delà de leurs revendications à court terme, habituelles et sectorielles, il y a peut-être moyen de leur proposer un dessein qui leur conviennent à tous et qui soit grand. Ce dessein, on n'y avait peut-être guère rêvé auparavant, mais il enthousiasme d'autant plus qu'il rassemble beaucoup de monde, qu'il devient donc possible, que ses partisans se sentent forts et se multiplient. Hélas, il risque aussi de se révéler bien ambigu, d'être interprété et utilisé de façon différente par ceux qu'il a rassemblés en un premier temps. Ce qui pourrait unir les prolétaires de tous les pays, les ouvriers d'usines et les paysans, n'est rien de moins que la volonté d'émancipation, la volonté de ne plus être exploités par l'appareil économique et tous les pouvoirs qui le soustendent[31]. Le malheur, c'est que les groupes particuliers se contentent de moins dès qu'ils ont les moyens d'obtenir un avantage précis pour leur compte[32]. Ils semblent ne consentir à s'unir et à poursuivre les objectifs formidables qui les rassemblent, que lorsqu'ils n'ont aucune autre force que leur union. Ceux qui ont une organisation et une puissance de négociation propres, se hâtent d'en profiter. S'ils obtiennent leur intégration à la société de consommation, ils oublient de la contester. Ceux qui sont laissés pour compte et désirent continuer la lutte sont justement ceux qui n'ont pas de puissance[33]. Pour contrecarrer une telle division des forces et des intérêts, il faut un encadrement politique et une longue tradition de solidarité, avec tout le dirigisme et toute la mythologie que cela comporte.

Un parti prétend normalement tenir compte des intérêts de toute la nation en même temps qu'il se pose en défenseur particulier d'une partie de celle-ci. Il ne se limite pas à défendre quelques intérêts sectoriels, du moins en apparence, s'il se présente comme futur parti gouvernemental. Il lui faut mettre de l'avant son souci du bien commun pour élargir sa base de recrutement et réduire le nombre ou l'intransigeance de ses adversaires. Il s'agit évidemment d'une façon particulière d'envisager le bien commun. Il n'y en a pas d'autres.

Il faut qu'un parti (ou une coalition) convienne à beaucoup de monde pour s'imposer électoralement. S'il gagne des élections mais soulève l'opposition irréductible d'une fraction de la population, dangereuse par son nombre ou ses moyens, il lui sera difficile de se maintenir au pouvoir démocratiquement. Il se heurtera à une résistance résolue et peut-être assez sûre d'elle pour risquer d'outrepasser les règles du jeu démocratique. En fin de compte, c'est l'avantage que chaque camp croit tirer du respect de ces règles qui en est la meilleure garantie. Un camp accepte d'autant mieux la victoire électorale d'un autre camp qu'il estime pouvoir l'emporter lors de prochaines élections ou bien qu'il estime que cette victoire électorale démontre clairement la force de l'autre camp. Cette force, c'est celle qui peut s'imposer aussi dans la rue ou auprès des investisseurs, par des grèves ou par des pressions de l'opinion internationale. Des élections donnent à moindres frais une idée des effectifs que chaque camp peut aligner. Mais ce ne sont pas les mêmes effectifs que chaque camp peut aligner

sur des terrains différents, celui des élections et celui d'une
guerre civile ou d'une guerre économique. Tous les électeurs ne sont pas des partisans résolus, désireux de se
battre, ayant une haine égale de l'adversaire. Ils n'ont pas
tous des fusils, de l'influence sur les militaires, un contrôle
sur l'opinion ou les mouvements de capitaux. La sanction
électorale n'est donc pas toujours sans appel[34]. Elle ne
dispense pas les vainqueurs de chercher à s'entendre avec
l'opposition.

Résumons-nous. Formuler des objectifs qui rallieront
une large audience est une œuvre de tâtonnement. Il faut,
pour convaincre, d'abord découvrir ce qui pourra convaincre, et cela exige un processus d'essais et d'erreurs. Le
programme dans lequel un groupe reconnaît les aspirations
et les intérêts qui peuvent le rassembler, ne peut s'élaborer
que dans un dialogue avec ce groupe. C'est la fonction
d'un parti politique de proposer et de corriger les éléments
d'un programme selon les réponses qu'il obtient, non seulement lors d'élections ou de sondages, mais aussi de la
part d'associations diverses, de ses propres militants et des
journaux. Cependant, pour donner une voix à ceux qui
n'en ont pas, énoncer des intérêts et des aspirations qui
sont à peine perçus, parce qu'oblitérés par les idées reçues,
un parti doit être plus que l'écho de revendications spon-
tanées. Il faut qu'il éduque son public, prenne l'initiative
de lui révéler ce qu'il devrait vouloir. Pour que le public
puisse envisager plusieurs points de vue et ne soit pas à la
merci de ce que lui racontent les premiers venus, il est
aussi nécessaire qu'il soit informé par les propagandes de
partis rivaux ou de tendances rivales se concurrençant
librement à l'intérieur d'un même parti.

* * *

Si les Bonapartes faussent le jeu démocratique, c'est parce qu'à l'occasion d'une crise plus ou moins entretenue à leur profit, ou d'une mise en scène plus ou moins astucieuse, ils créent l'illusion de coïncider avec l'indicible vouloir populaire ou avec le non moins indicible destin national. Du même coup, ils discréditent l'expression laborieuse et tâtonnante d'une opinion publique différenciée, expression qui se produit notamment à travers la concurrence des partis. Le héros national lui dit : « Je vous ai compris », et le peuple subjugué ne questionne pas ce qui est compris. Ce héros prétend le réconcilier pour de grands desseins et le peuple en oublie les intérêts qui le divisent. Supposons que quelqu'un soupçonne le simplisme ou la tricherie, il ne peut rejoindre ceux qui le soupçonneraient aussi, il ne peut exprimer son soupçon et l'éveiller chez autrui, si toute opinion dissidente est d'emblée frappée d'opprobre. Notez que ces méfaits du bonapartisme, que Marx parmi d'autres a dénoncés, sont aussi ceux de plusieurs « partis uniques ».

Pour qu'une organisation politique soit forte, il lui faut rallier, discipliner, enthousiasmer des membres. Mais la force de leur nombre, de leur discipline et de leur enthousiasme sera-t-elle la leur, ou seulement celle des chefs de l'organisation ? Dans l'encadrement et l'enthousiasme d'un mouvement de masse, les uns trouvent un moyen de modeler l'avenir collectif, mais d'autres ne trouvent que l'impression d'être dans le coup, l'illusion d'être le pouvoir qu'ils servent. Il semble que le besoin de s'identifier à un leader, à une cause ou à un parti, sûrs de leur bon droit et de leur force, soit plus commun que la volonté méthodique de contrôler et d'influencer les décisions politiques.

À vrai dire, bien des gens n'ont d'autres idées que celles qu'on leur offre toutes faites. Ils épousent la cause de

ceux qui, plus ou moins démagogues, ne heurtent ni leurs
préjugés ni leurs intérêts immédiats, et débitent des phrases
énergiques avec une noble prestance. Ils acquièrent ainsi
des pensées bien frappées, des convictions qu'ils croient
leurs et l'estime d'eux-mêmes. Bien des partisans le sont
parce qu'ils se flattent d'avoir une âme au diapason de leur
leader. Ils se sentent «libres» parce que le grand homme
auquel ils s'en remettent, auquel ils s'identifient, réussit à
bien jouer ne fût-ce que les matamores. On se valorise
comme on peut. Un peuple désemparé peut accueillir un
tyran comme un libérateur si celui-ci se présente comme
seul capable de mobiliser, d'organiser et de symboliser les
énergies de la collectivité.

Sans aller jusqu'à ces extrémités, les mobilisations politiques sont souvent irréfléchies. Dans la lutte, il faut
prendre parti, serrer les coudes, suivre un chef et un programme, croire à l'un et à l'autre. Il n'y a guère d'occasions
pour la délibération et les nuances[35]. Indépendamment de
toute passion, même si plusieurs partis sont en concurrence
sur le marché des programmes et des slogans politiques, la
façon dont ils mettent en forme la demande populaire peut
correspondre à une véritable manipulation. La distribution
des partis et donc des options politiques offertes au public
est d'abord le fait des appareils de parti, de leurs habitudes
de pensée et de recrutement. Les antagonismes d'hier se
sont institués dans cette distribution. C'est ainsi que les
luttes et les enjeux passés conditionnent les luttes actuelles
et la perception des problèmes actuels, que l'émergence de
nouveaux regroupements et de nouvelles priorités est
entravée. D'autre part, répétons-le, l'idéologie dominante
influence l'offre des partis et la demande des électeurs. En
agissant sur l'une, elle agit déjà indirectement sur l'autre.
Mais habituellement, les effets d'une telle idéologie se com-

binent ou se confondent avec les inerties dont nous venons de parler. Cela suffit pour que les luttes politiques portent sur des questions dépassées et insignifiantes, en dépit de la liberté d'opinion et d'association, en dépit de la concurrence des partis et de leur propagande.

Il nous faut aussi parler des groupes de pression qui faussent la perception et l'expression des problèmes politiques. S'ils sont bien organisés, ils réussissent à centrer l'attention du public et des partis sur leurs intérêts. Ils peuvent mobiliser toutes leurs ressources pour mobiliser l'opinion à propos de ce qui n'est une priorité que pour eux, tandis que ce qui concerne un peu tout le monde, mais n'est une priorité pour aucun groupe constitué et puissant, risque de n'être jamais une cause politiquement rentable[36]. Évidemment, les partis correspondent à des mouvements d'opinion qui, souvent, concurrencent et jugent les groupes de pression. Mais ils sont aussi influencés par ceux-ci. Il est même des partis qui sont d'abord le prolongement d'une association de manufacturiers ou d'une confédération syndicale.

Au bout du compte, le moyen de gagner le pouvoir ou de contrer un gouvernement, c'est de former un large parti ou une large coalition avec tout ce que cela comporte de compromis. Il y a bien des limites à l'expression des revendications et des aspirations de chacun. Mais ce qui importe, c'est de l'emporter comme on peut ou, au moins, d'emporter ce qu'on peut. Une aspiration ou une revendication, pour s'imposer, doivent bien se ramener à ce qui leur vaudra assez de partisans pour modifier le programme d'un parti en place ou créer un nouveau parti avec un nouveau programme[37]. La politique n'est pas le lieu de l'«authenticité». Y réussissent ceux qui peuvent sortir de leurs vues privées, composer avec celles des autres pour désigner les objectifs qui rassemblent et pourront s'instituer dans les lois et les mœurs.

Pour qu'un parti soit pour tous ses membres un lieu de participation à une pensée aussi bien qu'à une force politique, il faut que ses cadres et ses idées puissent se renouveler constamment à partir de la base, que la contestation des leaders et du programme soit toujours possible. Cependant, la participation exige une organisation définie. À défaut de règles qui permettent à chaque groupe de faire valoir son point de vue ou l'y invitent, les plus tapageurs pourront se faire passer pour la voix commune. On finira par devoir les suivre si on ne peut s'opposer au mouvement général qu'ils semblent exprimer, qui n'est que leurs manœuvres bruyantes dans le silence embarrassé de la majorité, d'une majorité qui s'ignore faute de porte-parole. Quant à la communion mystique d'une foule de partisans dans un même esprit, elle peut durer le temps d'un rituel, d'une fête, d'un hymne. Au-delà, elle risque d'être un attrape-nigaud, une confusion mentale dont jouent les démagogues.

* * *

Les exploités, les opprimés, les petits, plus que d'autres, ont besoin de cadres, de discipline, de foi en leurs leaders, pour s'unir, poursuivre une stratégie et, finalement, s'imposer. Dans la mesure où ils sont dépendants jusque dans la perception de leurs besoins et de leurs aspirations, d'une culture qui s'accommode de leur sujétion et la justifie plus ou moins, ils doivent bien s'en remettre à une direction pour définir ce qui est vraiment leur intérêt. Ils sont aussi plus facilement manipulés. Dans la mesure où ils ont été privés des droits les plus élémentaires et tenus éloignés du pouvoir depuis toujours, leurs revendications sont tantôt trop timides, tantôt immenses. Leurs espoirs, une fois éveillés, n'ont guère de mesure. Pour discipliner leur action, il faut user, voire abuser d'autorité. La cause des faibles trouve sa force en devenant croisade de la justice contre l'injustice. Elle est formidable, elle justifie qu'on l'impose, qu'on brise ce qui s'y oppose. Mais n'est-ce pas le pouvoir des leaders qui devient formidable en cas de victoire? En dépit et à cause des meilleures intentions du monde, bien des révolutions mènent à la dictature. Il y a la dictature de la vertu impatiente. Il y a celle que provoquent non seulement la résistance de l'ennemi mais aussi l'apathie ou la versatilité d'un peuple qui ne peut épouser les soucis de ses chefs. Il y a la dictature égarée par son propre isolement et bientôt par ses propres excès. L'ancien régime était vermoulu, à bout de souffle, le nouveau tire sa force des espoirs immenses qu'il véhicule et d'une lutte qui justifie sa poigne, qu'il fait peut-être durer pour mieux justifier sa poigne. De là à conclure que les révolutions populaires instaurent une tyrannie pire que celles qu'elles renversent, qui avaient au moins l'avantage d'être faibles et renversables, il n'y a qu'un pas. Les réflexions désabusées ne manquent pas à ce sujet[38]. Elles ne disent qu'une partie de l'histoire, une histoire partiale, voire idéologique, dans la mesure où elles discréditent toute volonté de changement.

Les nouveaux maîtres doivent sans doute être implacables pour réduire les anciens tyrans ou la tyrannie anonyme des mentalités, des structures sociales et notamment des rapports de production. Sans organisation révolutionnaire fortement structurée, il n'y a pas de révolution[39]. Mais comment associer un peuple à l'œuvre de sa libération, à une politique d'investissements industriels ou agricoles, par exemple? Ne risque-t-il pas d'être la victime des décisions dont il ne serait pas le sujet? Si une direction prend le pli de décider pour lui et monopolise l'information, elle a déjà le pouvoir de renforcer son pouvoir.

Hobbes disait en son langage dépouillé : «Quiconque, jugeant trop grand le pouvoir souverain, cherchera à le diminuer, devra s'assujettir à un second pouvoir capable de limiter le premier, et donc plus grand encore[40].» Or ce second pouvoir, n'est-ce-pas celui des révolutions qui réussissent au nom de la liberté et du peuple? Marx se méfiait de tout gouvernement qui prétend se poser en meilleur défenseur du bien commun que celui qu'il veut remplacer et tire de cette prétention un pouvoir accru. Dans *Le 18 Brumaire de Louis Bonaparte,* il insistait sur la capacité extraordinaire des gouvernements successifs de la France, y compris les révolutionnaires, de soumettre à l'État toutes les libertés et droits souverains médiévaux, de transformer en bien commun abstrait, imposé de haut à la nation, tous les biens communs particuliers, locaux et concrets, dispersés dans la nation. «Toutes les révolutions n'ont fait que perfectionner cette machine (de l'État) au lieu de la briser. Les partis qui luttèrent à tour de rôle pour le pouvoir, considérèrent cet immense édifice de l'État comme la principale proie du vainqueur[41].» Si cet édifice peut être une garantie des libertés, il est aussi ce qui les menace le plus. Pour s'en défendre, il faut que la nation, ce qu'on appelle la société civile, puisse s'organiser indépendamment de l'État, ait les moyens de lui résister. Mais un État qui défend les faibles et s'appuie sur eux, dans la mesure où il est leur seul recours — et puisqu'ils sont faibles, où trouveraient-ils un autre recours? — est un État qu'ils ne peuvent contester et qui peut paraître justifié de ne tolérer aucune contestation étant donné sa noble mission.

La libération des peuples est une entreprise sans fin, ce qui ne veut pas dire qu'elle soit insensée ou qu'elle ne progresse pas. Parce qu'elle doit être conduite, elle donne lieu à des institutions dont les peuples risquent de demeurer prisonniers, sur lesquelles ils risquent de n'avoir aucune prise. L'exaltation révolutionnaire retombée, il n'y a plus que les contraintes d'un nouveau pouvoir. Celui-ci peut être encore justifié, il n'est déjà plus vouloir du peuple, s'il l'a jamais été. Il ne suffit pas de reconnaître que la révolution devrait être permanente pour que la compréhension et la conduite des affaires publiques soient à la portée de tous. Ces affaires exigent une distanciation entre les fins et les moyens employés, une patience, une largeur de vue dont peu sont capables. Ceux qui en sont capables, pour être à la hauteur de leur capacité, cultivent tôt ou tard l'honneur d'être membres d'une élite[42]. Et le peuple ne préfère-t-il pas s'en remettre à des chefs qu'il pourra aduler ou critiquer[43]? Ces chefs s'installent volontiers dans un rôle tutélaire. Il leur est difficile de tout expliquer, de jouer cartes sur table, de s'exposer toujours à être contestés et à être remplacés au beau milieu d'une manœuvre difficile. Il leur faut souvent imposer une décision par la force et tout de suite, ne pas attendre d'avoir convaincu toutes les bonnes volontés. Comment, après ça, reprendre un rôle de pédagogue fraternel? En un mot, la mobilisation populaire, si nécessaire aux meilleures causes, nécessite un encadrement qui risque de tourner mal s'il échappe au contrôle de ceux qui sont encadrés.

La liberté a sans doute moins de champ et de moyens, mais aussi plus de garanties, dans de très petites communautés, où l'appareil de l'État comme l'appareil de production ne peuvent guère se développer, où chacun peut comprendre et contrôler le fonctionnement du tout[44]. En tout cas, dès que ces appareils se développent, que ce soit avec toutes les ressources de l'intelligence et les meilleures intentions, il semblent se constituer en puissances autonomes, dévorantes, aveugles à toute autre raison que les leurs. C'est que des hommes savent se servir de ces appareils pour établir leur propre pouvoir, leurs routines et leurs prébendes. Mais il est aussi vrai de dire que ces hommes servent ces appareils et que ceux-ci les façonnent jusque dans leur désir du pouvoir.

Les hommes du pouvoir ne sont pas tous de la même espèce ni du même rang. Cependant, ils se retrouvent tous incorporés dans une même pyramide. La base est flattée de faire corps avec le sommet. De multiples subalternes soutiennent tout l'édifice en restant à leur poste. Ils n'ont aucun autre horizon, la plupart du temps, que le bon fonctionnement de leur service respectif. Quant aux initiatives qui ne font pas l'affaire de la pyramide dans son ensemble, même si elles émanent du sommet, elles s'amortissent dans le réseau des services dont elles dépendent pour aboutir. D'innombrables liens de famille, de clientèle et d'intérêt se tissent non seulement à l'intérieur de la pyramide, mais aussi entre celle-ci et le peuple, si bien que celui-ci ne se conçoit plus coupé de ses maîtres. Surtout, le peuple est divisé, désarmé, inconscient de ses droits et de sa force en face d'un pouvoir qui lui paraît si fort, monopolisant et les armes et le discours au sujet des droits de chacun. C'est ce que nous disent *Le Discours de la servitude volontaire* ou *L'Archipel du Goulag*. Mais il serait inexact de croire que la servitude du peuple est volontaire. Il faudrait plutôt parler de l'ignorance des volontés individuelles et de leur isolement. Cette ignorance et cet isolement sont le fait des simples citoyens mais aussi des fonctionnaires et des cadres qui peuplent la pyramide du pouvoir[45].

4. *Le pouvoir de l'idéal et l'idéal du pouvoir*[46]

Les gouvernés attendent du gouvernement qu'il impose la paix. D'autre part, pour influencer le gouvernement, il leur faut mobiliser le plus de forces possibles ou participer à une force capable de s'imposer. Et pour durer, un gouvernement doit imposer un ordre viable, qui satisfasse les gouvernés, qui tienne au moins compte des revendications les mieux organisées ou les plus menaçantes pour lui. Telle est la perspective dans laquelle nous avons envisagé la politique jusqu'ici.

Il en est une tout autre qui se réfère à l'éthique, à la justice et au bien commun plutôt qu'aux intérêts de chacun et au rapport de force s'établissant entre groupes d'intérêts. Ces deux perspectives ne s'excluent pas. Pour agir, ne fût-ce que pour concevoir ses intérêts, proposer les regroupements politiques et les compromis qui les défendront au mieux, il faut se référer à une vision du monde qui paraisse moralement acceptable. Il ne suffit pas de savoir quelles sont les chances de succès de telle ou telle stratégie, on veut aussi se sentir justifié et paraître justifié aux yeux du public quant aux moyens qu'on emploie et, surtout, quant aux objectifs qu'on poursuit. Habituellement, les hommes politiques justifient ce qu'ils font en se référant à des idéaux reconnus. Il arrive que les idéaux invoqués correspondent à des intentions ou à des objectifs réels. Mais les invoquer, c'est déjà un moyen de propagande, un moyen de gagner du pouvoir. Dans ce chapitre, il sera question des ambiguïtés et des limites du discours éthique en politique. Il s'agira non seulement de comprendre que ce discours peut être plus ou moins rusé ou mystificateur, il s'agira aussi de dénoncer des idéaux unilatéraux ou démesurés. Il en est de grandiloquents, qui mobilisent et enthousiasment jusqu'au fanatisme des partisans, qui mettent en danger la liberté de tous et la paix de la cité.

Traçons d'abord les perspectives et le plan de l'argument. Groupes de pression, partis et gouvernements, tous prétendent que leur cause est juste et le croient sans doute. En reprenant et en manipulant des idées reçues, ils donnent et se donnent de bonnes raisons de lutter dans tel ou tel sens. Ils présentent leurs besoins et leurs intérêts dans la perspective de valeurs avec lesquelles personne, à première vue, ne voudrait être en désaccord. Ces valeurs peuvent donner une noble signification aux besoins ou aux intérêts, les modeler et les transfigurer. Elles peuvent aussi être utilisées dans un discours mensonger afin de masquer ce qu'on poursuit effectivement et qu'on n'oserait avouer ou s'avouer. Mais avant de voir dans toute référence à des valeurs morales un alibi ou un artifice de la propagande, il faut reconnaître qu'elles ont une importance certaine, puisque tant de gens se soucient d'être, au moins en apparence, en accord avec elles. C'est encore au nom de ces valeurs que des propagandes rivales dénoncent, chacune de son côté, les demi-vérités des autres. La référence de la politique à l'éthique n'est donc pas que faux-semblant.

Dans une démocratie, le public peut apprécier les positions des différents partis dans la mesure où les uns disent ce que les autres voudraient taire. Cependant, l'information du public, la pertinence et la pluralité des points de vue à partir desquels le public juge des positions des différents partis, dépendent de la propagande même de ces partis. La concurrence qu'ils se livrent, les programmes qu'ils défendent et les insuffisances dont ils s'accusent les uns les autres, sont une des sources principales des diverses opinions publiques. Les partis, dans leurs pratiques et leurs discours, visent à influencer le jugement de l'électorat et non seulement à s'y adapter.

Les idéaux qui ont cours en politique obéissent aux mêmes clivages et aux mêmes inerties que les partis. Ils sont un des principaux moyens d'identification des partis. En leur nom, on rassemble des partisans et on discrédite des opposants. Ils sont une arme du pouvoir avant même d'orienter l'action du pouvoir. Cela n'implique pas nécessairement qu'on trompe le public et qu'on ne fera pas ce que la propagande annonce. Pour pouvoir réaliser les idéaux dont parle la propagande, il faut bien que celle-ci ait d'abord réussi à rassembler des troupes autour de ces idéaux.

Les idéaux politiques commencent donc par servir le pouvoir qui est censé les servir. La plus noble cause requiert un pouvoir qui soit en mesure de la poursuivre. D'ailleurs, on s'associe d'autant plus volontiers à une cause qu'elle devient celle d'une force politique qui s'impose et réussira peut-être à s'imposer comme pouvoir légitime. Des partisans l'embrassent parce qu'ils savent qu'elle a les moyens de se réaliser. On comprend, dès lors, que l'idéal puisse être davantage l'instrument que le but du pouvoir qu'il justifie, dont il assure la bonne conscience et le bon renom.

Le pouvoir politique se prend souvent aux pièges de ses moyens et de ses objectifs à court terme. Il veut durer, se maintenir face aux adversaires et maintenir l'ordre public. Il en oublie de réaliser la grande cause qu'il avait proclamée. Par contre, il arrive qu'une grande cause soit poursuivie avec un entêtement sans prudence et sans mesure, qu'on y sacrifie tout et qu'on ruine la possibilité même de la réaliser à cause des moyens excessifs que l'on aura mis en œuvre. On ne peut évidemment pas faire advenir la concorde par la terreur.

Nous parlerons d'abord de l'émergence et de la genèse des idéaux politiques dans leurs relations aux besoins sociaux. Ensuite, nous aborderons la question du mensonge, des scléroses et de l'irréalisme éventuel de ces idéaux. En troisième lieu, nous envisagerons les rapports difficiles entre fins et moyens et les dangers de l'idéalisme en politique. Enfin, nous discuterons de la prétendue neutralité de l'État libéral.

* * *

Puisqu'il faut tenir compte des pressions les plus fortes pour maintenir un équilibre social et sauvegarder l'ordre, pourquoi ne pas assurer l'un et l'autre en satisfaisant tout le monde? La concorde qui s'ajouterait à la paix et la garantirait ne serait-elle pas un immense avantage pour tous? Les privilégiés ne renonceraient-ils pas volontiers à leurs privilèges s'ils gagnaient en fraternité ce qu'ils perdraient en pouvoir ou en richesse, s'ils étaient accoutumés à valoriser l'égalité plutôt que la puissance, l'entraide plutôt que l'accumulation privée, si, par-dessus le marché, ils n'avaient plus à se soucier de défendre des privilèges? Une solidarité réussie ne supprimerait-elle pas l'insécurité et ses séquelles, le besoin de dominer et d'accumuler aussi bien que le besoin d'être dominé ou encadré, que ce soit par des hommes ou des institutions? Des idéaux aussi immenses que ceux que nous venons de formuler semblent parfois opérer dans la pratique. Ils rallient des partisans à l'occasion de manques particuliers auxquels ils répondent en offrant une perspective d'espérance et d'action exaltante d'un point de vue éthique. C'est dans une telle perspective que des besoins et des ressentiments s'accusent ou qu'on ose les avouer. Ils provoquent en retour une première détermination de l'idéal.

C'est la rareté et la cherté du pain qui provoquent l'émeute, mais c'est au nom de la liberté, de l'égalité et de la fraternité que cette rareté et cette cherté ne sont plus tolérées, que les émeutiers se rassemblent et se font des alliés. Désormais, tout ce monde réclame bien plus et bien mieux que du pain à bon compte. Pourtant, c'est encore la faim et le ressentiment des affamés qui entretiennent l'effervescence idéaliste et obligent à persévérer dans le vouloir de l'idéal. En tout cas, il suffit parfois de repaître de pain les affamés de pain et de justice pour qu'ils n'aient plus faim ni de pain ni de justice.

L'idéal devient cause politique et mobilisatrice parce qu'il donne forme à des aspirations diffuses mais partagées, tout en répondant de façon qui semble adéquate à des besoins collectifs, besoins d'autant plus pressants que l'on a l'espoir de les combler et que l'on voit comment les combler. L'idéal transforme la nature des besoins ressentis en les nommant, en montrant comment ils correspondent à des aspirations nobles, reconnues comme telles par la culture ambiante. On peut dire aussi qu'en donnant une forme publique à ces aspirations, l'idéal politique les fabrique de toutes pièces dans bien des cœurs. Que l'on songe à tous les gens en mal d'un parti ou de convictions, tout heureux de reprendre à leur compte des slogans et de nobles émois largement partagés, qui ne contredisent pas leurs intérêts. L'expérience humaine y perd en authenticité et en variété, dira-t-on, mais des visées communes prennent ainsi la place de frustrations privées. Des êtres isolés, sans voix et sans force, constituent désormais une voix et une force.

Un idéal correspond d'abord à une intention. Il lui faut ensuite se déterminer à travers des objectifs précis pour durer comme cause politique. Sa capacité mobilisatrice dépendra alors du réalisme, au moins apparent, de sa mise en œuvre. C'est en dessinant un programme d'action qu'on mesure mieux les possibilités concrètes qui s'offrent. Si la pratique apporte mesure et pondération à l'idéal, elle lui permet aussi de se redéfinir avec plus d'assurance et de précision comme guide de la pratique.

Il convient de bien préciser, les uns par rapport aux autres, les termes suivants : aspiration, besoin, intérêt, idéal (ou cause politique), objectif et programme de gouvernement. L'aspiration, vœu moral encore indéfini, peut cependant offrir un écho à la proclamation d'un idéal. Elle justifie alors l'adhésion à celui-ci et se précise en lui. L'idéal, pour opérer politiquement, doit exprimer des aspirations latentes, mais aussi répondre à des besoins bien concrets. Ceux-ci, et le cortège d'antagonismes et de ressentiments qui en découlent, sont les moteurs de toute action politique. Ils font la force des idéaux, mais ceux-ci, en répondant aux besoins, leur confèrent une noble signification, une publicité et une nouvelle actualité. La faim se transfigure en faim de justice. Elle devient une exigence reconnue, prioritaire et mobilisatrice. Les besoins, évidemment, ne comptent que s'ils sont partagés et correspondent à l'intérêt d'un groupe qui sait se faire entendre. Besoins et aspirations s'objectivent publiquement dans des idéaux et des intérêts partagés, idéaux et intérêts qui se mêlent en un discours édifiant, qui donnent lieu aussi à des objectifs pré-cis. Pour illustrer de façon cavalière ces distinctions, nous dirions que les prêtres entretiennent les aspirations, les pro-phètes et utopistes politiques nomment l'idéal et révèlent ainsi les besoins et les intérêts autour desquels des forces nouvelles pourront se regrouper, les chefs de parti pro-posent des objectifs et organisent des troupes. Si ces chefs deviennent les gouvernants, il leur faudra mettre au point des programmes législatifs et administratifs dans le prolon-gement de leurs programmes électoraux. Évidemment, une dialectique permanente s'établit entre ces diverses phases de ce qu'on pourrait appeler la détermination progressive d'un objectif politique.

Souvent un parti ou un gouvernement se contente de proclamer un objectif pour des raisons de propagande. Mais une fois qu'on l'a proclamé, on peut être obligé de l'instituer, car des attentes populaires que l'on a reconnues, auxquelles on a promis de répondre, deviennent des exi-gences qu'il sera de plus en plus difficile d'éluder.

Qu'un idéal soit le point de ralliement d'une opposition ou d'un gouvernement, il est dans les deux cas un moyen de gagner du pouvoir, pouvoir qui ne servira pas nécessai-rement à réaliser l'idéal. On promet des lendemains qui chantent à tous ceux qui sont insatisfaits du temps présent, mais à qui sert cette promesse? L'idéal au nom duquel on cherche à renverser un gouvernement, n'est pas a priori plus véridique que celui qui sert de justification au pouvoir établi. Il est plus facile de faire des promesses en l'air quand on n'a pas encore les moyens de les tenir, quand on est dans l'opposition plutôt qu'au gouvernement. Par ailleurs, une des armes de l'opposition est de montrer l'é-cart entre les idéaux que proclame le gouvernement et la politique qu'il poursuit. C'est ainsi qu'elle peut acculer le gouvernement à faire ce qu'il dit ou le défaire.

* * *

Parlons des mirages de l'idéal. Il peut être un guide pour l'action. Il apporte aussi une consolation dans les tribulations présentes. On le célèbre et cela est bien nécessaire pour tremper la résolution et la solidarité des partisans. Mais ne risque-t-on pas d'en oublier les exigences quotidiennes de la lutte et de l'organisation politiques? Il est tentant de se complaire dans le rêve d'une utopie et de fulminer contre le monde présent. Il est plus difficile de se réconcilier avec celui-ci et de tâcher d'y faire advenir patiemment l'utopie dont on rêve. Pour inspirer des stratégies, un idéal doit se nourrir des possibilités du moment, se redéfinir sans cesse pour exploiter ces possibilités. Or, les mouvements de masse, plus encore que les individus, ont besoin de dogmes. Plus exactement, les individus comptent sur les mouvements dont ils font partie pour y trouver à la fois sécurité affective et certitudes morales. Ce que les partisans veulent de leur parti, surtout dans le cas de partis extrémistes, n'est-ce pas, au moins pour une part, le réconfort d'une vision du monde arrêtée, d'une espérance assurée et d'un sentiment de justification (garanti par l'adhésion à la discipline du parti)? L'idéal met en perspective un manque particulier, donne du souffle et de l'audace à la revendication. Il reprend la particularité de celle-ci dans une visée générale mais peut aussi la noyer dans des promesses grandiloquentes. Pour prendre un exemple extrême, ceux qui s'absorbent dans l'espérance messianique d'un renversement justicier ne sont guère préparés à exploiter les chances limitées qui s'offrent au jour le jour pour réaliser des réformes modestes. Celles-ci leur paraîtraient une trahison du rêve auquel ils se sont identifiés.

Les mirages de l'idéal peuvent être entretenus délibérément ou exploités pour établir le pouvoir des uns sur les autres. C'est en proclamant des objectifs aussi séduisants que vagues, qu'une politique habile attire et manipule des supporters dont les intérêts sont pourtant étrangers à ceux que poursuit activement cette politique. Ainsi la bourgeoisie a neutralisé ou même utilisé des mouvements ouvriers formés contre elle, en invoquant la nécessité de redresser la productivité et la prospérité nationales, alors que les bénéfices de celles-ci étaient d'abord réservés à la bourgeoisie. Il arrive aussi que des appareils revendicatifs en place utilisent une rhétorique révolutionnaire maximaliste afin de faire dériver, selon leur convenance, les revendications précises de la base. Il y a des partis révolutionnaires institutionnalisés et des syndicats bureaucratiques, au pouvoir comme dans l'opposition, qui monopolisent le discours contestataire de telle sorte qu'ils créent l'illusion de contester effectivement l'ordre social et évitent ainsi d'assumer les contestations qu'ils ne veulent pas entendre. Ils discréditent ou suppriment les dissidents et continuent d'occuper tout l'horizon de la gauche avec leurs mots et leurs mensonges.

Il est utile de distinguer trois phénomènes, quoiqu'ils se recoupent et s'épaulent très souvent :

a) l'idéologie habile et fallacieuse par laquelle une classe (groupe ou nation) arrive à manipuler à son avantage une autre classe (groupe ou nation) en manipulant l'interprétation que celle-ci a des faits et des valeurs;

b) l'interprétation des faits et des valeurs, traditionnelle, sclérosée et inadéquate, dont on ne se départit pas parce qu'on y trouve le réconfort de certitudes habituelles;

c) l'idéalisme éthéré ou forcené, incapable de se traduire en politiques concrètes, qui assure cependant un refuge contre la morosité et les complexités du présent.

On réserve habituellement le mot idéologie pour désigner le phénomène mentionné en a). Dans ce cas, l'aveuglement est entretenu, mais pas nécessairement consciemment, afin de maintenir un rapport de force. Il fait partie d'un système de domination ou d'exploitation[47].

On peut critiquer un même phénomène de ces trois points de vue, ou de deux de ces trois points de vue. Une religion, par exemple, peut être, en même temps, une idéologie conservatrice utilisée plus ou moins sciemment pour embobiner les désavantagés, une espérance sans bavure d'un renversement justicier que les désavantagés attendent et ne préparent pas, une vision du monde arrêtée, rassurante, établie dans des dogmes, des rites et des institutions, incapable de rendre compte des dynamismes et des possibilités politiques actuels. Elle est une excellente idéologie parce qu'elle est *aussi* vision rassurante ou espérance passive et magnifique. Cette même religion peut être pour certains, ou avoir été à une autre époque, une source d'idéaux agissant à l'avant-garde de l'histoire. C'est d'ailleurs cet aspect «progressiste» de la religion qui lui donne la capacité d'abuser les désavantagés et rassure la conscience des fidèles qui ne voudraient pas ne pas être «progressistes». Bref, pour qu'une idéologie puisse s'accréditer et tromper, il faut bien qu'elle ait le prestige de la tradition établie, ou l'apparence de la grandeur morale, ou l'un et l'autre. D'autre part, une vision du monde qui se maintient envers et contre les intérêts des uns, est peut-être entretenue et cultivée par d'autres qui y trouvent avantage. Elle dure d'autant plus qu'elle est reprise dans une perspective idéologique.

La propagande par laquelle un parti tâche de gagner de nouveaux appuis est très souvent indistinctement le discours par lequel le même parti se retranche dans l'assurance de sa bonne foi[48]. La propagande est à la fois tournée vers l'intérieur et l'extérieur. On veut convaincre les autres ou les abuser, mais on a aussi besoin de s'abuser soi-même, de se convaincre que l'on est bien en accord avec ses propres principes. Des partisans ont besoin de convictions nettes, voire manichéennes, qui leur donnent le beau rôle. Et pour cela, ils négligent d'envisager tous les aspects et toutes les ambiguïtés de leur position. Il devient parfois difficile de distinguer, comme nous le faisions plus haut, entre la ruse mensongère de la propagande, l'identification «sincère» à des idéaux inopérants devenus habituels et l'évasion dans un rêve consolateur.

Concluons. Ceux qui ne réclament que du pain ici et maintenant risquent fort de demeurer isolés et donc faibles dans leur revendication particulière. Ils ne réclament même pas l'abolition de leur statut de quémandeurs. Par contre, ceux qui placent leur revendication dans la perspective d'un idéal prometteur, risquent de s'égarer dans les mots. Pour opérer dans la pratique comme anticipation directrice, il faut qu'un idéal non seulement enthousiasme et rassemble des fidèles, mais aussi se concrétise dans une stratégie répondant à des besoins ressentis. En retour, cette stratégie, par son efficacité à résoudre des maux réels, ajoutera à la force d'entraînement de l'idéal qui l'inspire. D'autre part, en se situant dans la perspective d'idéaux reconnus, la défense d'intérêts particuliers gagne de la respectabilité et de nouveaux soutiens. Une politique ne s'impose pas seulement par la force mais aussi par la justification qu'elle donne d'elle-même et par les fins qu'elle affiche. Plus exactement, une politique peut tirer de cette justification et de ces fins, la force par laquelle elle s'imposera. On voit quels sont les rôles, la nécessité et les tentations de la propagande. Celle-ci, sans être nécessairement mensonge délibéré, ne dit ni toute la vérité ni rien que la vérité. Pourtant, c'est dans la concurrence des différentes propagandes que leurs faux-semblants, leurs partis-pris et leurs excès sont dénoncés de façon fort pratique.

* * *

Nous venons d'insister sur les rôles souvent ambigus de l'idéal dans les discours politiques. Nous allons maintenant parler brièvement des moyens spécifiques de la politique : la contrainte de la loi et une certaine duplicité ou ruse, moyens que nécessite le maintien de la paix, moyens qui peuvent entrer en contradiction avec certains idéaux.

Un gouvernement doit bien agir par la contrainte. Celle-ci est nécessaire parce que la loi, fort souvent, n'a d'efficacité qu'imposée dans sa totalité et à tous. Ainsi, le code de la route doit s'appliquer intégralement et universellement parce qu'il constitue un ensemble de règlements interdépendants, ne garantissant la sécurité de la route que si tous les conducteurs s'y conforment. On ne peut vraiment pas compter sur le bon vouloir, toujours aléatoire, de tous les conducteurs, à tout moment, vis-à-vis de tous les règlements. D'autre part, c'est parce que le citoyen ordinaire est convaincu que tout le monde observe la loi qu'il est disposé à en faire autant. Ainsi chacun garde sa confiance dans l'ordre légal, estime qu'il vaut la peine d'y contribuer et craint d'être l'unique déviant, cible de la police ou de la réprobation générale, au cas où il ne s'y conformerait pas. Il est donc important d'imposer la loi sans faille, *manu militari* au besoin, afin qu'elle forme un système efficace de règlements et un système majestueux s'imposant sans conteste. Les contrôles policiers sont toujours onéreux et souvent vexatoires, leur multiplication n'ajoute pas à la majesté de la loi. Pourtant, cette majesté repose sur une application rigoureuse et universelle de la loi, sur une crainte diffuse de l'enfreindre. Évidemment, l'imposition par la force d'un cadre légal peut assurer l'ordre et la paix mais non la fraternité, même si celle-ci est l'objectif visé par la loi. La contrainte est un moyen qui ne se prête pas à toutes les fins. On peut en dire autant de bien d'autres moyens auxquels doivent recourir les hommes politiques les mieux intentionnés.

Poursuivre un idéal en politique, c'est aussi poursuivre le pouvoir ou au moins l'influence qui permettra de mettre en œuvre cet idéal. Voilà qui exige que l'on négocie, que l'on transige avec des adversaires, que l'on ruse pour se ménager des appuis, que l'on suscite des espérances qui ne sont pas toujours mesurées, que l'on manipule des partisans, que l'on sabote l'opposition, que l'on ne perde ni du temps ni des occasions à cause de scrupules. Il faut être roublard, impitoyable, opportuniste pour les meilleures causes comme pour les moins bonnes. Machiavel a fort bien dit ces choses[49]. Le métier de politique comporte des exigences telles que, très souvent, on se laisse absorber par le souci de se maintenir au pouvoir, d'imposer un minimum d'ordre et d'expédier des affaires courantes. On n'a guère le loisir de viser plus loin et plus haut quoique, pour des raisons de propagande, ne fût-ce que pour rester en selle, il faille bien parler et parfois s'occuper du long terme et d'idéaux élevés.

Par contre, si on vise trop loin et trop haut avec entêtement, si on veut transformer coûte que coûte le corps
social et faire fi de ses habitudes, les moyens utilisés risquent
de contredire les objectifs recherchés. On a recouru à la
terreur pour imposer la fraternité, à l'épargne et au travail
forcés pour assurer la libération économique du peuple, à
la guerre pour préparer la paix. Mais on s'est installé dans
la terreur, et la fraternité fut à jamais corrompue. Dans la
guerre, et la paix fut oubliée. Dans l'épargne et le travail
forcés, et la libération du peuple ne fut plus qu'une mauvaise farce, un alibi pour perpétuer l'oppression à laquelle
des oppresseurs se sont habitués. Les plus idéalistes, dans
l'impatience de réaliser leurs objectifs, deviennent souvent
cruels et totalitaires de façon irrémédiable. Au début, la
grandeur de leurs desseins semble justifier leur intransigeance. Ensuite il y a toujours, à tous les échelons de l'appareil de l'État, des hommes qui trouvent dans l'exercice
du pouvoir et dans la démesure de celui-ci, des avantages
qu'ils s'emploieront à maintenir. Le despotisme s'établit
progressivement. Il entraîne tant de crainte et de ressentiment que les despotes n'osent plus sortir de ce mode de
gouvernement, même s'ils souhaitent restaurer la fraternité
et la liberté. Le peuple, qui ne participe pas aux décisions
politiques, ne se prépare pas aux vertus républicaines et les
despotes, dès lors, ont quelque raison de le traiter en mineur.

En dépit de la contrainte des lois, des ruses du pouvoir
et des luttes plus ou moins sourdes pour le pouvoir, des
passions soulevées et des espérances trompées, bref, en dépit de ses moyens qui semblent amoraux ou immoraux, la
politique demeure cependant passible d'un jugement
éthique. En quel sens et dans quelle mesure? C'est ce que
nous allons préciser.

Normalement, un gouvernement parle de ses bonnes intentions. Il lui est plus économique de se faire respecter pour ses nobles desseins, réels ou prétendus, que de se faire craindre par une police, de justifier l'ordre imposé que de l'imposer par la seule force. D'ailleurs, il ne suffit pas de bien payer la police, il faut encore donner un sens à sa mission pour que ses agents gardent l'estime d'eux-mêmes et le cœur à l'ouvrage. La propagande et la contre-propagande, qu'elles soient mensongères ou sincères, en appellent aux valeurs éthiques parce que celles-ci représentent une dernière instance. En fait, ces valeurs, pour le philosophe comme pour n'importe quel citoyen, n'apparaissent pas indépendamment de l'influence des idéologies, des partialités ou des simplismes de la propagande. Il n'y a pas une vision des enjeux et des objectifs de la politique, qui s'imposerait en dehors des différentes opinions partisanes qui se font concurrence dans le public et essaient de se faire valoir, s'appuyant sur les institutions et les pouvoirs en place, mêlant la menace et l'argument, la bonne foi et la mauvaise. Ce n'est qu'en dénonçant les mensonges et les ambiguïtés de ces opinions, en les confrontant les unes aux autres, qu'on acquiert des idées plus justes au sujet des valeurs, des objectifs et des enjeux de la politique. Il faut bien reconnaître que le point de vue des opprimés, si juste soit-il, n'est remarqué que le jour où leur protestation fait les manchettes des journaux, parce que cette protestation sert la stratégie d'un parti établi ou parce qu'elle s'est exprimée de façon retentissante. Le moraliste ne s'est intéressé aux Noirs, aux Chinois, aux ouvriers, aux prisonniers de droit commun qu'après qu'ils se sont mis eux-mêmes à la mode par leurs révoltes ou leurs révolutions. Cela signifie que le pluralisme et la concurrence des points de vue, qui sont la condition de la critique des idéologies, reposent sur une répartition minimale des moyens de lutte.

Nous venons d'insister sur la difficulté d'un jugement équilibré en politique, mais aussi sur la référence permanente à l'éthique qu'on y rencontre. En fin de compte, une certaine législation promeut une certaine conception de la société et de l'homme, ouvre certaines possibilités et en ferme d'autres, favorise des valeurs et en défavorise d'autres. Selon Julien Freund[50], la politique inscrit ses divers objectifs dans la perspective de la paix, et celle-ci, qui est le but spécifique de la politique, se justifie dans la perspective des fins publique et privée qu'elle autorise, dans la perspective de la justice et de la liberté qui peuvent s'épanouir pour tous et pour chacun dans la paix. Si on distingue le but spécifique, la paix, et les fins qui la justifient, vis-à-vis desquelles la paix n'est qu'un moyen ou une condition, c'est qu'on veut dire deux choses. Premièrement, que la paix idéale n'est pas n'importe laquelle, mais une paix qui favorise certaines fins. Deuxièmement, qu'il serait dangereux que le pouvoir politique cherche à imposer plus que la paix, plus qu'un ordre public où soit possible la coexistence d'opinions et de façons de vivre différentes. Il y a plusieurs raisons à cela. Une première série de raisons invoque les coûts excessifs d'une politique qui veut imposer plus que la paix. Une seconde série de raisons porte sur la nécessité d'un débat libre et ouvert au sujet des valeurs.

D'abord, comment contrôler la vie privée et la conscience des citoyens? Si l'État s'y essaie, ce ne peut être qu'à un prix très élevé. En tout cas, on ne peut imposer par un règlement de police ni la liberté intérieure ni la droiture du cœur. L'État ne peut qu'assurer les conditions favorables à celles-ci. Il ne peut régler que l'extériorité des conduites, à moins d'avoir l'arbitraire pour règle, la délation et le lavage de cerveau comme méthodes. Comme nous le disions plus haut, on ne peut imposer au corps social des idéaux dont il ne veut pas à moins de l'opprimer. Un gouvernement qui voudrait instaurer, par la force, ce qu'il entend par la vertu, risque de faire plus de mal que de bien et de se fourvoyer dans une voie unilatérale. La terreur et l'impatience de la vertu ont partie liée. Bien sûr, la paix la plus permissive ne va pas sans règles ni sans contraintes, mais il importe de mesurer celles-ci par rapport à la liberté qu'elles autorisent. On dit qu'Élisabeth Ière, agacée par les querelles interminables des théologiens au sujet de l'emplacement de l'autel dans les églises, aurait décidé de cet emplacement non pour des raisons théologiques, mais pour éviter une guerre de religion en imposant sa volonté arbitraire et souveraine. Il y avait dans cette mesure royale qui remettait les théologiens à leur place, une garantie de tolérance pour tous.

Milovan Djilas écrivait : «Je suis convaincu que la société ne peut pas être parfaite. Les hommes doivent tenir à leurs idées et à leurs idéaux, mais ils ne doivent pas s'imaginer que les uns ou les autres soient réalisables. Il nous faut comprendre la nature de l'utopie. L'utopiste une fois au pouvoir devient dogmatique et il peut très facilement faire le malheur des hommes au nom de son idéalisme (...). Le devoir de l'homme de notre temps est d'accepter comme une réalité l'imperfection de la société, mais aussi de comprendre que l'humanisme, les rêves et les imaginations humanitaires sont nécessaires pour le réformer sans cesse, pour l'améliorer et le faire progresser[51].» Malheureusement, toute utopie au sujet de la société parfaite peut devenir tyrannique dès qu'elle a les pouvoirs de s'implanter. L'idéal en la matière est sans cesse à réinventer à partir des insuffisances que révèlent son actualisation même et les besoins des hommes. Que serait une justice dont chacun ne pourrait pas redéfinir les conditions? La République de Platon ne ressemblerait-elle pas au meilleur des mondes[52], une fois réalisée? L'anticipation du philosophe deviendrait de l'entêtement imbécile si elle refusait la contestation des citoyens, de la tyrannie si le philosophe entêté était roi, tyrannie d'autant plus insidieuse qu'elle se ferait passer pour vertueuse et jetterait le discrédit sur toute dissidence.

Qui juge la politique d'un point de vue éthique estime à juste titre en juger en dernier ressort. Mais il faut rappeler combien le jugement éthique dépend de la reconnaissance tâtonnante des besoins et des droits, combien cette reconnaissance est elle-même liée aux rapports mouvants qu'entretiennent les différentes forces et les différents discours politiques. Il faut aussi rappeler combien ces discours correspondent à une volonté d'auto-justification et de propagande. Chaque parti veut se donner bonne conscience en même temps qu'il essaie de défendre sa vision des choses. Il s'enferme volontiers dans celle-ci parce qu'elle lui offre une assurance morale. Pour sauvegarder cette assurance, et non seulement pour défendre ses intérêts, il sera aveugle aux points de vue et aux intérêts des autres.

Les nécessités immédiates du gouvernement, la volonté de garder le pouvoir ou de maintenir la paix sociale, obnubilent souvent les gouvernants. Mais les plus beaux idéaux révolutionnaires obnubilent aussi leurs partisans. Ils justifient qu'on leur sacrifie tout. Ils permettent d'oublier que le droit ne peut être dit une fois pour toutes, que la société n'est pas une mais multiple[53] dans ses revendications et ses aspirations les plus légitimes.

* * *

Qu'en est-il de la prétention de l'État libéral à être moralement neutre, à garantir sans plus la liberté pour chacun de rechercher son bien particulier? En fait, les plus entreprenants et les mieux équipés au départ s'arrogent un pouvoir qui pourrait bien être plus inéquitable et plus menaçant que celui que les libéraux craignent d'accorder au gouvernement. Sous le couvert d'une idéologie de non-intervention, l'État libéral consacre un rapport de force. On en reparlera plus loin. Ici, il s'agit de montrer l'impossibilité de s'en tenir au laisser faire. Un État doit au moins déterminer un cadre et des règles tels que les objectifs poursuivis par les différents acteurs sociaux soient compatibles.

On a prétendu déduire les droits et les libertés que l'État libéral garantirait à ses citoyens du seul principe de réciprocité. Mais ce principe ne peut suffire. Il faut un accord préalable sur un minimum de valeurs communes, sinon on risque de ne s'entendre sur rien. Ainsi, les uns sont tolérants en matière religieuse et réclament la même tolérance des autres qui veulent imposer leur vérité et sont prêts à subir le martyre au nom de cette vérité. Dans un autre domaine, la liberté signifie-t-elle la légitimité d'un monopole industriel, d'un monopole syndical ou d'une armée de libération contre l'exploitation des monopoles? Habituellement, une société partage sans trop le savoir des coutumes ou des préjugés, ce qu'on appelle un patrimoine moral ou une idéologie selon le point de vue adopté. Elle trouve là des bases pour éviter, résorber ou résoudre des conflits qui pourraient naître en son sein. Que ces coutumes et ces préjugés disparaissent, on s'aperçoit alors de la nécessité et de la difficulté de définir de nouvelles bases d'entente.

Supposons qu'on s'entende sur l'idéal d'une libre concurrence économique ou électorale, il faut encore définir et
régler cette concurrence. Va-t-on accepter ou redresser les
inégalités de départ entre les concurrents? Comment et
jusqu'où redresser les inégalités? Poser ces questions plutôt
que les escamoter, y répondre en pratique et démocratiquement, exige une coopération et, de la part des puissants,
une modération dans l'usage des moyens de pression qui
sont à leur disposition. Cette coopération et cette modération supposent que l'on partage déjà certaines valeurs.
Comme il faut s'être entendu sur un droit régissant les contrats pour pouvoir passer des contrats le plus librement du
monde, il faut s'être entendu sur les limites du laisser faire
avant de pouvoir le pratiquer[54]. Celui-ci comme l'État
libéral tablent toujours sur un patrimoine moral partagé.
Cela dit, nous allons pousser la critique du laisser faire et de
la «déréglementation» en vogue aujourd'hui.

Ce qui fait problème dans le laisser faire, ce n'est pas
seulement l'opposition entre l'intérêt privé de chacun et la
justice pour tous. C'est d'abord l'opposition entre l'intérêt
privé tel qu'un individu isolé l'envisage et son intérêt une
fois qu'il a considéré comment organiser la société pour éliminer les comportements contradictoires qui nuisent à ses
propres intérêts comme aux intérêts des autres. D'ailleurs,
pour aborder la question de la justice, il est utile de commencer par distinguer l'intérêt pour un individu isolé et
l'intérêt individuel tel qu'il est apprécié quand on tient
compte des interactions sociales dans un temps plus ou
moins long. Nous montrerons qu'un marché et une société
ne fonctionnent à l'avantage des acteurs qui s'y ren-
contrent que si des règles s'imposent à tous, de façon
qu'un point de vue macro-social prévale et que l'on échappe
ainsi à la tyrannie des décisions individuelles isolées. Ces

décisions, en effet, peuvent aller à l'encontre de l'intérêt de leurs auteurs, parce qu'elles réagissent les unes aux autres de manière imprévisible, parce que leurs conséquences dans le temps ne sont pas contrôlées par leurs auteurs. Ceux-ci ont besoin de se concerter et même de se soumettre à un point de vue commun, non seulement pour faire ce qu'ils veulent mais aussi pour préciser ce qu'ils veulent.

Il arrive que l'intérêt des individus se redéfinisse du fait de la concertation. Dans certains cas, la concertation appelle une direction politique. Concertation et direction ne sont pas contradictoires. Elles sont plutôt complémentaires. D'une part, pour organiser la concertation, il faut des leaders. Pour réconcilier des points de vue contradictoires et ouvrir de nouvelles perspectives, il faut une imagination que l'on dit politique[55]. L'autorité morale et la rhétorique d'hommes d'État sont bien nécessaires dans cette affaire. D'autre part, il faut parfois qu'une politique s'impose *manu militari* pour qu'elle ait quelque chance de réussite, que ses coûts soient répartis, que son bien-fondé apparaisse, que les citoyens l'acceptent et y contribuent volontiers. À l'aide d'exemples, nous montrerons la nécessité de la contrainte politique dans la société la plus libérale. Ensuite, nous montrerons comment les intérêts individuels se redéfinissent dans l'horizon macro-social qu'ouvrent la concertation et la direction politiques.

Pour que les individus puissent rouler dans une sécurité relative, ils ont tout intérêt à se soumettre à un code de la route. On en a déjà parlé. Pour préserver leur environnement de la pollution, ils ont aussi avantage à se soumettre à certaines règles. Que celles-ci soient légales ou morales, correspondent à des coutumes et des pressions sociales à peine explicitées ou correspondent à des conventions

reconnues et discutées par tous, peu importe. Ce qui compte, c'est que ces règles s'imposent effectivement à toute la société. En effet, tous et chacun ont intérêt à ce qu'on ne
pollue pas l'environnement commun. Mais ils ne contri-
bueront certainement à une politique contre la pollution
que s'ils y sont obligés. La majorité n'y contribuera d'une
manière qui lui paraîtra équitable et justifiée que si tous y
contribuent aussi. Dans ce cas, les bénéfices que la majorité retirera, dépasseront probablement ce que lui coûte sa
contribution. À défaut de lois générales, les individus, même
s'ils voient la nécessité de lutter contre la pollution ou de respecter un code de la route, ne prendront pas des initiatives
isolées, dont les coûts seraient assurés pour eux-mêmes,
dont les bénéfices dépendraient du comportement aléatoire des autres et pourraient être aussi insignifiants qu'une
goutte d'eau dans la mer. Prenons un exemple plus con-
troversé. Le «bussing», c'est-à-dire le transport par au-
tobus des écoliers afin de mêler dans une même école des
enfants noirs et blancs, correspondait à une politique d'intégration raciale aux É.U. Cette mesure déplaisait beaucoup aux quartiers blancs qui estimaient en faire les frais.
Elle aurait été mieux reçue si les «frais» avaient pu être
mieux répartis, si la politique avait été vraiment générale,
avait donc offert des chances de réussite et avait promis
avec quelque vraisemblance l'avantage d'une société moins
divisée et plus fraternelle[56]. On peut en dire autant de mesures visant à pénaliser l'utilisation des voitures privées
dans les centres urbains. Elles ne seront acceptées des automobilistes que si elles sont liées à l'instauration d'un système de transport public efficace, rapide et confortable. Et
cela requiert une politique définie. Une fois définie, elle
pourra rallier une majorité d'automobilistes.

Pour briser une situation qui résulte de choix privés mais dont ne veulent pas les acteurs sociaux, il leur faut donc adopter une action commune, ce qui, évidemment, requiert des choix moraux et politiques[57]. Il ne suffit pas que les individus soient mieux informés des effets de leurs décisions privées sur la scène sociale et dans un certain laps de temps. Il faut qu'ils adoptent un point de vue macro-social ou, au moins, qu'ils se soumettent à un tel point de vue. En effet, nous venons de le voir, une politique d'ensemble, même si elle est souhaitée par tous, doit souvent s'imposer pour s'appliquer effectivement. Mais il y a plus à dire. L'information montre la nécessité d'une politique concertée et celle-ci peut bouleverser l'idée que chacun se fait de son intérêt. Par exemple, dès que l'on envisage comment réaliser l'harmonie raciale de sa communauté, le choix ne se limite plus à la fuir ou à mettre au pas les « autres ». Quand un groupe réussit à agir ensemble, il est amené à poursuivre des objectifs tout autres que ses membres isolés. De nouvelles possibilités apparaissent, mais aussi des impossibilités. Voilà qui requiert quelques explications.

Des biens collectifs ne peuvent être obtenus par un comportement privé comme celui du consommateur qui vise à maximiser ses satisfactions sur le marché. Mais ils peuvent être obtenus. Il y a par contre des biens qui ne peuvent pas être obtenus dès qu'ils sont poursuivis par un grand nombre de consommateurs. Il s'agit des biens rares et des biens qui confèrent rang et distinction dans la société, qui donc, par définition, ne peuvent être obtenus que par un petit nombre sous peine de perdre leur signification. Si beaucoup de consommateurs achètent une deuxième voiture ou une résidence de montagne, la congestion des routes annihilera l'avantage que promettaient la première et la deuxième voitures, les habitations trop nombreuses ruineront le paysage de montagne. On peut parer à cet encombrement physique des routes et de la montagne en organisant un transport public et en construisant des résidences collectives. Par contre, on ne peut éviter la banalisation de ce qui fut un privilège ou un bien ostentatoire. Si tout le monde acquiert une seconde voiture, dans l'espoir d'en avoir une de plus que le voisin, tout le monde se retrouvera comme le voisin. Dans ce cas, il s'agit d'encombrement social. La distinction sociale que l'on poursuivait à grands frais s'avère une chimère. En acquérant un avantage apparent qui ne sera bientôt plus un avantage parce qu'il est en train de devenir commun, on alloue bien mal ses ressources et on se prépare des frustrations[58]. Que l'on songe à la course aux diplômes par toute une population en quête de meilleurs emplois alors qu'il ne s'en crée pas de nouveaux, si ce n'est dans l'enseignement. Chacun étudie davantage en vue d'un résultat qu'il ne pourra pas atteindre. Il se retrouvera dans la situation de départ, avec des rêves déçus.

Dans certains exemples évoqués plus haut, les bénéfices sont d'autant plus chimériques et les coûts plus élevés pour les individus que ceux-ci réagissent de façon défensive aux comportements des autres, aux comportements qu'ils anticipent de la part des autres. Ils créent ou empirent ainsi la situation dont ils voulaient se défendre. Par exemple, chacun se précipite vers un goulot d'étranglement pour passer avant les autres et c'est l'embouteillage ou la panique. Les propriétaires d'un quartier vendent leur maison parce qu'ils craignent que leurs propriétés dans ce quartier ne perdent bientôt leur valeur. Mais, en vendant en masse, ils provoquent la situation qu'ils appréhendaient. On déplore le déclin des bonnes manières de la part de ses partenaires commerciaux, on ne les pratique plus soi-même pour ne pas être dupe et on contribue à leur déclin. Dans tous ces cas, «ce qui pousse à défendre ses intérêts individuels, ce n'est pas seulement le nombre de ceux qui en font autant, c'est aussi l'incertitude au sujet du nombre de ceux qui le feront (...). C'est l'orientation même de tout un groupe qui dépend de l'interdépendance des individus de ce groupe. Les coûts (et les bénéfices) de cette orientation sont indéterminés pour les individus s'ils ne savent pas comment les autres vont se comporter. On voit ce qu'il y a de faux dans le présupposé habituel des libéraux selon lequel on sait comment les gens veulent agir sur la scène sociale du fait qu'ils agissent effectivement dans tel ou tel sens [59].»

Voilà qui signifie que les individus en agissant de concert sont souvent plus éclairés au sujet de ce qu'ils veulent et plus efficaces pour obtenir ce qu'ils veulent. Cependant, agir de concert ne requiert pas nécessairement des choix collectifs et tous les choix collectifs ne sont pas également difficiles. Parfois une information adéquate, au sujet des conséquences de leurs décisions individuelles, suffit à orienter les individus de façon efficace. Parfois il ne faut que l'intervention d'une règle ou d'un système d'incitations sur lesquels tous s'entendent facilement. L'intervention du pouvoir public, dans bien des cas, ne va pas plus loin : il s'agit d'empêcher les resquilleurs et les déviants de perturber le jeu social et d'offrir un encadrement et des services pour que les individus puissent agir les uns avec les autres sans encombre. C'est ce que fait un code de la route. Mais il arrive que le pouvoir public aille beaucoup plus loin et intervienne activement, au nom de l'intérêt social, à l'encontre d'intérêts particuliers, à l'encontre d'intérêts qu'il déclare particuliers, ou à l'encontre d'une autre conception de l'intérêt social. Même si tous s'entendent sur de grands principes, on ne s'entend pas pour autant sur les stratégies à suivre, sur l'ordre des priorités et sur l'allocation des ressources en fonction d'un certain ordre, sur la répartition sociale des coûts eu égard à la répartition des bénéfices. Il n'est jamais facile de s'accorder sur des bénéfices qui ne sont qu'incertains ou à si long terme qu'on n'est pas assuré d'amortir les coûts qu'ils entraînent immédiatement. Du fait que les individus n'ont pas le même horizon temporel, ils apprécient différemment des bénéfices à venir. On voit en quel sens des choix politiques et moraux sont inévitables même pour l'État libéral.

Nous verrons, au chapitre 6, comment différentes forces se font valoir en invoquant leur souci du bien commun et en évoquant, en même temps, comment elles pourraient, chacune à sa manière, menacer la paix sociale ou la prospérité économique, si on ne tenait pas compte de leur point de vue. Nous envisagerons comment le chantage peut se mêler aux débats les plus démocratiques, comment la force d'un argument n'est jamais tout à fait indépendante de la force de ceux qui l'avancent. Mais, auparavant, voyons combien équivoques sont les idéaux politiques de liberté et de justice dont se réclament avec un ensemble touchant des partis opposés.

5. *Les libertés et les justices*

Il y a des individus, des cultures, des époques qui insistent sur la nécessité d'une autorité qui puisse contraindre à la paix. L'ordre leur paraît si précaire et si précieux qu'ils préfèrent accepter un État imparfait plutôt que remettre en cause la stabilité, fût-ce au nom de la liberté ou de la justice. D'ailleurs, pourrait-on ajouter dans la même veine, pourquoi remettre en cause la stabilité, quand on apprécie la prospérité médiocre mais certaine qu'elle autorise, quand on considère comme utopies dangereuses les idéaux des contestataires de tous poils? Ces idéaux sont probablement irréalisables et à ce titre illusoires. De plus, en créant des attentes démesurées, ne préparent-ils pas bien des déceptions, n'invitent-ils pas à des bouleversements imprudents, ne risquent-ils pas de briser inutilement un équilibre social patiemment acquis et ne donnent-ils pas une apparence de vertu à ce saccage inutile? Ces propos se retrouvent dans bien des idéologies conservatrices. Mais ils paraissent sans doute pleins de sens à qui eut l'expérience de la guerre civile et aspire à un minimum d'ordre dans le cadre duquel les arts, l'industrie, une certaine civilité, des habitudes et des institutions sur lesquelles chacun puisse compter, pourront s'établir.

Socialistes et libéraux, par contre, espèrent beaucoup plus. Ils estiment que les hommes sont capables de se respecter et de collaborer dans l'exercice du pouvoir souverain pour améliorer les institutions et les mœurs. Ils les croient capables de recréer paix, prospérité et justice à travers les bouleversements de l'histoire et les conflits d'intérêts. Mais que de différences dans leur conception de ces conflits et de la liberté. C'est de ces différences que nous allons parler. Nous reviendrons sur la prétendue neutralité de l'État libéral et lui opposerons le volontarisme moral socialiste. Les diverses opinions que nous venons d'évoquer, correspondent à des visions de circonstance ou de classe. Il demeure que c'est à partir d'elles qu'il nous faut réfléchir. Elles sont des références habituelles du discours politique, qu'il s'agisse de propagande ou de tentatives théoriques.

La tradition libérale se présente souvent comme si elles étaient au-delà de toute option éthique : laissez les dispositions naturelles de l'homme à leur libre cours et ils coopéreront. L'égoïsme de chacun, s'il peut déployer ses projets, sera le principe même de l'intégration sociale et donnera lieu à un progrès du bien-être et de la liberté de tous. Il suffit de s'assurer que chacun puisse, dans l'égalité, poursuivre systématiquement son propre intérêt, et une mécanique sociale spontanée donnera lieu au meilleur des mondes[60]. Mais l'égalité qui permettrait théoriquement à un régime libéral de fonctionner est aussitôt détruite par le fonctionnement d'un tel régime. Les réussites des uns comme l'échec des autres ont des effets cumulatifs. L'inégalité de fait s'instaure en dépit des définitions de droit.

L'idéal de liberté des libéraux eut d'abord cours en Angleterre et aux États-Unis. La Glorieuse Révolution, la justification qu'en donne Locke et la Déclaration d'indépendance des Treize colonies en sont des moments forts. Cet idéal insistait sur l'autonomie de chacun et sur la limitation de l'autorité de l'État. Cela avantageait surtout ceux qui avaient les moyens de faire valoir leurs droits et de jouir des libertés que la loi leur garantissait. Pour que les citoyens aient des droits moins inégaux, il faudra une intervention massive de l'État. Pour qu'aux «libertés formelles» garanties par la loi, s'ajoutent pour tous quelques moyens d'en profiter réellement, il faudra de vastes réallocations de ressources, un pouvoir accru de l'administration, notamment en matière sociale et économique. Il faudra renoncer à une tradition de «self-government» et à une certaine conception de la liberté.

En fait, pour maintenir la paix sociale et la prospérité économique, menacées toutes deux par les excès et les errements du libéralisme, la bourgeoisie composera avec les revendications ouvrières et l'État multipliera ses interventions. On parlera alors de néo-libéralisme ou de néo-capitalisme et de leurs accommodements avec la social-démocratie. Mais c'est la bourgeoisie qui mènera le jeu et réussira à assurer l'expansion de ses affaires. Elle réussira d'ailleurs à confondre celle-ci avec le bien commun. Ce n'est plus la liberté individuelle ou celle des affaires, c'est la participation de tous à la prospérité commune qui est désormais mise de l'avant dans son idéologie.

La tradition qui commence avec Rousseau et la Révolution française, se détache de la tradition libérale tout autant qu'elle la continue. On y insiste moins sur la liberté de chacun que sur l'égalité de tous, qu'il faut imposer, et sur l'autorité de l'État légitime, incarnation de la volonté de toute la nation. Selon Rousseau, l'égalité une fois garantie, les hommes seront bien obligés de se respecter. Ils n'auront en effet d'autres garanties de leur liberté que leur respect mutuel, s'ils sont tous rigoureusement sur le même pied. Dans une association où chacun sera respecté par tous et tous par chacun, le vouloir deviendra raisonnable et éclairé parce qu'universel. Tous ne pourront s'entendre que sur les meilleures lois. Rousseau imagine une autorité étatique à laquelle chacun puisse s'en remettre en tant que sujet et à laquelle tous puissent participer en tant que souverains. Il n'y a de véritable liberté que dans la participation à cette autorité, expression d'une raison régénérée par la responsabilité partagée. Y obéir, c'est obéir à ce qu'il y a de meilleur en soi-même. Hélas, quand il s'agit de mettre en œuvre ce grand dessein de la régénération par l'égalité et d'exprimer la volonté générale, la tyrannie risque de s'établir au nom même de la liberté. L'idéal visé est si sublime qu'on se trouve justifié de l'imposer par la Terreur, si peu précisé

que l'arbitraire est quasi inévitable. Où se trouve la volonté
générale? Qui l'énonce si ce n'est le plus fort? Ce peut être
un crime contre l'État de ne pas épouser les sentiments
vertueux du maître de l'heure ou d'être simplement ironique à son endroit. Comme l'autonomie des personnes et
des associations a été oubliée au profit de l'État, incarnation de la volonté générale, habilité à mettre au pas les
corps intermédiaires et les ennemis du peuple, il n'y a plus
de recours contre cet État.

La Révolution française ne fut pas moins bourgeoise
que la Glorieuse ou que l'américaine, mais elle le fut autrement[61]. Elle éclata dans des circonstances bien différentes.
Les idées de Rousseau s'y instituèrent et s'y superposèrent
à celles des Anglo-Saxons. L'Assemblée nationale, en 1789,
publia une déclaration des droits de l'homme qui reprend
des idées à la mode dans les États-Unis d'Amérique, mais y
ajoute une nuance importante qui est en fait un renversement de perspectives. L'article trois de la déclaration dit
que l'origine de toute souveraineté réside dans la nation et
que de la nation découle la seule autorité légitime. L'article
six ajoute que la loi est l'expression de la volonté générale
et, qu'à cette volonté, tout citoyen peut contribuer en personne ou par représentant. Les Américains avaient surtout
insisté sur les droits des citoyens et ne parlaient de l'État
que pour en faire le serviteur des administrés et des contri-
buables. L'État légitime, c'est celui qui, constitutionnelle-
ment, garantit le citoyen contre tout arbitraire de sa part.
Par contre, les Français affirmaient d'emblée la souveraineté de la nation et identifiaient celle-ci à la volonté générale, incarnée par un corps de représentants investis, en
parfaite légitimité, de tous les pouvoirs[62].

Les constitutions qui se succèderont après 1789, insisteront toutes sur la souveraineté de l'Assemblée nationale. La garantie du citoyen contre l'arbitraire de l'État tient d'abord à ce que cette assemblée est censée représenter la nation. C'est une garantie bien mince. Et il y a déjà là des germes de bonapartisme. Il suffira qu'un homme audacieux paraisse formuler et incarner la volonté générale avec plus d'à-propos et d'efficacité que l'Assemblée nationale, qu'il en appelle à la nation par plébiscite, avec talent, pour que tous s'en remettent à lui, aliénant tous leurs droits au profit d'un seul, comme ils les avaient aliénés au profit de l'Assemblée nationale[63].

À propos d'une question précise, voyons la différence entre le libéralisme américain et la foi française en la volonté générale. La Cour suprême veille sur la liberté des personnes et des gouvernements locaux. Elle empêche le législatif et l'exécutif d'abuser de leurs pouvoirs. En France, l'Assemblée nationale et le gouvernement ont ensemble un pouvoir que rien ne limite, puisqu'ils représentent la nation souveraine. Le judiciaire a pour unique fonction de faire respecter les lois et l'administration. La police d'État jouit d'une large autonomie parce qu'elle est conçue comme le défenseur de la volonté nationale. En 1793, on a tempéré cet absolutisme par le droit d'insurrection, mais ce droit ne fut pas maintenu longtemps. Il allait à l'encontre de la conception même de l'État français[64].

Les colonies d'Amérique constituaient une société où chacun réglait facilement ses problèmes sans le besoin constant d'un pouvoir central. Du moins en Nouvelle-Angleterre, les différences sociales n'étaient pas énormes, l'économie encore très fluide n'entraînait pas de graves conflits d'intérêts, les possibilités de faire une fortune médiocre étaient largement offertes. Les terres ne manquaient pas. On a pu dire que l'enjeu de la Révolution américaine n'était que politique, les conflits sociaux n'y jouant qu'un rôle secondaire. Par contre, la Révolution française devint rapidement celle d'un peuple qui réclamait du pain en même temps que celle de bourgeois qui réclamaient des droits civiques et politiques pour eux. Ces bourgeois trouvèrent bientôt dans le peuple un allié exigeant, plus menaçant que ne l'étaient désormais les aristocrates[65]. Aussi les bourgeois s'emparèrent-ils du pouvoir, et d'un pouvoir fort, pour instituer l'ordre qui leur convenait, non seulement à l'encontre des nobles, mais aussi à l'encontre de forces populaires organisées. La France avait déjà des institutions nationales en voie d'uniformisation depuis longtemps. Elle avait donc l'habitude et les moyens du gouvernement central fort dont avait besoin sa nouvelle classe dominante[66]. Par ailleurs, tout bourgeois qu'il était, le programme révolutionnaire ne manquait pas d'ambition et nécessitait un État vigoureux pour lutter contre l'ancien régime. Le problème ecclésiastique est significatif à ce propos. Le gouvernement américain n'avait qu'à garantir la liberté des Églises, congrégations et sectes pour qu'il y ait pluralité d'opinions. En France, il y avait une Église monopolisant l'annonce de la «vérité». La liberté de pensée était à construire et, pour ce faire, il fallait une politique active, laïciste, anticléricale et intolérante afin d'instituer la tolérance.

L'État américain est une machine que des vetos émanant d'instances diverses peuvent bloquer. Il est conçu comme le cadre et le serviteur d'une société où l'on compte d'abord sur les initiatives privées, où les droits des individus, des associations et des gouvernements locaux sont bien établis et bien garantis. Par contre, l'État français se présente comme le maître d'œuvre de la société. Son pouvoir n'a guère de limites et repose sur les présupposés suivants :

a) L'Assemblée nationale élue et, aujourd'hui, le président représentent la volonté du peuple.

b) Cette volonté du peuple existe en tant que formulable en mesures politiques.

c) Cette volonté dite générale a un crédit moral auprès de chaque citoyen.

Ces principes sont de Rousseau, sauf le premier qui est en contradiction flagrante avec les règles de son contrat social. Mais il faut bien y recourir si l'on veut éviter l'us et l'abus du référendum qui dissimule si facilement le plébiscite et la démagogie. Notons que la Cinquième République ressemble sur certains points au régime américain tel qu'il existe aujourd'hui. Comme la République française, l'américaine a évolué. Par ailleurs, les Français eurent le loisir de réfléchir aux excès de l'étatisme et au fait que les Français sont plus réels que la France. Néanmoins, ce qui nous intéressait dans ces pages, c'était la différence entre deux traditions politiques et deux conceptions de la liberté, assez apparentées pour s'éclairer l'une l'autre.

Les bouleversements de l'industrialisation ont vite démontré la vanité des définitions constitutionnelles de la liberté et les limites de la participation des citoyens aux élections. D'autre part, ces bouleversements redéfinissent les protagonistes, les occasions et les perspectives de la lutte pour la justice et la liberté. Les socialistes tablent sur les nouvelles solidarités qui apparaissent avec la prolétarisation pour répondre aux problèmes sociaux très concrets et très urgents que pose celle-ci. Ils tirent au clair l'antagonisme de la bourgeoisie et de la classe ouvrière, donnent unité et force à cette dernière en la rassemblant. Plus particulièrement, le parti communiste se présente comme l'instrument par lequel le prolétariat prend conscience de soi en même temps que de ses moyens d'action, de ses intérêts et des idéaux universels dont il est porteur. Les communistes ont bien vu que la liberté doit préparer ses conditions de possibilités en transformant les rapports de production, en socialisant la propriété et le contrôle des biens de production. Ils investissent tous leurs espoirs dans une aventure collective, celle d'un parti, celle d'une révolution, celle d'un État, qui vise à la libération de tous et est déjà, pour ceux qui en sont les artisans, exercice de la liberté. La tâche est énorme et justifie une direction ferme. Même si le succès de l'État socialiste et communiste doit mener au dépérissement de l'État, en attendant cette heure faste, on risque de sacrifier trop et sans méfiance à un pouvoir qui peut se targuer d'une mission formidable.

* * *

Ce qui importe d'abord pour les libéraux, c'est la garantie de la liberté privée de chacun. Ils ont compté sur le libre jeu du marché pour assurer la distribution équitable comme la production optimale des biens et des services. Ils ont toujours voulu réduire au minimum les interventions de l'État. Aujourd'hui, ils dénoncent les inefficacités coûteuses et la toute-puissance d'une bureaucratie centralisée. Dans cette veine s'inscrivent les anarcho-capitalistes. Ils croient moins aux vertus du capitalisme qu'aux vices de l'étatisme. Ils craignent plus un pouvoir sans rival que les désordres du laisser faire. Ils attaquent les monopoles syndicaux ou industriels autant que l'État. Ils attaquent la collusion qui s'établit entre syndicats, industries et gouvernements. Ils veulent entretenir la diversité et la concurrence des points de vue ainsi que la multiplicité des centres de décisions parce qu'ils estiment que la liberté a ainsi plus de latitude et court moins de risques. Pour les socialistes, par contre, c'est la construction de la justice sociale qui prime tout le reste, mais ils définissent cette justice comme la promotion de la liberté de chacun. Dans la lutte pour des institutions plus justes, cette liberté s'épanouirait déjà. Hors de cette lutte, elle ne pourrait que se pervertir ou, tout au moins, négliger de préparer son avenir. Il y a là deux conceptions de la liberté aussi complémentaires qu'opposées. C'est ce que nous voudrions démontrer en empruntant à Isaiah Berlin les notions de liberté positive et de liberté négative[67].

La liberté négative, c'est l'indépendance vis-à-vis des pressions extérieures et, notamment, vis-à-vis des interventions de l'État, c'est la liberté de penser et de faire à sa mode, celle que sanctionnent «les libertés constitutionnelles». Il s'agit de la garantie de l'intimité et de l'autonomie individuelles. La liberté positive, c'est la participation à un projet dont on voit le bien-fondé. C'est la liberté se déterminant concrètement dans la poursuite d'une valeur[68]. Or, peut-on dire, la liberté négative n'importe qu'en fonction de la liberté positive. À quoi bon, en effet, être libre de toute influence indue, être autonome, si ce n'est pour choisir sa voie en connaissance de cause. D'autre part, la liberté négative doit bien sortir de sa réserve et s'engager pour préparer ou maintenir les conditions qui la rendent possible. Le respect des libertés constitutionnelles, par exemple, suppose l'instauration d'un ordre légal, social et économique très évolué. La liberté négative doit donc se résoudre à la responsabilité civique, à la mobilisation politique, c'est-à-dire qu'il lui faut se déterminer positivement, ne fût-ce que pour se perpétuer. On peut reprendre cet argument par un autre bout. Pour fonder le sens et la valeur des projets de la liberté positive, il faut le libre examen d'une conscience informée et autonome; cela suppose la liberté négative. Et si la liberté positive se dédie à l'institution des conditions de la liberté, c'est la liberté négative qu'elle veut d'abord. En effet, on peut vouloir que les autres soient autonomes. On ne peut vouloir à leur place la voie qu'ils choisiront une fois qu'ils auront gagné leur autonomie.

Pour que l'autonomie de chacun soit plus qu'une autorisation vide accordée par la constitution en termes généraux, il faut bien que l'État poursuive des politiques telles qu'à la liberté de pensée correspondent, par exemple, une information pluraliste et une éducation gratuite, ou qu'à la liberté de travailler corresponde une situation de plein emploi. Il faut que l'État intervienne vigoureusement pour qu'aux libertés formelles, libertés négatives juridiquement reconnues, corresponde pour tous un contenu réel. Mais cela entraînera plusieurs atteintes à ces mêmes libertés telles que les libéraux les conçoivent. Ainsi, pour instaurer un réseau d'écoles publiques de qualité, il faudra peut-être supprimer des écoles privées qui écrémaient ou auraient écrémé les écoles publiques. On comprend aussi que la bataille pour la justice et l'institution de conditions qui permettraient à chacun d'exercer une liberté pleine et entière, offre des perspectives exaltantes à une liberté désireuse de se déterminer positivement.

Liberté négative et liberté positive, considérées unilatéralement et indépendamment l'une de l'autre, peuvent entraîner des aberrations. La première et les libertés constitutionnelles qui prétendent l'instituer, sont insignifiantes pour tous ceux qui n'ont pas les moyens d'en profiter. Et les quelques heureux qui ont ces moyens n'auront-il pas des droits excessifs s'ils ne les partagent pas largement? D'un autre côté, il y a des croisades entreprises par des hommes libres, qui mobilisent et obnubilent les vouloirs, et qui risquent de faire fi des droits les plus élémentaires. Qui pourrait mettre en question de telles croisades si la critique n'a ni droits ni moyens, si l'embrigadement et la ferveur pour la croisade sont les seuls choix tolérés? On sait trop comment des révolutions consacrées à la libération totale de l'homme ont supprimé ceux-là mêmes qui insistaient pour que cette libération aille plus loin que ne le voulaient les maîtres de l'heure, l'appareil bureaucratique ou le «parti révolutionnaire institutionnalisé». L'Archipel du Goulag n'est pas un accident de parcours mais la conséquence iné-luctable d'un régime qui refuse de discuter ses notions de liberté et de justice, et trouve dans la grandeur de ces idéaux une raison, puis un alibi, pour supprimer toute opposition[69].

* * *

La liberté et la justice sont des notions générales aux si-gnifications multiples. Ce sont aussi des valeurs pour les-quelles on se passionne d'autant plus qu'on n'en poursuit qu'un aspect particulier, aussi flamboyant qu'unilatéral. En effet, comment pourrait-on passionner une foule pour un idéal complexe, exigeant, dont les multiples implications risquent de diviser cette même foule? Chaque parti s'op-pose aux autres au nom de la liberté et de la justice. Mais quelle face de la liberté et de la justice chacun vise-t-il? Et quand un parti poursuit effectivement tels aspects de la justice ou de la liberté, c'est habituellement en tant qu'ob-jectifs à long terme. Il y a là des idéaux sublimes qui né-cessitent un train de mesures qui le sont moins. Car, en fin de compte, comme nous l'avons vu, il n'y a que la force et la ruse qui permettent de les instituer. D'où les limites et les grandeurs de la politique. Croisade idéaliste ou lutte d'intérêts, elle est implacable. Chaque parti prétendant représenter tout le bien commun, elle n'est pas sans mensonge. Mais, en même temps, l'affrontement politique est le lieu où s'élaborent des alliances et des compromis viables qui pourraient aboutir à plus de liberté et de justice si ceux qui en sont privés réussissent à s'organiser pour les réclamer.

Un vaste regroupement politique peut, à une certaine époque, défendre une justice et une liberté qui le soient pour tous ou presque tous. Mais la conjoncture change, les points de vue multiples qui avaient coïncidé peuvent diverger. La bourgeoisie française fit la révolution avec beaucoup de monde jusqu'au jour où elle rallia et fonda un parti de l'ordre contre un peuple qui devenait un allié trop exigeant. Même si l'intérêt objectif des petits est du côté d'une prospérité et de droits mieux partagés, la paysannerie et le sous-prolétariat ont souvent été les alliés électoraux de forces conservatrices. Le prolétariat fut généralement plus éclairé mais, le plus souvent, il ne songe qu'à des intérêts sectoriels, se coupe d'alliés indispensables et va jusqu'à se diviser contre lui-même. Le moins qu'on puisse dire, c'est qu'aucune catégorie sociale ne se dédie de façon spontanée et cohérente à l'institution d'une justice et d'une liberté qui vaillent aussi pour les autres, qu'une coalition dont l'intérêt correspondrait à celui des plus démunis n'est pas moins fragile qu'une autre.

6. Contrat social et domination capitaliste

Nous voudrions montrer que les différentes propositions théoriques au sujet de la liberté, de la justice et du contrat social, contrat qui justifierait l'autorité de l'État, prennent tout leur sens dans un débat fort pratique entre les partis et les classes qui se profilent derrière les partis. Ces propositions théoriques semblent planer au-dessus des combats politiques. Pour cette raison, elles permettent de marquer des points aux combattants qui savent les utiliser. Car la force des combattants dépend, du moins en partie, de ce que leurs idées, au sujet de ce qui est juste et de ce qu'il faut donc entreprendre, soient partagées par un large public. Un rapport de force ne s'établit pas indépendamment des arguments par lesquels chaque camp présente le bien-fondé de sa cause, persuade et mobilise des supporters, neutralise des antagonistes. D'autre part, c'est sur le fond d'un rapport de force déjà existant que ces arguments se profilent. La menace ou le chantage se mêlent à la propagande comme aux tractations politiques. Indépendamment de tout chantage clair, un parti tient compte des effectifs en présence pour être réaliste et donc crédible dans ses propositions. Ce que chaque citoyen envisage comme idéal est déjà influencé par ce qui lui paraît possible à partir de sa situation sociale et des solidarités qui se dessinent à ses yeux[70]. Définir la justice et les droits de chacun, c'est définir des perspectives d'action et en dénoncer d'autres. Or, une telle entreprise s'inscrit nécessairement, qu'elle le reconnaisse ou non, dans le contexte des arguments que tiennent déjà les différentes forces politiques et dans l'horizon des possibilités pratiques qu'autorise le rapport de ces forces. Cependant, quoique nos idées au sujet de ce qui est juste ou ne l'est pas, soient toujours déjà conditionnées par l'ordre établi, ces idées peuvent aussi subvertir cet ordre.

Afin de défendre et d'illustrer ce point de vue, nous aborderons successivement trois questions : 1) Une utopie qui fait abstraction des limites de la situation actuelle est-elle nécessairement irréaliste? Précisément parce qu'elle se définit sans trop tenir compte du rapport des forces en présence et des mentalités timides qui végètent à l'ombre de l'ordre établi, une utopie ne pourrait-elle pas prospecter des possibilités neuves et entraîner une redéfinition des enjeux et une redistribution des forces politiques? 2) Quel est le sens d'une théorie au sujet de la justice comme celle de Rawls dans le contexte pratique où elle se produit? 3) Quelles sont les difficultés d'une politique tâchant d'instaurer un ordre qui n'est encore qu'imaginé et qui contredit l'ordre déjà établi? Il s'agit de questions immenses. Nous ne prétendons pas y répondre de façon satisfaisante. Nous ne ferons que les évoquer afin d'insister sur l'inhérence de l'imagination politique à ce qui est déjà institué.

* * *

La notion de contrat passé entre individus autonomes et rationnels joua un grand rôle pour justifier la contrainte étatique. Hobbes, qui se souvenait d'une longue suite de guerres civiles, envisageait l'État comme tyrannie nécessaire à laquelle tous consentent en vue de la paix. Locke, qui estimait la paix définitivement acquise et trouvait à son goût, ou à celui du milieu auquel il s'identifiait, l'État établi par la Glorieuse Révolution, présentait cet État comme une association volontaire, capable de protéger les individus contre la menace extérieure et le désordre intérieur, mais devant être assez faible pour ne pas menacer la liberté des individus. Rousseau imaginait une société politique, un État où chacun renoncerait volontairement à toute sa liberté individuelle au profit d'une volonté générale, afin de vivre selon une raison universelle. Les utilitaristes et les libéraux n'ont jamais partagé l'enthousiasme de

Rousseau pour la fusion des citoyens dans la volonté générale. L'État leur a toujours paru une menace pour la liberté des individus. Ils n'en définissaient pas moins comme État juste et légitime, celui qui correspond à un contrat accepté par les citoyens et fonctionne à leur avantage. On sait que ces grandes théories servirent des causes diverses dans le passé[71]. Aujourd'hui, sociaux-démocrates et néolibéraux, à propos du partage du produit national, parlent aussi de «contrat social» entre partenaires sociaux, notamment entre ces partenaires que sont les syndicats ouvriers et les patrons. Dans cette perspective bien délimitée, des gouvernements tâchent d'organiser une concertation. Il s'agit d'amener chaque partenaire à apprécier le point de vue et la force de l'autre, à calculer ses possibilités de l'emporter et à mettre de l'eau dans son vin quand il le faut. On peut ainsi faire l'économie d'épreuves de force ruineuses aussi bien pour l'économie nationale que pour chacun des partenaires.

Ceux qui tentent de fonder une politique salariale sur un compromis entre partenaires conscients de leur puissance respective, reconnaissent au départ des inégalités entre citoyens. Ils visent non une société égalitaire mais des relations industrielles viables et ce qu'on appelle la paix sociale, en vue de la prospérité générale. En montrant que la négociation d'un nouveau partage des revenus doit tenir compte du rapport des forces sociales, on modère les revendications et on évite de remettre en cause de façon irréaliste ce rapport. Mais qu'est-ce qui serait irréaliste? La réponse est toujours biaisée par les intérêts qu'on veut défendre, toujours dépendante des forces actuellement rassemblées ou plutôt de l'image qu'elles ont d'elles-mêmes et de l'image qu'elles donnent d'elles-mêmes.

Il n'est pas vain de rêver d'un autre contrat, plus radical, qui se passerait entre égaux, concernerait tous les aspects de la vie sociale et non seulement la politique des revenus. Il faut que des perspectives, qui peuvent paraître utopiques, soient entretenues et explorées systématiquement pour dénoncer les idéologies reçues, pour qu'un réalignement des forces sociales puisse être envisagé. L'utopie peut être un guide plutôt qu'une fuite de la réalité, si elle tire au clair des aspirations latentes, accuse des manques et des besoins auxquels on s'habituait, formule des idéaux et des plans d'avenir. Il ne s'agit pas d'assumer dès demain les responsabilités quotidiennes d'un gouvernement mais, dans un premier temps, de détruire les fausses évidences sur lesquelles s'établit l'ordre actuel.

Cet ordre et l'état du rapport des forces dépendent de la perception que les hommes ont de leurs intérêts et des solidarités qui les unissent ou les opposent dans les luttes à mener. Ils considéreront évidemment comme folie toute contestation de l'ordre en place, s'ils ne voient ni les solidarités sur lesquelles compter pour réussir dans cette contestation ni les avantages qu'ils en tireraient. S'ils ne pensent qu'aux bénéfices que peut offrir une société de consommation, ils apprécieront difficilement un autre type de société. Si un parti ne prend pas l'initiative de débloquer l'imagination collective et de rallier une nouvelle force politique pour réaliser les bouleversements qu'il préconise, tout le monde demeurera dans le cercle vicieux du réalisme à la petite semaine : on n'envisage l'avenir que dans le cadre des solidarités actuelles, des intérêts à la mode, du rapport de force établi et c'est ainsi qu'on perpétue ce dernier[72].

* * *

N'est-ce pas chacun qui devrait tirer avantage de la vie sociale, surtout si on imagine qu'un contrat inter-individuel est à son fondement? Suffit-il que la somme globale des avantages d'une politique dépasse la somme des inconvénients pour qu'elle soit acceptable à tous? Il ne faudrait pas que la recherche du plus grand bénéfice pour tous oblitère la question du sort de chacun, la question de la distribution de ce bénéfice et des coûts. Il est utile de s'en rappeler au moment où l'on ne retient comme indicateurs sociaux que des agrégats comptables ou des moyennes statistiques, ce qui est une façon de masquer l'inégalité de la répartition des richesses ou de remettre à plus tard le problème de cette répartition. Il est utile de s'en rappeler afin de secouer les idées reçues en matière de justice sociale.

Dans son livre *A Theory of Justice*[73], John Rawls défend le principe selon lequel une société devrait maximiser prioritairement les utilités de ceux-là qui en reçoivent le moins. Car, affirme-t-il, l'organisation sociale à laquelle chacun souscrirait[74], à partir d'une situation de rigoureuse égalité, serait celle où le plus défavorisé serait le plus assisté, où régnerait donc la plus grande égalité. Il s'oppose ainsi à ceux qui prétendent que la maximisation de la somme de toutes les utilités dans une société, serait préférable à une distribution égalitaire, que chacun préférerait cette maximisation parce que chacun aurait ainsi la chance de recevoir une plus grande part pour lui. Il fait remarquer qu'avec cette chance, il y a aussi, pour chacun, le risque de ne rien recevoir du tout si on ne règle pas la question de la distribution. Selon Rawls, cette chance-là ne compense pas ce risque-ci : si on peut miser quelques dollars superflus dans l'espérance de gagner le gros lot, un homme raisonnable ne risquera pas son nécessaire, pour la chance de faire fortune[75]. Voilà qui paraît vraisemblable. Pourtant, l'opinion de Rawls n'est pas partagée par tout le monde. En fait, beaucoup parmi ses concitoyens semblent croire qu'eux-mêmes ou leurs enfants se hisseront plus haut sur l'échelle des revenus. Ils préfèrent donc courir la chance de gagner un gros lot plutôt que d'assurer un revenu décent aux plus pauvres. Ils n'envisagent guère qu'ils pourraient se retrouver parmi ceux-ci.

Le discours de Rawls s'inscrit en faux contre les préjugés favorables à la croissance, quel qu'en soit le prix, et à un relatif laisser faire. Il dénonce fort bien l'idéologie qui fait de l'expansion économique le garant de la plus grande justice qui soit. Ce discours se situe, à notre sens, dans un débat fort pratique. C'est au sein de ce débat qu'il trouve son sens et son contexte. Il nous semble fournir quelques éléments d'une contre-idéologie[76], plutôt que définir théoriquement ce qu'est la justice.

* * *

L'idéologie capitaliste table d'abord sur une organisation effective de l'économie. Il serait irréaliste de la remettre en cause globalement, dit-on. L'intelligence économique instituée dans des outils gigantesques, des méthodes administratives, des façons d'évaluer coûts et bénéfices sociaux, a bouché l'imagination politique[77]. La plupart des dirigeants socialistes ont tâché de s'entendre avec le milieu des affaires une fois au gouvernement. Ils faisaient face à une machine économique complexe et voulaient qu'elle continue à fonctionner. Pour éviter des bouleversements et des manques à gagner, ils ont tâché de s'entendre avec les gestionnaires et propriétaires en place, qui ont d'ailleurs fini par comprendre le parti qu'ils pouvaient tirer des politiques de centre gauche. Les socialistes sont souvent arrivés au pouvoir dans des situations de crise. Ils ont voulu éviter de prendre trop de risques, d'effaroucher l'opinion et surtout les investisseurs et industriels, dans une situation déjà tendue. Mais aussi longtemps que ceux-ci restent en place, ne peuvent-ils pas faire chanter le gouvernement? Comment amener le public à imaginer sans peur une autre organisation du travail, de l'épargne, de la distribution des biens et services? Comment une politique novatrice peut-elle s'appuyer sur ceux qui n'ont pas encore bénéficié du nouveau régime contre ceux qui se sentent menacés par lui? Comment peut-elle l'emporter contre ceux qui gardent encore un contrôle sur les anticipations et les perspectives de tous quant à leur gagne-pain, en même temps que le contrôle des investissements et de la gestion économiques? Comment résister aux pressions d'un capitalisme international? Où trouver des cadres compétents et fidèles pour gérer les richesses de la nation au nom du pouvoir public? Cette dernière question est d'autant plus cruciale que les hauts fonctionnaires, comme les cadres et techniciens du secteur privé, et jusqu'aux leaders des syndicats et des partis ouvriers, ont tendance à partager les vues de ce qu'on appelle la bourgeoisie. Leurs relations sociales, leurs études, leurs revenus et leur style de vie, fort souvent, les ont initiés aux même façons de voir[78].

Un parti qui veut des changements radicaux ne peut s'imposer que par l'organisation et la formation politiques de ses troupes. Formation en vue de résister aux manœuvres populistes, aux manœuvres de syndicats et de partis centristes qui tous parlent de coopération nationale et d'expansion des affaires, que la droite, à l'occasion, entretient ou attire de son côté. Organisation politique en vue d'épreuves électorales et, éventuellement, en vue d'épreuves de force, en vue de résister à des tentatives de sabotage et de chantage économiques. Cette organisation suppose une stratégie clairement définie, susceptible de maintenir la confiance des troupes et de gagner la confiance d'un public de plus en plus large. L'organisation et la formation politiques sont d'autant plus nécessaires à un parti que sa vision du monde ne va pas de soi, qu'il lui faut tâcher de l'accréditer au plus tôt contre l'idéologie régnante. Au «réalisme» que celle-ci professe, il faut opposer non seulement de grands idéaux, mais aussi des plans de gestion précis et des effectifs résolus à les mettre en œuvre. La crédibilité qui fait la force d'un parti est à ce prix.

Remarquons que dans la société post-industrielle, l'opposition (que faute de mieux nous devons appeler ainsi) bourgeoisie-prolétariat se retrouve au sein même de nombreux individus. D'une part, ils sont bien conscients des injustices et des non-sens de leur société et apprécieraient des changements radicaux. D'autre part, ils sont prudents, attachés à leur pouvoir d'achat, instruits de la précarité des équilibres sur lesquels reposent les transferts sociaux, la prospérité et le plein emploi relatifs. Dans ces conditions, on comprend que ce soient le sérieux et la rigoureuse précision d'un programme de gouvernement, et non des idées générales, qui puissent faire basculer de larges secteurs de l'opinion en faveur de la gauche.

Quelques ambiguïtés doivent être relevées dans l'usage qui fut fait, dans les pages précédentes, des notions de classe, de conflit de classes et de révolution. Il est évident que l'histoire n'a pas vérifié les prévisions du marxisme. Le socialisme n'a étendu son influence dans les pays industrialisés qu'en jouant le jeu électoral et parlementaire, qu'en renonçant à la révolution et à la dictature du prolétariat. Celui-ci ne constitue pas une classe homogène. Il est divisé

en travailleurs syndiqués et non syndiqués. Il y a différents
syndicats plus ou moins corporatistes et parfois rivaux. Les
oppositions entre pays industrialisés et pays en voie d'industrialisation affectent le prolétariat et le mettent en conflit
avec ses propres objectifs. De plus, les mouvements écolo-
gistes, féministes, régionalistes débordent ou concurrencent
les mouvements ouvriers. Si le prolétariat n'est pas une
classe bien définie, s'il n'a plus le monopole des revendications qui font «progresser» l'histoire et si l'on voit mal
quelle révolution se prépare, pourquoi utiliser encore des
termes marxistes si peu clairs? Peut-être conservent-ils
quelque vertu.

D'abord, les mouvements ouvriers n'ont pas été aussi
récupérés qu'on ne l'a parfois prétendu. Ils ne se conforment pas aux idées de Marx, mais les idées de Marcuse
sur l'unidimensionalité de la société post-industrielle,
quoique éclairantes, sont encore plus inadéquates. Les
mouvements ouvriers, si divergents qu'ils soient, continuent
d'exercer une pression constante, mais non exclusive, en
vue d'intégrer dans la cité des citoyens qui jusqu'ici en ont
été exclus. Miliband a parlé à ce propos d'un procès de «civilisation». Bien sûr, cette pression serait plus cohérente si
elle était ordonnée par un parti marxiste-léniniste. Mais
alors celui-ci risquerait de se substituer aux mouvements
ouvriers. Inutile d'insister sur ce qu'il en coûterait. D'autre
part, au fur et à mesure que la pression des mouvements
ouvriers s'exerce et remporte des succès, le conflit de classes
change d'enjeu et les classes se redéfinissent. La société capitaliste s'est transformée profondément mais elle recèle
encore négativité et contradictions. Qui sera capable de résoudre les contradictions? Comment? Ce n'est pas ici le
lieu de répondre à ces questions. Mais il faut dire que le

réformisme n'est pas une trahison parce qu'il n'est pas la révolution. L'impatience des théoriciens vis-à-vis des essais et des erreurs de la pratique ont des effets fâcheux sur la pratique.

*   *   *

Pour s'imposer, un parti doit conquérir des positions dans les différents organes de l'État, au parlement, au gouvernement, mais aussi dans la fonction publique, la police, l'armée, la magistrature, etc. L'État est un des lieux où se continuent les luttes sociales, un des lieux où se déploie une stratégie pour le pouvoir. En même temps, un parti doit pouvoir compter sur des positions hors de l'État. Un pouvoir politique sans complicité dans la société civile serait impuissant. D'autre part, si l'objectif est de donner le pouvoir au peuple, il faut que le peuple puisse limiter la puissance de l'État, que celui-ci soit responsable de sa gestion devant des citoyens en mesure de savoir leurs véritables intérêts et de s'organiser pour les défendre.

La force des faibles dépend de leur unité et de la conscience de leurs intérêts. Souvent ils ne sont faibles que parce qu'ils sont divisés et ignorent ce qu'ensemble ils pourraient entreprendre. Cependant, la difficulté est grande de combiner un leadership qui informe et structure le vouloir de la base et une base qui contraigne le leadership à la servir.

Si tous les exploités tiraient au clair les objectifs qui les rassemblent et découvraient leur force commune, ils ne pourraient que dénoncer le système d'idées, de pouvoir et d'intérêts qui les exploite. En fait, nous savons que pour s'affirmer, ils opposent souvent à l'unilatéralité de ce système, une autre unilatéralité, en puissance du moins. Ils ont raison de se révolter mais, s'ils l'emportent, ils n'auront pas toujours raison[79]. En attendant, ils sont ceux par qui l'injustice est dénoncée et combattue. Ils sont une promesse formidable dans l'histoire, surtout s'ils le comprennent et l'assument.

Dans cette partie, nous avons tenté de montrer comment le rapport entre les différentes forces politiques et sociales est dépendant, en démocratie du moins, du pouvoir d'attraction que les différents partis et mouvements d'opinion peuvent exercer sur les citoyens. Nous avons aussi insisté sur la dépendance de toute propagande vis-à-vis de l'idéologie et du rapport des forces déjà institués. Et nous avons reconnu la possibilité de contester ce rapport ou cette idéologie, en tablant sur la tradition morale, sur des besoins et des aspirations qui n'ont peut-être pas encore été publiés, mais qui n'en sont pas moins vécus. Dans la partie suivante, nous nous interrogerons au sujet de l'espérance au nom de laquelle des hommes se rassemblent et agissent, en politique comme en d'autres domaines. Nous tâcherons de comprendre les ressorts de l'espérance à partir du cas de certaines utopies millénaristes. Nous verrons comment elle interprète les faits et les possibilités qu'offre la situation objective, comment elle dépasse ces possibilités par ses anticipations, mobilise les vouloirs et produit ainsi de nouveaux faits et de nouvelles possibilités effectives. Après avoir envisagé l'espérance démesurée du millénarisme, nous parlerons d'une espérance plus réaliste, plus soucieuse d'efficacité, plus politique, et nous nous demanderons quels sont les liens que la seconde entretient avec la première. Il s'agira de poser à nouveau le problème du totalitarisme des idées et, plus précisément, des idées-forces.

Deuxième partie

Notes de références

1. On peut faire une distinction entre deux sens des mots «organisation politique»: 1) l'organisation sociale en tant que structurée
politiquement et 2) le corps spécialisé qui assume la fonction
politique. Cf. «Political Anthropology» par D. EASTON, in
Biennal Review of Anthropology, édité par B. Siegel, Stanford
University Press, Stanford, 1959. Une première version de certains
arguments présentés dans ce chapitre, a été publiée sous le titre
«Société et politique avec ou sans État», in *Philosophiques* VI(2),
Montréal, 1979.

2. Cf. à ce propos la préface de A.R. RADCLIFFE-BROWN et
l'introduction de M. FORTES & E.E. EVANS-PRITCHARD in
Systèmes politiques africains, sous la direction de Fortes et Evans-
Pritchard, P.U.F., Paris, 1964. Cf. également l'article de D. EASTON,
déjà cité, et *Anthropologie politique* de G. BALANDIER, P.U.F.,
Paris, 1967.

3. Cf. *Essays on the Ritual of Social Relation,* sous la direction de M.
Gluckman, Manchester University Press, Manchester, 1962.

4. Les grandes transformations sociales qui font l'histoire semblent
n'apparaître qu'avec la contrainte étatique. Serait-ce parce qu'il
faut une telle contrainte pour imposer de telles transformations?
Ne serait-ce pas aussi parce que la contestation, dont la contrainte
étatique fait l'objet, provoque de telles transformations?

5. C'est la thèse de Victor TURNER dans *Schism and Continuity in
an African Society,* Manchester University Press, Manchester, 1957.

6. Cf. Victor TURNER, «Ritual Aspects of Conflict Control in
African Micropolitics», in *Political Anthropology,* sous la direction
de Swartz, Turner & Tuden, Aldine Publishing Co., Chicago, 1966,
pp. 239-246.

7. M.I. PEREIRA DE QUEIROZ, dans *Réforme et révolution dans les sociétés traditionnelles* (Anthropos, Paris, 1968), analyse un type de messianisme, qu'elle qualifie de politique, comme réponse à l'insécurité politique.

8. Nation ou peuple, nous aurons l'occasion d'y revenir, ne rassemblent pas des individus égaux. Les intérêts qui soutiennent la cause du roi en France dans la guerre de Cent Ans, la cause du roi d'Angleterre après la guerre des Deux-Roses, sont des intérêts importants, mais non les intérêts de tous.

9. D'ailleurs, la police ne se conduisait pas mieux que les bandits. Cf. M.I. PEREIRA DE QUEIROZ, *Os Cangaceiros*, Julliard, Paris, 1968.

10. Si la société n'est unie que pour le bénéfice d'une classe particulière et par la force d'une police ou d'une propagande, certains préfèrent parler de formation sociale plutôt que de société, ce dernier mot évoquant une unité volontaire.

11. Cf. F. ENGELS, *Anti-Dühring* (traduction de Bottigelli), Éditions sociales, Paris, 3ᵉ édition revue, 1971, pp. 208 et suivantes.

12. Cf. à ce sujet Nicos POULANTZAS, *L'État, le pouvoir, le socialisme,* P.U.F., Paris, 1978, ou Marc AUGÉ, *Pouvoirs de vie et pouvoirs de mort,* Flammarion, Paris, 1977, pp. 90-96 sous le titre «Rapports des forces et rapports de pouvoir». Cf. surtout K. MARX, *Le 18 Brumaire de Louis Bonaparte,* Éditions sociales, Paris, 1969, L'État n'est pas seulement un enjeu des luttes politiques. Il est aussi un des lieux de ces luttes. Alors même qu'il prétend être au-dessus des intérêts de classe et des conflits sociaux, il est un théâtre où s'expriment ces intérêts et ces conflits.

13. Aussi est-ce souvent à partir de la forme étatique que l'on définit le pouvoir politique, comme si cette forme en était l'idéal type.

14. Cf. N. POULANTZAS, *L'État, le pouvoir, le socialisme,* P.U.F., Paris, 1978.

15. Nous désignons par ce mot la personne morale ou physique qui détient le pouvoir politique que nous avons déjà défini comme étant souverain.

16. Si les communistes français ont réagi défavorablement aux mises en garde de Sico Mansholt contre la croissance industrielle (il s'agit de la lettre de Mansholt à Malfatti qui lui succédait à la tête de la Commission européenne; cf. à propos de cette lettre et de la polémique qui s'ensuivit, *Le Monde,* 6 avril 1972), c'est qu'ils estimaient que les prolétaires seraient les premiers à subir une chute,

absolue ou relative, de revenu en cas de «malthusianisme économique». Les classes supérieures ont certainement les moyens
d'essayer des mœurs nouvelles et, pour autant que celles-ci ne
touchent pas à leurs privilèges, elles peuvent les adopter.

17. C'est ainsi que N. ELIAS explique l'absolutisme français dans *La
Dynamique de l'Occident,* Calmann-Lévy, Paris, 1975.

18. Il faut ici citer Alexis de TOCQUEVILLE: «On dirait que les
souverains de notre temps ne cherchent qu'à faire avec les
hommes des choses grandes. Je voudrais qu'ils songeassent un peu
plus à faire de grands hommes; qu'ils attachassent moins de prix à
l'œuvre et plus à l'ouvrier, et qu'ils se souvinssent sans cesse qu'une
nation ne peut rester longtemps forte quand chaque homme y est
individuellement faible, et qu'on n'a point encore trouvé de
formes sociales ni de combinaisons politiques qui puissent faire un
peuple énergique en le composant de citoyens pusillanimes et
mous...» *(De la démocratie en Amérique,* Union générale d'édition,
collection 10-18, Paris, 1963, p. 368). «Presque tous les vices,
presque toutes les erreurs, presque tous les préjugés funestes que
je viens de peindre ont dû, en effet, soit leur naissance, soit leur
durée, soit leur développement, à l'art qu'ont eu la plupart de nos
rois pour diviser les hommes, afin de les gouverner plus
absolument... Rien n'était plus organisé pour gêner le gouvernement, rien, non plus, pour l'aider» *(L'Ancien Régime et la Révolution,* Gallimard, collection Idées, Paris, 1967, p. 225).

19. Cette société n'éliminerait ni les frustrations ni les contraintes. On
y négocierait et on y imposerait des compromis qui réduiraient
frustrations et contraintes. Encore faudrait-il que ceux qui président la négociation et en imposent les résultats agissent avec tact
et jouissent d'un certain ascendant. Il y a des dictateurs qui sont
adulés parce qu'ils donnent l'impression de trouver le compromis
qui tient compte de chacun. Il y a des démocrates qui n'arrivent à
rien faute d'autorité ou de doigté pour imposer un tel compromis.

20. Qui pourrait parler de ces véritables intérêts si les principaux intéressés n'en savent rien? De même, qui pourrait prétendre qu'il
existe telle ou telle classe avec tels intérêts si les membres présumés
de cette classe n'en prennent pas conscience? Tout ce qu'on peut
espérer, c'est que la propagande de courants politiques divers
éduque le public. Celui-ci sera amené à s'informer face aux propositions concurrentes des différents partis qui le sollicitent. Nous
savons malheureusement que les partis peuvent être multiples et
ne pas renouveler les idées reçues. D'autre part, il y a quand même

des indications au sujet d'aspirations et de besoins habituellement non exprimés, quand l'ordre établi se relâche, en cas de guerre ou de carnaval, de grève ou d'occupation d'usine, par exemple. Sur la question de l'occultation des intérêts véritables, il faut lire le petit livre de S. LUKES, *Power (A radical view)*, Macmillan Press, Londres, 1974.

21. Dans *Le Contrat social*, ROUSSEAU dit : «Le plus fort n'est jamais assez fort pour être toujours le maître, s'il ne transforme sa force en droit et l'obéissance en devoir» (I,3). Mais, aujourd'hui, on parlerait de justification du pouvoir en termes économiques plutôt qu'en termes moraux.

22. Dans une démocratie où la concurrence des partis est libre, où les syndicats le sont aussi, on voit comment est facilement discréditée toute contestation radicale des rapports de production prévalants. L'opinion favorise des alliances de centre ou de centre gauche, qui atténuent les revendications les plus radicales au nom du réalisme, c'est-à-dire pour tirer parti de l'ordre établi, ce qui signifie aussi ne pas trop le desservir. Une fois que de telles alliances ont réussi à s'implanter, ce qui subsiste à leur gauche des partis qu'elles ont concurrencés, n'est plus que quelques groupuscules qui passent pour extrémistes, dont l'échec diminue encore le pouvoir d'attraction.

23. Cf. O. REBOUL, «La Violence et l'idéologie», in *Dialogue*, no 3, Toronto, 1978.

24. L'hypothèse marxiste au sujet des intérêts réels du prolétariat ne peut donc se vérifier que par le succès démocratique auprès du prolétariat d'un parti marxiste. Celui-ci, pour réussir démocratiquement, doit tabler sur les idées et les clivages déjà institués et tâcher de les modifier à son avantage.

25. Ce mot, tantôt péjoratif, tantôt laudatif, souvent grandiloquent, signifie ici les gens ordinaires, clients éventuels des partis, rien de plus, rien de moins.

26. À propos du bonapartisme, cf. K. MARX, *Le 18 Brumaire de Louis Bonaparte*, Éditions sociales, Paris, 1969, ou J. JOLY, *Dialogue aux enfers entre Machiavel et Montesquieu*, Calmann-Lévy, Paris, 1968.

27. Du point de vue de la tradition républicaine française, ce n'est ni Pétain ni Giraud qui firent du choix pour «la France libre» un choix libre. C'est, par contre, la présence d'une gauche unifiée et d'un candidat unique de la gauche qui firent que plus tard le choix pour De Gaulle fut *grosso modo* démocratique.

28. Cette évolution, ses mécanismes et ses raisons ont été décrits par Maurice DUVERGER dans *La Monarchie républicaine ou comment les Républiques se donnent des rois*, Laffont, Paris, 1974. Cette même évolution fait l'objet d'une critique remarquable dans le chapitre intitulé «Principat», in *Du Principat et autres réflexions politiques*, de Bertrand de JOUVENEL, Hachette, Paris, 1972.

29. Parti ou coalition se présentant comme telle devant les électeurs. Les grands partis que l'on retrouve dans le bipartisme sont, à certains égards, de véritables coalitions.

30. Les élus d'un parlement ne représentent pas exactement le vouloir des électeurs. Ils sont élus pour «imaginer» eux-mêmes le vouloir de l'État. Mais la démocratie exige que les électeurs sachent en gros quelle sera la ligne de conduite qui sera suivie par ceux qu'ils élisent et à qui ils font confiance. Avant de déclarer que toute démocratie indirecte est une imposture, il faudrait peut-être distinguer entre diverses formes de délégation de pouvoir.

31. GRAMSCI concevait le Parti communiste italien comme celui qui serait capable d'amener de nombreux secteurs de la population, isolés jusqu'ici dans leurs perspectives particulières (syndicats, paysans du parti agraire, prolétaires et petits-bourgeois du parti socialiste), à s'unir pour imaginer et oser poursuivre un programme révolutionnaire qui créerait une société et un État italiens — qui n'étaient encore que rêves abstraits — justes et forts. Cf. à titre d'exemple: *Écrits politiques* I, Gallimard, Paris, 1974, pp. 178-182, 203-212.

32. Nous nous méfions du «réalisme de l'idée» marxiste de classe. L'union de tous les prolétaires est à faire plutôt que faite. Il y a des bases objectives pour cette union mais aussi pour son émiettement.

33. Nous pensons ici à la coupure entre ouvriers des régions développées et ouvriers des régions sous-développées, entre ouvriers syndiqués et ouvriers non syndiqués, entre les travailleurs des secteurs où la productivité est élevée et les travailleurs des autres secteurs.

34. La légitimité électorale repose sur des tabous ou sur des convictions morales, sur la tradition ou sur des inerties culturelles, et non seulement sur un calcul stratégique des partis en lice. La paix est autre chose que la continuation de la guerre avec d'autres moyens. Elle est aussi habitude et valeur morale. Mais, contrairement à d'autres légitimités, la légitimité électorale se fonde explicitement sur les résultats d'une bataille d'opinions qui est une épreuve de

force en son genre et permet d'apprécier les chances de chaque parti dans un autre type d'épreuve de force. Ainsi, ce sont les mêmes élections qui firent Allende président et qui permirent à la droite: a) de faire le décompte de ceux qui ne seraient pas trop hostiles à son coup d'État, b) de baser une argumentation, devant l'opinion internationale, sur le décompte des voix ne soutenant pas Allende. Ce n'est pas la tradition démocratique du Chili qui put empêcher le coup d'État.

35. Le prince le sait quand il évoque la menace extérieure, entretient le souvenir de la guerre et de ses morts, pour rameuter les sujets autour de lui. Lorsqu'il évoque rituellement un patriotisme épique pour célébrer l'unité d'action, il légitime du même coup son rôle de rassembleur de la nation et, par contrecoup, ses politiques partisanes.

36. Par exemple, si les manufacturiers de chaussures réclament une protection douanière, ils réussiront sans doute à soulever la sympathie de leurs employés, des syndicats, d'autres manufacturiers et, finalement, de larges couches de la population. Ils joueront sans doute sur les idées à la mode à propos du plein emploi, du développement régional, de la nécessité de constituer une industrie nationale. Par contre, l'intérêt de tous les consommateurs, c'est aussi de bien se chausser à bon compte et donc d'ouvrir les frontières à la concurrence étrangère. Mais y a-t-il un groupe organisé dont l'intérêt prioritaire serait de défendre ce point de vue? Prenons un autre exemple. L'intérêt de l'industrie automobile est systématiquement promu et le transport public ne l'est guère, tant qu'il n'est pas représenté par un lobby puissant. La voiture privée et les coûts collectifs qu'elle impose vont donc de soi. On en oublie de tenir compte de ces coûts, tandis qu'on tient compte de tous les investissements que nécessiterait un système efficace de transport public capable de concurrencer la voiture privée. Évidemment, l'idéologie dominante est la toile de fond sur laquelle se profile la propagande des groupes de pression et cette propagande entretient et fait évoluer, à l'occasion, l'idéologie dominante.

37. Pour modifier le programme d'un parti, il faut parfois menacer ce parti de lui créer un rival ou lui créer un rival avec lequel il devra désormais compter.

38. Voir notamment le livre de Jules MONNEROT, *Sociologie de la révolution,* Fayard, Paris, 1970, ou Bertrand de JOUVENEL, *Du Pouvoir,* livre V, chap. XII, Hachette, Paris, nouvelle édition, 1972.

39. Cf. G. CHALIAND, *Mythes révolutionnaires du Tiers Monde*, Le Seuil, Paris, 1976.

40. T. HOBBES, *Léviathan*, Sirey, Paris, 1971, p. 219.

41. K. MARX, *Le 18 Brumaire de Louis Bonaparte*, Éditions sociales, Paris, 1969, p. 125.

42. Ce mot n'est plus à la mode, mais la chose est de tous les temps. Une société complexe implique toujours une hiérarchie de rôles et de statuts. D'autre part, l'égalitarisme démocratique appelait tous les citoyens aux charges de l'État. N'y répondirent que ceux qui s'en sentaient capables et peut-être se donnaient ainsi un sentiment de supériorité. L'égalité dont on parlait, donnait un alibi aux nouveaux leaders. La vertu dans les Républiques est inégalement partagée. Et pour la susciter, il faut bien y ajouter un sentiment de l'honneur.

43. Tour à tour héros et boucs émissaires, les deux rôles étant complémentaires.

44. Comme le dit Michel LEIRIS à propos de quelques sociétés indigènes du Brésil que LÉVIS-STRAUSS évoque dans *Tristes Tropiques* (Plon, Paris, 1955) : «Les conditions matérielles (y) sont des plus rudimentaires mais (...) l'on (y) est intégralement des hommes, parce qu'on n'y est pas étouffé par le nombre ni aliéné par les exigences d'une civilisation mécanique et que chacun y trouve un milieu à sa mesure» (*Cinq études d'ethnologie*, Gonthier, Paris, 1969, p. 117).

45. L'histoire nous permet de mieux discerner les limites de ce qu'il nous est permis d'espérer et les raisons, ni simples ni fatales, des échecs et des réussites des révolutions populaires. Évidemment, personne ne sait toute la leçon de l'histoire. On n'en tire jamais qu'une interprétation et surtout lorsqu'on cite quelques exemples célèbres, comme nous allons le faire pour illustrer une pensée.

Afin d'écraser les ennemis de la révolution, à l'intérieur comme à l'extérieur, ainsi que les sans-culottes le voulaient, Robespierre et ses collègues durent monopoliser le pouvoir, le centraliser, alors que les sans-culottes étaient partisans d'une extrême décentralisation, d'un égalitarisme qui répugnait à toute autorité, d'une démocratie qui s'exprimerait par quartier, dans chaque «section parisienne». Robespierre voyait dans cette institution des «sections parisiennes», un fédéralisme populaire qui pouvait désintégrer le vouloir républicain et qui était aussi dangereux que la «révolte fédéraliste» à laquelle les Girondins étaient associés. Graduellement, durant l'hiver 93-94, le gouvernement révolutionnaire sapa les «sections», cooptant leurs leaders, éliminant les têtes chaudes, intégrant cette institution de la base à la nouvelle bureaucratie centralisée de la Terreur. Le 27 juillet 1794, le gouvernement avait réussi à arrêter l'invasion ennemie et à réprimer les rébellions intérieures. Mais cette double victoire privait la Terreur de sa raison d'être. Les modérés de la Convention reprirent de l'influence, renversèrent Robespierre qui s'était mis à guillotiner de plus belle au moment où cela semblait inutile, firent tomber le gouvernement révolutionnaire et, du même coup, le contrôle des prix. Au printemps 95, les sans-culottes étaient réduits au désespoir par l'inflation, la disette et le sous-emploi. Privés de leader et n'ayant plus dans les «sections parisiennes» qu'un instrument inefficace, sans alliés à la Convention, ils se dressèrent pour une dernière série d'émeutes. Ils furent écrasés. C'est la tragédie de l'an III où les sans-culottes de l'an II disparurent. L'armée les remplacera quand il faudra encore imposer la révolution, une autre révolution déjà, par la force. Bref, le gouvernement révolutionnaire de Robespierre et la révolution populaire des sans-culottes commencèrent par se soutenir l'un l'autre, ensuite le premier détruisit les forces de la seconde. Celles-ci ne purent plus secourir Robespierre quand il fut menacé et renversé. La voie était libre pour Bonaparte (cf. Albert SOBOUL, *Les Sans-culottes parisiens de l'an II*, Le Seuil, Paris, 1958, ou *Histoire de la Révolution française*, Éditions sociales, Paris, 1970). Nous avons là l'exemple d'une révolution populaire dont la base était bien organisée, qui s'affermit dans la lutte et se trouva un gouvernement révolutionnaire dont l'intransigeance fut dommageable.

La Révolution russe voulut industrialiser le pays. Pour ce faire, on exploita les ouvriers, on surexploita les paysans. Le pouvoir prolétarien fut progressivement accaparé par une classe de bureaucrates coupée du peuple. Mais, dès le début, ce pouvoir était concentré dans les mains de quelques-uns qui décidèrent de tout. Ils instituèrent le «centralisme démocratique» pour répondre aux nécessités d'une lutte militaire, politique et économique. Ils furent bientôt obnubilés par ces nécessités, puis prisonniers des institutions créées pour y répondre. Ils ne pouvaient compter sur un peuple qui n'était pas consulté. Ils le menèrent donc d'une main de fer. On voit le cercle vicieux. Et pourquoi auraient-ils été mécontents d'une situation qui les privilégiait en leur donnant un pouvoir absolu? D'autre part, l'idéologie les légitimait. Ils étaient mandatés par le pouvoir prolétarien. Les classes et l'oppression étaient à jamais supprimées depuis l'abolition de la propriété privée des biens de production. La guerre civile, la deuxième guerre mondiale, puis la guerre froide, furent autant de bonnes raisons pour interdire toute dissidence. Les nobles idéaux étant monopolisés par le discours du pouvoir, seul un infâme contre-révolutionnaire pouvait trouver à redire au système. L'opinion publique, contrainte par le conformisme idéologique et par la terreur, n'avait aucun moyen de se former et de se différencier. Le régime ne savait même pas son mensonge puisque personne ne pouvait le dénoncer. On ne peut accuser Lénine, Staline et compagnie d'avoir eu partie liée avec les anciens exploiteurs, mais une nouvelle classe dirigeante se constitua à partir du peuple, contre le peuple, pour n'avoir pas su ou voulu l'impliquer dans la construction du socialisme. Il y a bien des circonstances atténuantes : la taille du pays, les nécessités de la sécurité et celles du décollage économique, la pauvreté de la Russie en 1917, la tradition autocratique. Il y a surtout les pratiques où le pouvoir se laissa enfermer, dans lesquelles se constitua une bureaucratie désormais en place, attachée à ses privilèges. Charles BETTELHEM, dans *Les Luttes de classes en URSS. Première période :* 1917-1923, (Le Seuil-Maspero, Paris, 1974), montre que l'idéologie qui triompha dès la mort de Lénine fut l'économisme. La bureaucratie prétendait qu'il suffisait de développer les forces productives, pour régler la question des rapports de production. Du coup, elle n'avait pas à se soucier de contrôler les rapports de domination qu'elle réinstallait à son avantage, au nom des nécessités du développement économique.

46. Une première version de ce chapitre a déjà été publiée sous le même titre in *Philosophiques* VIII(2), Montréal, 1981.

47. Revenons sur ce que nous disions à la fin du chapitre 1. L'idéologie, comme mystification au service d'un système de domination, composante et légitimation d'un tel système, n'est dénoncée que par une autre idéologie, établie ou tâchant de s'établir. La dénonciation est toujours relative à un point de vue. Cela ne la discrédite d'ailleurs pas automatiquement. D'autre part, une idéologie, avant d'être mystificatrice, est la vision du monde qui permet à un milieu de s'identifier et de défendre ses intérêts. Tout point de vue est idéologique, partiel et partial. Le philosophe peut le savoir, il n'y échappe pas. Sa critique des idéologies est encore inhérente à une idéologie.

48. Bonne foi entretenue éventuellement avec plus ou moins de mauvaise foi par des cadres et des idéologues.

49. Cf. *Le Prince*, chap. XV à XIX, in *Œuvres complètes*, Gallimard, Paris, 1952.

50. Cf. chap. I de *Qu'est-ce que la politique?*, Le Seuil, Paris, 1967.

51. Milovan DJILAS, *La Société imparfaite*, Calmann-Lévy, Paris, 1969, pp. 16-17.

52. Celui d'Aldous HUXLEY.

53. Cf. à ce propos, l'article de C. Lefort, «Droits de l'homme et politique», in *Libre*, 80-7, Payot, Paris.

54. Dans son livre *Violence et politique* (Gallimard, Paris, 1978), Yves MICHAUD critique la thèse utilitariste de Spencer. Celui-ci croyait en la coopération spontanée des fins privées. D'autre part, il fondait cette coopération sur un commun accord qu'il comparait à l'acceptation d'une même langue. Comme l'accord linguistique permet aux hommes de communiquer, l'accord utilitariste leur permet de poursuivre leurs intérêts individuels de manière harmonieuse. Mais Spencer ne voit pas «que la présupposition de l'interaction linguistique est précisément ce consensus culturel à base symbolique et que la réduction utilitariste à la coopération des fins privées fait l'économie de tout consensus de cette sorte. Il manque au consensus des intérêts le fond d'un consensus sur des normes et des valeurs qui lui permettrait de s'établir» (pp. 216-217).

55. Cf. l'article de P. AVRIL, «La Médiation personnelle» in *Le Régime représentatif est-il démocratique?* n° 7 de *Pouvoirs*, Presses Universitaires de France, Paris, 1981, pp. 25-31.

56. Encore que certains Blancs semblent tenir à une division qui les valorise et les distingue.

57. Nous nous inspirons ici du chapitre 10, intitulé «The Moral Reentry», du livre de F. HIRSCH, *Social Limits to Growth*, Harvard Univ. Press, Cambridge, Mass., 1978.

58. C'est là un des thèmes du livre de F. HIRSCH.

59. *Ibidem*, p. 150 (notre traduction).

60. Comme dans un certain marxisme, le positivisme qui invoque la force des choses et l'optimisme qui compte sur l'évolution heureuse des choses, mêlent ici leurs séductions.

61. Sur cette comparaison, cf. A.D. LINDSAY, *The Modern Democratic State*, A Galaxy Book, Oxford University Press, New York, 1962, et Raymond ARON, *Essai sur les libertés*, Calmann-Lévy, Paris, 1965. Il a fallu que les idéaux et les mœurs politiques des Anglo-Saxons fussent interprétés par les Français pour gagner une audience universelle. Montesquieu qui crut, plus ou moins à tort,

découvrir une séparation des trois pouvoirs chez les Anglais, fit plus qu'eux-mêmes pour mettre le monde à la mode des aménagements politiques qu'ils pratiquaient chez eux. «While the French always claimed a European scope for their undertaking the British tried to make theirs a family affair, for people of good breeding; and it need scarcely be said that you must be an Englishman to be well bred... The English continued to make the world believe that the Anglican Church, the English Parliament, and the British Empire are institutions not on earth but in heaven! The Catholic, European, Universal character of their experience, the correct and precise place of its vocabulary in the European concert, had no place in their institutions and their outlook. They used every spark of wit and genius to conceal what they did from the unworthy gaze of the princes and peoples on the Continent!» ROSENSTOCK-HUESSY, (*Out of Revolution*, Four Wells, Brunschwig, Maine, pp. 257-258, cité par A.D. LINDSAY, *op. cit.*, pp. 134-145).
La Glorieuse Révolution dont nous parlons est la seconde révolution anglaise (1688-1689), dite «Glorious Revolution».

62. Notons que Rousseau était opposé à ce que la volonté populaire soit déléguée à des représentants parce que, une fois élus, ils ne représenteraient plus qu'eux-mêmes.

63. Alexis de TOCQUEVILLE dit à propos des Français du temps de la Révolution :

> Ils avaient admis comme idéal d'une société un peuple sans autre aristocratie que celle des fonctionnaires publics, une administration unique et toute-puissante, directrice de l'État, tutrice des particuliers. En voulant être libres, ils n'entendirent point se départir de cette notion première; ils essayèrent seulement de la concilier avec celle de la liberté.
>
> Ils entreprirent donc de mêler ensemble une centralisation administrative sans bornes et un corps législatif prépondérant : l'administration de la bureaucratie et le gouvernement des électeurs. La nation en corps eut tous les droits de la souveraineté, chaque citoyen en particulier fut resserré dans la plus étroite dépendance : à l'une on demanda l'expérience et les vertus d'un peuple libre; à l'autre les qualités d'un bon serviteur.

(*L'Ancien Régime et la Révolution*, Gallimard, collection Idées, Paris, 1967, pp. 265-266.)

64. Cf. L. MARLIO, «Le Droit d'insurrection», in *Les Doctrines politiques modernes,* collectif, Brentano's Inc., New York, 1947.

65. Hannah ARENDT a insisté sur cette différence entre les révolutions américaine et française dans *Essai sur la révolution,* Gallimard, Paris, 1967.

66. Cf. A. de TOCQUEVILLE, *L'Ancien Régime et la Révolution.*

67. Cf. *Two Concepts of Liberty (An Inaugural Lecture delivered before the University of Oxford on October 31, 1958),* Oxford University Press, London, 1963.

68. On peut dire «libre pour» une valeur (free to) par opposition à «libre de» tout influence (free from). Telle est l'opposition entre liberté positive et liberté négative.

69. Au chapitre 6, intitulé «Liberté à l'antique et liberté à l'anglaise», de son livre *Les Débuts de l'État moderne* (Fayard, Paris, 1976), Bertrand de JOUVENEL traite d'une opposition entre liberté de gouverner (soi et les autres) et liberté à l'endroit du gouvernement. La première consiste à se mêler des affaires publiques, à régir les mœurs des autres. La seconde consiste en une tranquillité garantie contre les prétentions de la première. On peut imaginer que des hommes publics multiplient et étendent les interventions du gouvernement, ostracisent des concitoyens et s'exposent eux-mêmes aux excès du pouvoir (le jour où ils n'auront plus le pouvoir en main). On peut imaginer à l'opposé des citoyens surtout soucieux de réduire au minimum les interventions du gouvernement et de renforcer au maximum les droits des individus contre ces interventions.

70. Philippe VAN PARIJS, dans un article intitulé «Logique inductive et théorie du choix collectif», in *Revue Philosophique de Louvain,* novembre 1975, écrivait: «(Les préférences des individus) sont largement déterminées par le contexte social dans lequel elles s'insèrent, la propagande, les mass-media, bien éloignées, par conséquent, d'être un pur-donné. *Ensuite,* le choix d'une société entre les alternatives qui lui sont accessibles n'est pas en général le résultat d'un 'processus d'agrégation' qu'il suffirait d'expliciter, mais le produit d'un processus social complexe au sein de la société considérée, où se combinent affrontement et argumentation, rapports de force *et* dialogue» (p. 640). Plus loin, il ajoute que le vrai libéral veut «(1) s'efforcer autant que possible de protéger contre toute tentative (politique) de les rendre inoffensives, des préférences individuelles suffisamment autonomes pour pouvoir servir d'instance critique; et (2) s'efforcer autant que possible de réduire le poids des rapports de force et des arguments d'autorité dans les débats de la société sur l'adoption ou le rejet des alternatives qui

lui sont accessibles, au profit d'une argumentation axée sur les 'préférences individuelles'» (p. 641). Mais le «vrai libéral» ne peut alors qu'entrer en conflit avec ceux qu'il dérange. Il sera honni par les uns, récupéré par les autres. Son œuvre n'est pas vaine, mais elle est difficile.

71. Ces théories au sujet du contrat social ont servi soit d'outils conceptuels (idéal type) pour analyser la réalité politique, soit d'utopies plus ou moins motrices (idéal) en faveur du libéralisme, soit d'idéologies pour justifier les institutions établies.

72. L'opposition entre «réalisme à la petite semaine» et visée utopique qui provoquerait un réalignement des forces politiques n'est jamais tranchée. D'une part, il n'y a jamais de liberté totale vis-à-vis des rapports de force actuels. D'autre part, les efforts en vue d'établir une entente limitée entre partenaires sociaux, entente qui table sur les positions que les partenaires occupent de fait, mettent à l'épreuve ces positions. La négociation ne va pas sans contestations, replis stratégiques des uns et avancées des autres. S'il y a concessions mutuelles, elles ne sont pas nécessairement symétriques. Que des patrons soient amenés à s'asseoir à une même table que des syndicalistes ou qu'un gouvernement de centre gauche dont ils se méfient, que des capitalistes étrangers soient amenés à discuter avec leurs ouvriers ou entrent dans la perspective du gouvernement de la nation où ils sont établis, et ce dans la langue de cette nation, n'est pas indifférent. Il est trop simpliste de dénigrer tout réformisme au nom de la révolution à faire.

73. Harvard University Press, Cambridge, Mass., 1971.

74. Dans ce contexte, on pourrait tout aussi bien dire contrat social qu'organisation sociale.

75. Celui qui choisirait la maximisation de la somme des utilités dans une société sans se soucier de la distribution, serait dans la situation de celui qui mise tout ce qu'il a pour avoir une chance de gagner le gros lot.

76. Par contre-idéologie, nous désignons l'ensemble des arguments qui minent l'idéologie reçue, donnent cohérence et crédibilité aux idées d'une opposition radicale et, en fondant la propagande de cette opposition, la renforcent. MANNHEIM parlait à ce propos d'utopie et opposait l'utopie à l'idéologie (cf. *Idéologie et utopie*, Librairie Marcel Rivière, Paris, 1956).

77. C'est la thèse que nous défendons dans *Essai contre le défaitisme politique*, Presses de l'Université de Montréal, Montréal, 1973.

78. Pour toutes les raisons que nous venons d'évoquer, quand une coalition de centre gauche gagne les élections, les éléments les plus à droite dans la coalition ont un certain pouvoir d'entraîner les autres dans leur sillage. Ils représentent la voix du réalisme, ils sont ceux qui peuvent s'entendre avec les divers centres de décision que la bourgeoisie occupe toujours : fonctionnariat, industrie et commerce, presse, associations professionnelles... Recourons à quelques exemples instructifs que nous trouvons en France où le parti communiste joue pourtant un rôle non négligeable et a toujours prétendu savoir ce qu'il voulait. Ces exemples sont tirés de *L'État dans la société capitaliste* (*Analyse du système de pouvoir occidental*) par Ralph MILIBAND (François Maspero, Paris, 1973) et de *Léon Blum* par Jean LACOUTURE (Le Seuil, Paris, 1977). Nous voulons seulement souligner combien le poids des situations acquises pèse sur les initiatives et l'imagination politiques. Nous ne voulons certainement pas distribuer des blâmes.

En 1944, la droite française était en mauvaise posture. Le moins qu'on puisse dire, c'est qu'elle n'avait guère résisté au fascisme. Socialistes et communistes remportaient une majorité absolue aux élections de 1945 avec respectivement 134 et 148 sièges. Mais les premiers voulaient contrebalancer la puissance des seconds et exigeaient que le Mouvement républicain populaire, avec 141 sièges, participe au gouvernement. Le MRP ne voulait que De Gaulle comme président du conseil. Le MRP était un parti qui se disait de centre gauche mais la droite n'avait guère d'autres représentants à l'époque. De Gaulle se méfiait des communistes et ceux-ci, sans doute pour faire oublier qu'ils étaient inféodés à une puissance étrangère, voulurent participer sans réticence à un gouvernement de reconstruction nationale, gouvernement qui n'était même pas socialiste. En tout cas, les communistes cautionnèrent une politique très modérée, ne tirèrent aucun parti de leur force électorale et démobilisèrent le mouvement ouvrier, déçu dans ses espérances et par ses leaders communistes.

Toujours en France, le Front populaire remporta les élections de 1936 : 147 sièges pour les socialistes, 106 pour les radicaux-socialistes (centre), 72 pour les communistes et 51 autres sièges répartis entre divers partis de gauche. Parallèlement à cette victoire, des grèves ouvrières ébranlèrent le pays. Le gouvernement de Léon Blum se chargea de calmer les ouvriers. Il leur fit accepter les Accords de Matignon. Ceux-ci sont loin d'être insignifiants, mais plutôt que de s'appuyer sur l'agitation ouvrière pour changer les rapports de classe dans le pays, Léon Blum crut devoir éviter les risques d'une aventure. Il tâcha de rétablir l'ordre. Dès lors, il se privait de son principal soutien. «Le militantisme populaire était le seul et le plus fidèle allié du gouvernement, il était le meilleur espoir de Blum et de ses collègues socialistes non seulement d'imposer des réformes nouvelles et plus étendues, mais aussi d'entraîner avec eux leurs partenaires hésitants du parti radical» (*L'État dans la société capitaliste*, p. 122).

Nous ne prétendons pas savoir ni ce que Blum aurait pu faire ni ce qu'il aurait dû faire. Son gouvernement, les partis communistes français et italien après la guerre, Allende plus récemment, croyaient devoir agir avec prudence, étant donné l'opposition interne et la conjoncture internationale. Ils croyaient devoir respecter une légalité sur laquelle ils tablaient. Mais leurs adversaires ne la respectaient que dans la mesure où cela leur convenait. Cela, au moins, nous le savons mieux qu'ils ne le savaient.

79. «La justice ne se contente pas d'être bafouée quand elle est faible, (...) elle cesse, le plus souvent, d'être juste quand elle devient forte» (Jean d'ORMESSON, *Au plaisir de Dieu*. Gallimard, Paris, 1976, p. 322).

Mesure et démesure
de l'espérance[1]

1. L'expérience hors des limites de la raison

Les hommes ont besoin de comprendre leur devenir, de se situer dans l'univers et dans la société. Au-delà des questions techniques, qui portent sur les moyens à prendre pour arriver à telle ou telle fin, ils se posent des questions sur les fins, sur l'ordre des choses, sur le cours des événements et sur ce qu'il leur est permis d'espérer. Mais toutes ces questions ne sont pas nécessairement explicitées, encore moins distinguées. Le fonctionnement normal des rapports sociaux, le rythme habituel des travaux impliquent

qu'elles n'inquiètent pas outre mesure. Les rites qu'on ré-
pète, les mythes qu'on redit, célèbrent plutôt qu'ils ne
tirent au clair une vue du monde consacrée. Ils entretiennent plutôt qu'ils ne fondent une manière coutumière
de faire, d'évaluer et d'espérer. Ils tracent des perspectives
telles que le quotidien semble se rattacher à un ordre primordial et hors de question. Ils se prolongent dans une
série d'interdits et de prescriptions qui tiennent à la fois de
l'usage technique, de l'étiquette, du goût esthétique, de la
morale et de la religion. En offrant des normes et un certain cadre à toutes les activités, ils réduisent l'angoisse de
l'incertitude.

Dans les pages qui suivent, il sera question de phénomènes singuliers, propres à des sociétés dites traditionnelles. On verra comment, dans une situation de crise ou
d'oppression, il arrive que de telles sociétés se mettent à
attendre du ciel un retournement de situation qui les
sauverait de tout mal. On a parlé à ce propos de millénarisme, de messianisme, de culte de crise ou de religion
révolutionnaire des peuples opprimés. Il s'agit de phénomènes inhabituels mais qui, par leur paroxysme même,
peuvent révéler le rôle fondateur d'un acte d'espérance
dans la vision et la construction du monde. C'est du moins
l'hypothèse sur laquelle repose cette troisième partie.

Normalement, le maintien des traditions, avec tous
leurs rites et présupposés, suffit à rassurer. Si elles ne répondent pas à toutes les questions, elles réussissent à oblitérer celles qu'elles laissent sans réponse. Mais dès qu'une
collectivité ne peut plus se satisfaire de ses traditions, que
celles-ci ne suffisent plus à justifier le cours des événements, il faut bien qu'elles changent. Il arrive qu'une collectivité investisse toute sa foi dans une nouvelle vision du

monde dans la mesure où celle-ci lui permet de conjurer son désarroi, de comprendre ce qui lui arrive et de sauver ainsi sa cohésion. Car une collectivité qui ne peut plus offrir à ses membres les certitudes et les cadres moraux dont ils ont besoin, se désagrège déjà. Si elle est dans la détresse, elle est susceptible de se convertir à des voies nouvelles, voies de salut qui aideront ses membres à assumer leur détresse.

Le salut ainsi entendu peut faire l'objet d'une attente passive ou fébrile. Il peut être poursuivi avec calme et méthode. Il peut être envisagé comme combat justicier, organisation socio-économique, exil hors du monde corrompu, pérégrination vers une terre sans mal, refuge dans des observances tatillonnes qui garantissent l'alliance et la bienveillance des dieux. Ces voies diverses peuvent s'étayer, se mêler ou être mises de l'avant tour à tour, selon les circonstances. Un mouvement mystique peut devenir programme méthodique de développement économique. Une révolution socio-économique peut s'amortir en rituel bavard. Une révolution peut rater mais un peuple trouvera éventuellement, dans la célébration des idéaux révolutionnaires, le temps et les motifs pour se réorienter. Il arrive qu'on imagine dans le passé une quête réussie de la Terre promise. On en cultive le souvenir, on veut que ce soit encore possible, on fait du souvenir une promesse pour l'avenir. Ce qui n'est peut-être qu'imaginé devient ainsi viatique essentiel, projet qui structure toute perception de la réalité[2].

Notons que toute religion n'est pas voie de salut, même si elle put l'être à un moment de son histoire. Il y a, en effet, des religions qui justifient l'injustice ou n'apportent aucune réponse satisfaisante aux malheurs de certaines couches sociales. Il en est qui n'envisagent de saluts que lointains ou incertains, dissolvent toute espérance en la remettant toujours à plus tard. Par ailleurs, toute voie de salut n'est pas religieuse. Il y a des idéologies qui se disent laïques, voire scientistes, qui promettent un salut total et imminent, avec la ferveur et l'assurance massive qu'on trouve habituellement dans les religions.

Dans la mesure où une voie de salut est imaginée en réponse à une situation neuve ou à une crise qui ruine la vertu des anciennes croyances, elle s'explicite. On peut alors étudier sur le vif l'opération par laquelle l'homme donne sens à une situation qui n'en a pas ou qui n'en a plus du fait d'un bouleversement de toutes les références morales. D'autre part, des croyances nouvelles font plus que remplacer des croyances anciennes. Celles-ci allaient de soi ou du moins s'inscrivaient dans des habitudes, tandis que les nouvelles, pour s'implanter, nécessitent un certain investissement émotionnel.

Nous étudierons le cas très particulier du millénarisme parce qu'il offre un exemple révélateur de ce que peut être l'invention d'une voie de salut dans une situation de crise. Son langage est religieux mais nous savons qu'il peut se séculariser tout en conservant sa force émotionnelle et sa capacité de mobilisation sociale. Le millénarisme démontre la puissance de l'imagination face à une réalité sans issue apparente. Mais il ne va pas sans échecs ni sans outrances. Il est un acte de foi par lequel surgit un sens là où il n'y en avait plus, par lequel renaît l'espérance dans une situation désespérée. Mais il repose, au moins partiellement, sur l'illusion et le fanatisme. Nous commencerons par définir le phénomène. Puis, sous le titre «Les hauts et les bas de l'espérance», nous nous demanderons si une espérance aussi in-

tense peut se maintenir. Pour durer, il faut bien qu'elle se
refroidisse et compose avec le démenti des faits. Sous le titre
«Outrances et certitudes», nous insisterons sur l'aspect
exalté du millénarisme. Celui-ci offre bien l'assurance affective dont un peuple a besoin dans l'épreuve, mais il ne se
produit pas sans aveuglement. Il mobilise et fascine d'autant mieux qu'il est sans mesure. Sous le titre «Les limites de
l'espérance et celles de la raison», nous parlerons d'une
espérance plus raisonnable, soucieuse de correspondre aux
possibilités empiriques qu'elle prospecte. Mais nous verrons
qu'elle dépend encore d'une humeur a priori, qu'elle est sans
doute tributaire de certitudes et d'une imagerie héritées d'un
autre âge et qui ne peuvent probablement pas être tirées au
clair, sous peine de perdre leur vertu. Il ne s'agit pas de rap-
procher les délires millénaristes et tous les plans politiques
en vue d'un avenir plus juste. Il s'agit plutôt de montrer que
de tels plans, si raisonnables qu'ils soient, ne peuvent être
conçus et ne peuvent mobiliser les cœurs que si on refuse de
désespérer des hommes et de leur histoire. Il y a dans ce
refus un parti pris originaire que nous essaierons de circonscrire.

* * *

Qu'est-ce que le millénarisme? Il s'agit de l'attente, par
un groupe en situation de crise, d'un renversement de situation en sa faveur. La «Magnificat» rappelle ce type
d'espérance[3]. Thomas Münzer et les pauvres paysans qui
menaient la guerre aux seigneurs féodaux attendaient non
seulement de leurs armes mais aussi d'un Dieu juste, d'un
Dieu des pauvres, une victoire contre l'oppression des
riches.

Le millénarisme dépend d'un certain type de tradition.
Il table sur une forme ou l'autre du mythe du retour d'un

âge d'or ou du retour de la paix et de la prospérité après un âge de catastrophes. Il conçoit, selon un schème déjà disponible, les malheurs actuels comme l'annonce d'un salut imminent. Ainsi, la situation présente peut être pensée comme le royaume des puissants et des méchants qui fera place à celui des bons et des opprimés, et cela par la grâce d'un renversement justicier. Un mythe du retour de l'âge d'or peut avoir été relégué à l'arrière-plan de la mémoire collective, mais le millénarisme le tire de l'oubli et centre l'attention sur lui. Il arrive souvent que l'on réactive des croyances oubliées ou diffuses. Ainsi, face à un deuil, on se souvient de la foi en la survie et en la miséricorde de Dieu. Des formules de politesse, des gestes de compassion, des mots consolateurs, une doctrine, une liturgie, des célébrants sont d'ailleurs prêts pour la circonstance. Hier encore, on en souriait. Aujourd'hui, on s'en sert. Dans cet exemple, on voit comment la culture pourvoit à un besoin. Celui-ci est fréquent et la réponse culturelle, si imparfaite soit-elle, est bien connue. Dans le cas du millénarisme, c'est tout un groupe qui est acculé à réinventer, à partir d'éléments souvent minces et divers, toute une conception du monde, parce qu'il se trouve sans réponse qui aille de soi au sujet de son avenir et de son sens. Maria Isaura Pereira de Queiroz a cependant établi des degrés dans ces totalités. Tantôt il s'agit d'une simple réforme et tantôt il s'agit d'une innovation révolutionnaire. Tantôt il s'agit d'une restructuration, radicale sans doute, mais qui n'est que politique, et tantôt c'est la culture entière qui est remodelée. Tantôt c'est tout un peuple qui est en cause et tantôt ce n'est qu'une classe homogène[4].

Il faut bien voir que l'opération ne réussit que parce qu'elle mobilise tout un milieu. La vision du monde qu'elle propose ne laisse place à aucune vision concurrente dans le milieu et implique un engagement total de chacun. Le groupe qui se forme ainsi, après avoir vu son univers familier s'écrouler, s'est retrouvé dans le désarroi et s'est confié entièrement à une foi nouvelle. De ce fait, il se ressent différent de la société qui l'environne, car il y a toujours des autres, et cette différence renforce un sentiment d'élection et de solidarité. Il n'y a aucune place pour les hésitations, les arrière-pensées ou les engagements mitigés. Il s'agit d'une conversion de tout l'individu parce qu'il s'agit aussi d'une conversion de tous ceux qui l'entourent, d'une différenciation collective vis-à-vis des étrangers, les païens. Il ne s'agit donc pas d'une adhésion à un club qui serait compatible avec l'adhésion à un autre club, d'une allégeance à un groupe qui coexisterait avec une allégeance à un autre groupe.

Le millénarisme, réinterprétation globale d'une vision du monde face à une crise culturelle, socio-économique ou politique, s'exprime à travers un langage religieux. Il semble ne se produire que dans des groupes sociaux relativement autarciques et homogènes où la différenciation des moyens mystiques et techniques est facilement ignorée. Dans une société lignagère, les différents lignages s'unissent d'autant plus facilement dans un enthousiasme prophétique qu'il n'existe aucune autorité supra-lignagère qui entrerait en compétition avec un prophète. Celui-ci remplit un vide institutionnel, crée une cohésion qui peut devenir nécessaire dans un moment critique, quand il faut, par exemple, faire face à un ennemi de taille, telle une puissance colonisatrice.

L'imagination millénariste tire parti de données traditionnelles, mais elle est aussi capable d'un syncrétisme extraordinaire. Ainsi, en Afrique, les messies noirs semblent devoir beaucoup au christianisme importé[5]. Et en Mélanésie, les adeptes du culte du cargo imaginent le retour des ancêtres et le renversement justicier dont ils seront les auteurs, à partir de données qui, dans la tradition, sont bien ténues, comme nous le verrons plus loin. On peut dire qu'une tradition est toujours plus ou moins manipulée et peut s'enrichir d'apports étrangers. Elle ne subsiste que parce que chaque génération, chaque milieu, à la limite chaque individu, la perpétue, tout en la pliant à ses besoins et interprétations. Le millénarisme puise dans la tradition et, en même temps, il est une interprétation osée en vue de répondre aux besoins extraordinaires d'une situation de crise. Il peut être refuge dans la tradition (et, à ce titre, nativisme) face à la menace d'un monde moderne et, au même moment, tentative de rendre compte de ce monde pour en conjurer la menace. Afin de réussir, il empruntera éventuellement des éléments divers aux techniques modernes et à des cultures étrangères. D'ailleurs, se réfugier dans la tradition implique déjà qu'on la transforme pour en faire un refuge efficace contre l'inquiétude, qu'on en souligne la solidité, la permanence et l'autorité, ou qu'on en souligne les éléments qui permettent de se définir à l'encontre du monde moderne. Restaurer, c'est immanquablement changer la signification de ce qu'on restaure.

Si nous nous intéressons au millénarisme, c'est que nous y voyons un paroxysme qui nous permet de saisir sur le vif le surgissement et la fonction de l'espérance. Démuni de tout recours dans ce monde, se souvenant de la promesse plus ou moins vague d'un avenir meilleur, voici qu'un groupe se lance corps et âme dans l'attente ou la réalisation d'un salut. Des nécessités sociales, économiques ou culturelles déterminent cette attitude, mais celle-ci ouvre une épopée extraordinaire. Du souvenir (plus ou moins enjolivé) de celle-ci, pourront encore vivre d'autres millénarismes. Des Églises rassises tenteront de refaire à leur manière, en s'inspirant de l'épopée millénariste, en s'en servant comme d'une métaphore, cette transfiguration du malheur vécu en chemin du salut, du non-sens absolu en sens plénier. Qu'il s'agisse de la traversée de la mer Rouge ou du désert, on s'en souvient avec piété, pour nourrir le courage durant l'épreuve actuelle.

Il faut être désespéré, sans moyens en ce monde, pour tout attendre du ciel. Ce n'est que dans cet état d'ébranlement radical qu'un peuple se résout à cette entreprise extrême qu'est le millénarisme, folle entreprise qui est peut-être la plus sage. C'est la nécessité qui accule à cette extrémité. Encore faut-il noter que la nécessité et la crise sont relatives aux aspirations et desseins plus ou moins impatients que nourrit le mythe d'un âge d'or ou d'un renversement justicier. Déterminismes sociaux et création du sens se mêlent ici intimement et ce, à plusieurs paliers.

* * *

L'échec est au cœur du millénarisme. Salut par l'imaginaire, spécification de ce que sera dès demain le salut, il se heurte rapidement au démenti des faits. Même si ceux-ci sont réinterprétés de façon à sauver la foi millénariste, les mesquineries quotidiennes n'épargnent pas une communauté de croyants et corrodent la ferveur qui les rassemble. C'est l'intensité de la ferveur qui en fait la fragilité. Comment vivre chaque jour dans une attente enthousiaste et sublime? Après l'euphorie du début vient donc la désillusion: les événements attendus ne se produisent pas ou bien les «élus» ne se conduisent pas comme des élus. Avant la désillusion et comme pour la prévenir, le messianisme peut se lancer à corps perdu dans une guerre sainte enivrante et suicidaire[6]. Plus souvent, l'euphorie devient subrepticement euphorie simulée. Les élus se distinguent alors du reste du monde par un rituel et des observances qui prennent de plus en plus d'importance. Ils n'ont bientôt d'autre consolation, d'autre foi que cette différence sans cesse répétée selon la méthode Coué.

Faut-il parler de mauvaise foi à propos du millénarisme? Dans certains cas oui, mais avec prudence. Il est vrai qu'on peut choisir la griserie et la discipline d'un mouvement, d'un parti ou d'une secte, afin d'échapper à l'angoisse de la liberté, afin de trouver une vérité toute faite, des coreligionnaires et un destin choisi auxquels s'identifier. Mais il faudrait encore distinguer la mauvaise foi des leaders et celle des fidèles, et surtout se souvenir que chacun se situe et s'oriente comme il peut. La lucidité est souvent au-dessus des forces humaines. On devrait juger l'arbre à ses fruits et le millénarisme aux œuvres qu'il autorise. Il rassemble des hommes, les sauve du désarroi, leur rend une espérance et leur accorde ainsi un répit pour se ressaisir.

Il est des sociétés millénaristes qui ont duré, se sont installées dans l'attente, ont réglé, et fort bien, des problèmes pratiques, les dissensions, infractions et inélégances des «élus». Elles ont trouvé, dans les tâches d'organisation et d'implantation, le tissu de leur solidarité, de petits espoirs qui s'inscrivaient dans le grand et lui conféraient quelque substance. Ces petits espoirs le reléguaient progressivement à l'arrière-plan et dans les célébrations officielles. De telles sociétés ont pu vivre entre la morosité d'une attente prolongée et la ferveur millénariste, célébrant celle-ci à certains moments, vivant le reste du temps de soucis terre à terre, de joies aussi réelles qu'ordinaires. Sont-elles encore millénaristes? Non si le millénarisme se caractérise par la démesure et l'impatience frénétique. Mais il importe d'envisager comment il se transforme en perspectives viables. C'est ce que nous ferons sous le titre suivant.

Concluons ce chapitre. Le millénarisme est un phénomène psycho-social qui se produit en réponse à ce qui est vécu comme une crise majeure. Il se fonde sur une promesse latente et lui donne une importance nouvelle. Il peut trouver ses motifs à gauche et à droite et paraître très éclectique. Sa fonction n'en est pas moins claire : rendre confiance à une collectivité, restructurer sa vision du monde et lui permettre d'assumer ses malheurs. On a cru que les millénarismes dans le Tiers Monde étaient dus à la diffusion du christianisme parce qu'ils empruntaient thèmes et images à la Bible (notamment au livre de Daniel et à l'Apocalypse). En fait, ils constituaient autant de réponses originales à la déculturation (paupérisation, colonisation, marginalisation), autant de cultures de sauvetage reprenant parfois à l'expérience du «peuple paria» que furent les Juifs, des thèmes que reprirent également des messianismes chrétiens ou islamiques[7]. Les missionnaires de l'Occident industrialisé et bourgeois parlaient sans doute de l'Exode comme d'un temps d'ascèse au cours duquel se décantent les mirages de la Terre promise. Mais les «parias» du Tiers Monde le comprenaient autrement, au pied de la lettre, d'une manière «fondamentale» : marche fiévreuse et enthousiaste vers un avenir qui leur rendrait justice. Un thème enfoui dans la tradition, ou bien emprunté mais suffisamment familier, peut être mis de l'avant lorsque le besoin s'en fait sentir : Terre sans mal vers laquelle les Guaranis se sont si souvent mis en marche, Jérusalem ou Nouvelle Jérusalem dans lesquelles tant de peuples ont espéré. En tout cas, ni le retour à la tradition ni la diffusion de la Bible ne suffisent à rendre compte du phénomène créateur qu'est le millénarisme. On le retrouve en dehors de l'influence biblique et il s'agit de bien plus que d'un simple retour au passé.

Le culte du cargo donne un excellent exemple de la fonction et des méthodes de l'imagination millénariste. Dans les îles lointaines de Mélanésie, où les usines étaient inconnues, les produits du monde industrialisé ont étonné les indigènes. Les Japonais et les Blancs semblaient ne pas travailler mais prenaient mystérieusement livraison de ces produits arrivant par mer ou par air. Les indigènes devaient donc interpréter cette affaire et, plus largement, restructurer une vision du monde ébranlée par l'irruption d'étrangers tout-puissants. L'arrivage des cargaisons va prendre sens comme don des ancêtres mélanésiens à leurs descendants, don qui revient en droit à ces descendants. Les ancêtres sont, selon la tradition, des puissances tuté-laires, résidant dans une île lointaine. On les sollicitait par des pratiques magiques dans toutes les entreprises. Pour qu'ils interviennent en faveur des indigènes, il suffira donc de les invoquer en utilisant des moyens qui ont semblé réussir aux étrangers : construction d'aéroports ou de quais où arrivent les cargaisons, exercices militaires que prati-quaient les diverses armées qui occupèrent la Mélanésie... Ces moyens sont conçus comme autant de pratiques ma-giques mais purent donner lieu à une coopération nouvelle entre les indigènes. Les aéroports et les exercices militaires n'étaient que simulations, mais non le regroupement des Mélanésiens dans la foi nouvelle qu'ils avaient en eux. On voit que l'imagination table ici sur des données extrême-ment ténues. Le culte du cargo vise d'abord à rendre compte des biens manufacturés. Ils ne peuvent que provenir des ancêtres. En conséquence, ces biens reviennent aux Mélanésiens. Pour les besoins de la cause, on compte sur le retour des ancêtres et on en fait des justiciers. Le monde des étrangers est ainsi conjuré et le monde des Mélanésiens raffermi grâce à cette affabulation[8].

2. Les hauts et les bas de l'espérance

Une religion de salut se maintient dans un équilibre précaire entre la promesse du salut, promesse dont on a besoin pour donner un sens au monde, et, d'autre part, la réalité de ce monde qui ne peut être niée que le temps d'un rite. On célèbre un salut imminent, ou qui se réalise au-delà et en dépit des apparences[9], mais on admet aussi que le monde continue son cours. Il n'est peut-être qu'apparence ou phénomène provisoire, mais il faut bien le reconnaître. Nous disons que l'équilibre entre le monde et la promesse est précaire parce que, ou bien on risque de s'accommoder si bien du monde que la promesse n'est plus qu'une clause de style, ou bien on risque de prendre la promesse tellement au sérieux qu'on ne tient plus compte du monde. Or, prendre au pied de la lettre ce qui est promis et vouloir que cela se réalise tout de suite, c'est courir un double risque : constater l'inanité de la promesse et bousculer de façon imprudente l'ordre du monde. Car le monde ne se laisse pas bousculer. Ceux qui ont suivi Thomas Münzer ont perdu la guerre et peut-être aussi leur espérance. Les pauvres imprudents qui ont mis à l'épreuve les illusions dont ils vivaient, ont perdu leurs illusions. Il ne faut pas sommer Dieu de répondre. À moins que l'on ne soit en mesure de répondre soi-même, on s'expose à découvrir que Dieu ne répond pas, du moins pas comme on attendait. Bien des traditions religieuses savent cela et se prémunissent contre les déceptions.

L'espérance effervescente qui caractérise le millénarisme se présente comme l'attente d'un salut imminent. Or celui-ci ne se produit jamais comme prévu. L'espérance massive, tout d'une pièce, dans laquelle on se tient comme dans un rêve, est un refuge contre les limites du possible. Mais cette attitude et la sommation intransigeante lancée au réel de se conformer à l'imaginaire constituent une limite de plus, une limite subjective évidemment, en ce qu'elles rendent les mentalités incapables de reconnaître les possibilités réelles et de s'y adapter méthodiquement. S'y adapter supposerait une réconciliation à la fois technique et affective avec la réalité, réconciliation qui fait précisément défaut au millénarisme.

Pourtant, il peut y avoir continuité aussi bien qu'opposition entre l'action pratique, soucieuse de résultat et, d'autre part, le rêve et l'impatience millénaristes. Si on se lance dans ce rêve et cette impatience, c'est qu'on n'attendait plus rien de la patience et du réalisme. Il se peut qu'à partir de cette échappée dans l'imaginaire on revienne sur cette terre-ci avec une cohésion sociale et un courage renouvelés pour affronter la réalité. Henri Desroches mène à ce propos une réflexion qui tourne autour de trois mots : alternance, altercation et alternative [10]. Reprenons sa démarche.

Le millénarisme peut ménager des temps, des lieux, des langages, des fonctions qui alternent avec la pratique séculière et l'inspirent à condition que l'on ne s'enferme pas dans l'attente passive et dans le rêve figé d'un monde idéal. L'alternance peut faire place à l'altercation. Le millénarisme est alors moment de la contestation sans compromis. Et pourtant, il n'y a pas loin de la contestation sans compromis au symbolisme et au rite récupérés. Que l'on songe à tous ces objets à la fois de piété et de consommation, tels les posters du Che ou les disques de chansons révolutionnaires. Si le millénarisme arrive à se transformer en programme d'action séculière, il ouvre une alternative. Si cette tentative n'est pas écrasée, si elle triomphe, rien n'est encore gagné. L'espérance immense qui avait enthousiasmé ne peut qu'être déçue par les petitesses de la victoire. Toute politique définie ne peut qu'apparaître mesquine au regard de ce qui était annoncé et attendu. «Tribulations de l'Église souffrante ou grossièreté de l'Église triomphante», tel est le dilemme. Arrivée au pouvoir, la vertu dont on avait rêvé, est arriviste, à la fois ennuyeuse, de mauvais goût et tyrannique, terriblement partielle dans ses réalisations et terriblement arrogante dans ses prétentions. Elle détermine dans des règlements ce qui était attente indéterminée, infinie, et défend ceux-là comme s'il s'agissait de celle-ci[11]. On pourrait évidemment faire la distinction entre l'idéal infini et les réalisations finies qui seules sont possibles. Mais, d'une part, une telle distinction exige une conscience claire de ces deux registres, un sens des lenteurs de l'histoire et des limites du possible que les adeptes du millénarisme n'ont guère. D'autre part, ceux qui prennent le pouvoir ont parfois avantage à ce qu'on confonde leur règne et la parousie.

Il demeure que le millénarisme est souvent l'événement fondateur d'une espérance qui dure au-delà de l'exaltation dans laquelle elle est née. L'attente d'un salut, à laquelle se réfèrent quotidiennement des gens fort ordinaires, pour entretenir leur courage au fil des jours ordinaires, serait sans force si elle n'était pas chargée de la ferveur propre au moment où un peuple a tout investi dans cette attente. Encore faut-il que la ferveur soit entretenue, qu'une tradition perpétue, dans la vénération, le souvenir de ce moment,

que des célébrations commémorent l'événement fondateur devenu plus ou moins mythique. On peut justement
se demander si ce que la mémoire collective retient, pour
se donner du cœur, n'est pas surtout le fruit d'une pieuse
affabulation. On imagine dans le passé des victoires exemplaires ou l'intervention de Dieu, mais c'est afin de constituer l'espérance présente. On magnifie de modestes incidents
historiques afin d'en faire autant de légendes[12] récon-
fortantes, afin d'édifier les jeunes générations. Quand un
peuple se prête un passé glorieux ou se prend pour un
peuple choisi, il s'abuse sans doute pour se laisser enchanter[13]. Sa crédulité lui permet d'adopter des perspectives qui
rassérènent et appellent à l'action.

Néanmoins, il faut bien accepter que ce qui est annoncé dans de telles perspectives ne se passera pas comme tel.
Pour demeurer vraisemblable, l'espérance doit se redéfinir
et s'adapter aux circonstances. Elle pourra alors continuer
à soutenir le courage et susciter des projets réalisables.
Nous savons cependant combien la prudence calculatrice
peut ruiner l'invention de l'avenir. Les outils, les méthodes
administratives et le personnel que l'on établit pour mener
à bien une stratégie limitent bientôt la prospection du possible à ce que peuvent ces outils et ces méthodes, à ce que
veut ce personnel une fois qu'il a appris son rôle. Les interventions de l'armée rouge à l'étranger ne sont pas révolutionnaires. Pourraient-elles l'être?

Résumons-nous. Le millénarisme mise tout sur une
promesse formidable que recélait sa tradition ou qu'il em-
prunte à une autre tradition. Lui-même peut devenir un
événement dont on se souvient, qu'on imagine réussi, dont
le souvenir plus ou moins mythique entretient une promesse. Les rites qui commémorent un millénarisme ancien

prétendent rappeler et faire revivre l'espérance vécue dans cet événement passé. En fait, ils magnifient plus ou moins ou fabriquent dans une certaine mesure l'événement pour les besoins de la cause. Il arrive que la commémoration soit plus fervente que l'événement commémoré. L'espérance est ainsi entretenue à travers les hauts de l'effervescence millénariste et les bas de la liturgie ou des histoires édifiantes, les hauts n'étant parfois que ce qui est imaginé dans les bas, afin d'étayer l'espérance. Celle-ci est toujours plus ou moins démentie par les faits dans sa forme millénariste mais elle peut être réinterprétée de façon plus intérieure ou moins spécifique. Que l'on songe à la notion d'alliance telle qu'elle fut retravaillée à travers la succession des prophètes d'Israël[14]. Dans les bas, l'espérance gagne en viabilité ce qu'elle perd en intensité. Malheureusement, dans ce procès, elle peut aussi se diluer et perdre toute force de persuasion. L'histoire des Églises chrétiennes en offre plusieurs exemples. Les États où la révolution socialiste s'est instituée et a donné lieu à une bureaucratie jalouse de ses privilèges, imbue de son orthodoxie révolutionnaire, en offrent d'autres.

* * *

Le contemporain, parce qu'elle lui fait souvent défaut, sait avoir besoin d'une espérance qui le motiverait, pour déployer des projets qui seraient à la hauteur de ses moyens. D'autre part, il sait devoir soumettre à la critique de la raison, et d'une raison informée, son espérance éventuelle. Il sait que ses plans d'action se fondent sur des hypothèses incertaines, toujours à redéfinir. La question est de savoir si le courage est possible sans certitude quant aux succès de ses entreprises. Peut-on tracer des plans et les exécuter sans croire en la faveur d'un destin, sans éliminer tout doute quant au bien-fondé et à la réussite de ses plans?

Nous croyons qu'il n'est pas impossible d'entretenir le goût de l'action, de s'engager dans une aventure et d'y adhérer, avec enthousiasme même, entre deux moments critiques à l'égard de ses propres engagements. Cependant, l'alternance de la réflexion critique et de l'action résolue (comme l'alternance de la morale de conviction et de la morale de responsabilité) exige probablement que chacune de ces attitudes soit défendue par des instances spécialisées qui puissent s'interpeller. Il faut certainement beaucoup de force d'âme pour nourrir son espérance et ses convictions, et, cependant, les réviser au fur et à mesure que les circonstances laissent entrevoir de nouvelles perspectives[15].

3. Outrances et certitudes

Avant d'en revenir à la question d'une espérance problématique, nous voudrions définir non pas le millénarisme — le phénomène est si divers que la tentative n'aboutit qu'à des généralités insipides — mais un ensemble de traits psycho-sociaux qui s'y retrouvent dans des proportions variables. Ces traits ne sont pas nécessairement concomittants, mais ils s'appellent les uns les autres. Ils ne sont pas spécifiques au seul millénarisme mais celui-ci, et c'est là son intérêt, tend à les rassembler et les révèle à un stade paroxysmal. Nous nous y attardons parce que ces traits se retrouvent encore dans certains groupes politiques et religieux contemporains, parce qu'ils sont à l'origine d'espérances politiques et religieuses encore bien vivantes, parce qu'ils sont une composante ou une tentation de tout mouvement capable de mobiliser une collectivité.

Il y a d'abord l'identification des adeptes, dans une ferveur commune, à une cause sublime qui est aussi attente d'un salut total. Les adeptes se situent dans une perspective qui les tire de la médiocrité, du désarroi et de l'incertitude. Qu'ils se lancent dans une guerre sainte, se livrent à un rituel défini ou organisent leur vie selon un code ésotérique, ils s'assurent de leur élection par des actes distinctifs. Ils ne font pas que rêver au salut. Ils inscrivent ce rêve dans leur chair ou dans leurs comportements. La guerre sainte elle-même est plus qu'un moyen de remporter la victoire. Elle est moyen de sanctification et moyen de se séparer des autres, infidèles ou gentils. Les adeptes sont d'autant plus saints et leur cause d'autant plus sublime que celle-ci se confond avec le triomphe imminent et total du bien sur le mal. Ce triomphe peut être pensé comme renversement des puissants et exaltation des opprimés, règne de la justice après un règne de l'injustice. Car il s'agit de rendre compte du mal présent, de le transformer en signe annonciateur du bien, de transformer l'oppression éventuelle des saints en signe de leur élection et de leur triomphe prochain. C'est le malheur qui provoque l'imagination millénariste et lui sert de motif. Il devient l'épreuve annonciatrice ou purificatrice, la gestation nécessaire des temps nouveaux.

La cohésion du groupe millénariste se nourrit du sentiment de son élection. Celle-ci s'éprouve dans l'opposition à une société environnante, qu'il s'agisse de lutte active, de séparation rituelle ou de mœurs distinctives. Cette opposition est le signe de l'élection tout comme le mal qui sévit encore est le signe du bien qui s'annonce déjà. On force le contraste pour que le renversement justicier soit plus total et plus triomphal. Face à ses persécuteurs, la brebis souffrante sait que viendra la révélation de sa gloire. Les saints peuvent aussi jouer le rôle de l'ange exterminateur et se convaincre qu'ils ont reçu mission de purifier un monde impudent.

Parfois, ils se mettent au-dessus des lois en tant que telles et les violent délibérément pour signifier l'avènement d'un nouvel âge paradisiaque, sans règles et sans contraintes, et en jouir comme il se doit, c'est-à-dire sans mesure. Car la mesure implique encore règles et contraintes. Les paillards du nouvel âge inaugurent ce dernier en liquidant l'ancien avec frénésie, abusant à qui mieux mieux des femmes et des biens réservés aux maîtres déchus, pour ne rien manquer de la liberté des enfants de Dieu.

Quand le millénarisme passe à l'attaque, l'action se veut globale et immédiate, l'humeur fébrile et festive, les stratégies sommaires. Le déferlement des passions et du ressentiment représente une vengeance de droit divin ou une nécessité de la justice immanente à l'ordre des choses, le rétablissement dans leur droit des vrais héritiers du royaume. On s'était situé dans l'attente d'un salut imminent. Celui-ci doit se réaliser massivement pour signifier son incommensurable sainteté. Le monde qui en est l'antithèse doit périr immédiatement. On sacrifiera volontiers, dans cette perspective, la stratégie à l'action symbolique. On ne veut pas d'un accomplissement qui ne serait pas entier. Car le monde qui doit périr, c'est celui du compromis, de la prudence, de la mesure et des demi-mesures, de la frustration, de la patience et de la résignation.

Pourtant, le millénarisme peut fort bien éviter de passer à l'action afin d'éviter un déferlement incontrôlable qui risque de tourner mal. Pour sauvegarder le rêve d'un renversement révolutionnaire où l'on investit tous ses désirs, rêve par lequel on se définit comme contre-société, une et sainte, il vaut peut-être mieux ne pas courir le risque d'une révolution réelle. On entretiendra donc l'attente du salut afin de préserver une solidarité et un sentiment d'élection, ce qui est déjà beaucoup. Peut-être soupçonne-t-on l'invraisemblance de ce qui est attendu et l'imprudence qu'il y aurait à sommer le réel de se conformer à l'attente. Pour préserver l'enchantement, il faut évidemment ne pas tirer au clair un tel soupçon. En tout cas, il y a des traversées du désert qui n'en finissent pas, comme si on devinait sagement qu'il n'y a rien au-delà, rien qui vaille plus que le rêve qu'on peut entretenir au milieu du désert sur l'au-delà du désert. Ce rêve console et contraste avec l'épreuve du désert. Ce rêve donne un sens à l'épreuve et du courage dans l'épreuve. Ainsi, le millénarisme s'amortit dans une résignation encore inavouée. L'enchantement devient consolation mais celle-ci peut durer.

La cohésion politique, la justification morale et l'enchantement d'une société millénariste se nourrissent des repoussoirs que cette société se donne. On pourrait reprendre ici la thèse de René Girard sur le rôle cathartique de la victime émissaire, sur son rôle dans la fondation de la socialité. Des sociétés se trouvent bien d'avoir une telle victime à massacrer, d'être unanimes contre elle, sauvées par son expulsion. La victime émissaire emporte avec elle les dissensions, l'irrésolution et la médiocrité qui menaçaient la paix. C'est par l'expulsion d'un symbole du mal qui la minait de l'intérieur que la cité imagine se débarrasser de ce mal et s'établit effectivement dans la bonne conscience et l'unanimité. Si le rite du bouc émissaire a tant de vertus, c'est qu'il évoque le combat par lequel les bons se distinguent des méchants et se lavent de tout péché. Or, le millénarisme est ce combat plus ou moins rêvé, plus ou moins réel. Il a besoin d'antagonistes à honnir. Mais ce n'est pas encore un rite apprivoisé et manipulable, un émoi provoqué et résorbé à volonté, dont on disposerait au cours d'une liturgie.

Revenons sur la démesure de l'espérance et de l'antagonisme, car le millénarisme mise tout, et avec exaltation, sur une attente et contre un obstacle. Cette démesure galvanise les fidèles (et fascine les observateurs), mais elle n'est pas viable. D'abord, l'attente trop entière et trop intense d'un salut complet et imminent ne peut durer. L'exaltation ne peut être que momentanée. Il faut bien décompresser l'espérance pour qu'elle subsiste. Pour des raisons affectives, l'effervescence doit se calmer. Pour des raisons de vraisemblance, le rêve doit composer avec le possible. D'autre part, le millénarisme mobilise trop d'agressivité et la transfère, non sur un bouc émissaire dont on disposerait, mais sur le monde environnant qui est habituellement le plus fort. Cette agressivité, c'est l'envers de l'attente d'un âge sans aucune frustration. C'est en un seul et formidable déferlement affectif que les saints sont disposés à se jeter contre l'obstacle et à forcer la porte du monde idéal qui est au-delà. La canalisation de tout le désir et de toute l'agressivité (elle-même nourrie de la frustration de désirs multiples et notamment de désirs démesurés) vers une «solution finale», correspond à un aveuglement et à une concentration d'énergie terrifiante. Bien des «messies», avec plus ou moins de bonne foi, suscitèrent cet aveuglement et cette concentration. Ils gagnaient ainsi un pouvoir formidable et ne pouvaient le garder qu'en menant une guerre qui se voulait sainte et définitive, un holocauste qui se voulait purificateur et qui, hélas, se généralisait. Il n'y a aucune autre sortie honorable pour ces malheureux et leurs fidèles, dès le moment où ils ne tolèrent plus aucun

doute quant à la rectitude de leur cause et se jettent dans
le fanatisme.

4. Les limites de l'espérance et celles de la raison

Nous nous sommes attardé au millénarisme non seulement pour en dénoncer les aveuglements et déceler ses
résurgences modernes, mais aussi et surtout pour saisir sur
le vif, dans une situation apparemment sans issue, comment se remontent les ressorts de l'espérance et comment,
à partir de celle-ci, un nouveau monde se dessine. Bien des
caractères mis en évidence dans le millénarisme ne sont-ils
pas également présents, quoique de façon probablement
plus discrète, dans des mouvements qui n'ont rien d'exo-
tique? Des regroupements religieux ou politiques, et pas
seulement des sectes ou des groupuscules surexcités, s'identifient volontiers à un destin choisi. C'est ce destin choisi
qui fonde l'allégeance et, éventuellement, le dévouement
de leurs membres. En temps de guerre, le patriotisme doit
bien s'exalter pour galvaniser des troupes. Il correspond à
un souci exclusif, à une véritable voie de salut même si, la
paix rétablie, une telle attitude paraît outrancière. Des fidèles, des patriotes, des partisans se définissent et se donnent
du cœur en se distinguant de repoussoirs institués pour les
besoins de la cause : traîtres ou tièdes de l'intérieur, ennemis ou impies de l'extérieur. D'autre part, leurs convictions ne seraient pas aussi solides si elles n'étaient pas
celles de tout un milieu, soustraites à toute critique sé-
rieuse dans cette zone protégée.

Il convient à cet égard de distinguer différentes formes
de l'espérance. Certaines ne s'entretiennent qu'en nourris-
sant des illusions plus ou moins forcenées, ne cherchent ou

ne réussissent qu'à s'établir dans l'imaginaire. D'autres, par contre, mobilisent des hommes afin de transformer le monde dans le sens qu'elles annoncent. Sans doute, ce qu'elles annoncent ne se réalise pas tel quel, mais ce qui se réalise permet une réorientation de l'espérance (et des vouloirs et des pouvoirs qu'elle mobilise) en vue d'autres œuvres. Même dans ce cas, l'imagination et la ferveur espérantes jouent un rôle primordial, un rôle heuristique pour le moins, qu'il s'agit de reconnaître. Nous allons essayer de circonscrire ce rôle au sein d'une certaine pratique marxiste qui, pourtant, dit ne tabler que sur une lecture scientifique des possibilités se dessinant dans l'histoire. Cela nous permettra de poser à nouveaux frais la question du réalisme de l'espérance politique et la question de ses emportements. Il ne s'agira pas de chercher quels étaient les véritables propos de Marx, mais de montrer comment les perspectives que trace un parti communiste peuvent être relativement justifiées en raison et, en même temps, se soustraire passionnément à toute critique raisonnable. Ces perspectives commencent souvent par correspondre à des hypothèses pleines de sens et par susciter l'adhésion la plus réfléchie, mais elles risquent de devenir pour les adhérents des convictions hors de question. Dès lors, on ne peut plus discuter ni de leur validité ni de leur vérification éventuelle.

Pour les besoins de la discussion, recourons à une fable au sujet de trois âges successifs de l'espérance. Elle aurait d'abord résulté de la confiance en une providence aussi puissante que bienveillante. Ensuite, dans un deuxième âge, les hommes auraient cru discerner une certaine convergence entre leurs fins ultimes et la force des choses ou, plus précisément, les déterminismes sociaux. Ceux-ci se seraient enchaînés de manière à donner lieu à un progrès des mœurs. Ils auraient entraîné l'humanité vers son propre accomplissement. Enfin on aurait compris, et ce serait le troisième âge, que la dialectique entre les déterminismes sociaux et les initiatives humaines tablant sur ceux-ci, pouvait seule produire un sens satisfaisant de l'histoire et justifier éventuellement l'espérance que l'on avait mise dans l'histoire. C'est au sein de cette dialectique que l'espérance trouve sa fonction et peut s'entretenir. En orientant la prospection des possibles et les stratégies qui en tirent parti, elle crée de nouvelles possibilités et prépare la voie à de nouvelles stratégies. Dans ce procès, elle contribue à la réalisation d'événements qui la confirmeront peut-être tout en l'amenant à se redéfinir en fonction des perspectives nouvelles qui s'ouvrent. Cela signifie qu'il n'y a pas de sens de l'histoire qui soit préétabli ou assuré a priori. Si l'histoire a un sens, il se révèle et se produit au jour le jour, dans l'invention éthique, dans la lutte et les stratégies politiques. En d'autres mots, si l'homme vit à fond sa condition historique, il sait ne pas savoir une fois pour toutes ce que sera son avenir, il cherche sa voie à partir des occasions, des promesses et des déboires qui se révèlent quotidiennement. Sa lecture de l'histoire «ne survole pas les événements, ne cherche pas en eux la justification d'un schéma préétabli, les interroge, les déchiffre vraiment»[16].

Cette succession de trois âges apparaît dans une fable qui vise à faire du troisième le terme d'un progrès. Ce que la fable ne dit pas, c'est combien ce troisième âge est encore tributaire des deux premiers. On ne trouve de raisons d'espérer dans les possibilités qu'offrent le rapport des forces sociales, les mentalités ou la conjoncture économique, que parce qu'on les cherche et qu'on a commencé par croire qu'on les trouverait. Sans cette «naïveté», on ne commencerait rien. C'est ce que nous allons expliquer en nous inspirant d'Ernst Bloch. D'autre part, un tel préjugé, même s'il est enraciné dans un affect naturel, se transmet et opère par la grâce d'idées-forces qui sont bien culturelles et ont partie liée à une idéologie. Nous verrons que ces idées-forces tendent à se soustraire à la critique. Enfin, il nous faudra comprendre dans quelle mesure la lecture de l'histoire et les stratégies que l'on imagine à partir de ces idées-forces, peuvent faire l'objet d'une justification raisonnable, même quand on se trouve sur le terrain de la pratique sociale.

* * *

Quand Bloch affirme que l'espérance est au principe de la perception des situations historiques où les hommes se trouvent, il signifie par ce terme «principe» que c'est dans la disposition à l'espérance, dans le souci d'un remplissement empirique de cette intentionnalité «affective», que se dévoile l'être des choses et des événements. Bien sûr, l'espérance ne demeure principe que parce qu'elle se définit et se transforme en reconnaissant dans les faits, les voies selon lesquelles se réalisera ce qu'elle anticipait : d'utopie privée, il lui faut devenir utopie partagée; de plan encore théorique, il lui faut devenir pratique collective; de pari sur l'avenir, il lui faut devenir stratégie systématique. Bref, elle anticipe le parti à tirer des occasions qui se présentent éventuellement, mais elle ne se détermine qu'en trouvant ces occasions. Elle ne se «vérifiera» dans l'histoire que parce qu'elle aura révélé des chemins à plusieurs et mobilisé leur volonté en vue de transformer l'histoire.

L'espérance est donc au principe du sens à mettre en œuvre dans la pratique. C'est dans sa perspective que l'histoire qui est en train d'advenir, révèle ses virtualités et que la volonté trace des plans en vue de «vérifier» dans la suite des faits, si ces plans et ces virtualités sont bien ce qu'on avait projeté. Précisons cette notion de vérification. Une hypothèse théorique est validée dans la mesure où elle rend compte des faits qui (n')apparaissent (que) selon ses propres termes, de faits qui (ne) s'identifient (que) dans le cadre de l'hypothèse théorique. Elle demeure donc au principe du sens que les faits revêtiront. Mais cela ne signifie pas que les faits confirmeront l'hypothèse théorique. Ils l'infirmeront peut-être ou l'obligeront à se transformer. Dans la pratique morale ou politique, il y a aussi des hypothèses qui éclairent des faits, qui se vérifient ou sont démenties par l'expérience des faits, qui doivent être reformulées pour tenir compte de cette expérience. Mais l'expérience dont il s'agit ici, c'est l'histoire humaine et celle-ci est affectée par l'hypothèse qui (révélant ce qu'il est possible et aussi ce qu'il est souhaitable de faire advenir) mobilise en vue de certains objectifs et guide l'action en vue de ces objectifs. L'hypothèse est ici une anticipation, une perspective pratique, qui transforme la suite des faits en affectant les vouloirs. D'autre part, la suite des faits ne peut pas confirmer ou infirmer une hypothèse pratique comme s'il s'agissait d'une hypothèse théorique, parce qu'un accord intersubjectif est toujours problématique dans la mesure où les sujets sont très impliqués et ne veulent retenir de l'expérience que ce qui fait leur affaire. Il y en a qui refuseront de reconnaître les impasses où leurs politiques aboutissent et trouveront des motifs de persévérer envers et contre tout. On voit donc avec quelles précautions il convient d'utiliser la notion de vérification (ou de falsification) dans un tel contexte.

Le marxisme, nous dit Bloch, «a donné le jour à une conception de la connaissance axée non plus essentiellement sur le devenu mais sur la tendance de l'ad-venant»[17], tendance dont le principe et le révélateur au sein de la dialectique historique sont l'espérance. «Si l'être se comprend à partir de son origine (woher), il se comprend aussi comme tendance ouverte vers une fin (wohin)[18].» Encore faut-il que l'anticipation de la conscience ne soit pas une utopie vide mais porte sur des conditions historiques réelles[19]. Cependant, rien n'est assuré quant à ce qu'on peut tirer de ces conditions. L'espérance ne va donc pas sans angoisse[20]. D'autre part, elle se renouvelle toujours, car rien ne peut la repaître, et de nouvelles possibilités se dessinent toujours en réponse à sa quête[21]. Elle est à la fois fervente, imaginative et jamais adéquatement satisfaite. Quels sont ses ressorts? Des occasions favorables ou même déterminantes dans le présent, des réussites passées ou en cours? Certes, elle trouve là un réconfort, des complicités, le goût d'une lecture réaliste des événements, le goût de préparer de nouvelles réussites plutôt que d'en rester à d'illusoires consolations. Mais l'espérance est d'abord une visée de la volonté, d'ordre affectif, dit Bloch, qui précède toutes les raisons qu'elle se trouvera. Elle n'en trouvera que parce qu'elle en cherche. Elle est un parti-pris, un pari sur l'avenir qui façonne et force l'avenir, si elle sait en reconnaître les promesses quand il est temps de les exploiter. Comment s'entretient une telle attitude? Ses ressorts sont peut-être bien à chercher dans le besoin et notamment dans la faim de pain qui est toujours mêlée à la faim de justice. Sur ce sujet, Bloch a dit de fort belles choses. Cependant, il faut encore comprendre selon quelles représentations collectives la faim de pain et la faim de justice se confondent pour donner lieu à une espérance agissante de pain et de justice[22].

* * *

Le marxisme, en tant que parti et force sociale, compte sur des attentes et des valeurs bien enracinées. Il les reprend dans une synthèse originale. Il a ainsi réussi non seulement à élaborer une propagande qui rejoint des aspirations populaires, mais aussi à maintenir sa confiance en l'avenir, à poursuivre sa prospection du présent et à formuler des stratégies audacieuses. Mais il a souvent oublié le caractère problématique de ses anticipations. La quête imaginative et angoissée du sens, dont parle Bloch, n'est pas souvent décelable derrière les assurances dogmatiques de ses militants et de ses «penseurs» orthodoxes.

À propos de la foi naïve de certains communistes dans le déterminisme mécanique de l'histoire, Antonio Gramsci écrivait :

> Quand on n'a pas l'initiative de la lutte et que la lutte même finit par s'identifier avec une série de défaites, le déterminisme mécanique devient une formidable force de résistance morale, de cohésion, de persévérance patiente et obstinée. «Je suis battu momentanément mais à la longue la force des choses travaille pour moi, etc.» La volonté réelle se travestit en un acte de foi en une certaine rationalité de l'histoire, en une forme empirique et primitive de finalisme passionné qui apparaît comme un substitut de la prédestination, de la providence, etc., des religions confessionnelles. Il faut insister sur le fait que même en ce cas, il existe réellement une forte activité de la volonté, une intervention directe sur la «force des choses», mais justement sous une forme implicite, voilée, qui a honte d'elle-même (...)[23].

C'est dire qu'un acte de foi en la faveur d'un déterminisme historique peut être bien utile en attendant que l'initiative humaine trouve des occasions de se déployer et contribue à la transformation de l'histoire. En l'occurrence, comme le dit Gramsci, l'acte de foi en la force des choses est plus qu'une attitude d'attente passive. C'est déjà une mobilisation des hommes, donc une attitude qui transforme le rapport des forces et change les conditions historiques. Ainsi, l'acte de foi contribue éventuellement à un renversement de situation qui le justifiera après coup. Il est comme une ruse de la volonté aux prises avec le réel.

Même l'hypothèse la plus vraisemblable au sujet de ce qu'il est permis d'entreprendre et d'espérer, doit encore s'accompagner d'un acte de foi. Elle a besoin de certitudes passionnées quant à son bien-fondé et quant à ses chances de réussite, pour mobiliser des forces et commencer à se réaliser à travers des luttes politiques. Mais pourra-t-on renoncer aux certitudes passionnées, après les avoir adoptées, pour examiner de plus près ces chances de réussite et ce bien-fondé? À ce propos, bien des marxistes semblent mêler habilement, mais aussi ne plus pouvoir démêler, des propositions plus ou moins scientifiques (constats vérifiés, concepts bien éprouvés et opératoires à une certaine échelle d'observation, généralisations à peine vérifiables) et certaines idées-forces reprises aux «philosophes du progrès» ou à la tradition biblique[24]. Il n'y a guère de continuité entre ces différents éléments, mais l'ensemble convainc grâce aux attraits divers qu'il réunit. Certains prétendent que le sens totalisant qui résulte de ce mixte en justifie l'audace théorique. En fait, la théorie marxiste provoque une pratique collective qui justifiera peut-être de façon pratique les perspectives qu'elle trace. Parce qu'elle réussit à convaincre, elle entraîne des hommes à faire en partie ce qu'elle annonce, et perpétue une espérance agissante. Mais il lui arrive aussi de s'enfermer dans un dogmatisme imbécile.

Le marxisme voit une «raison au travail dans l'histoire, garantissant que l'histoire passée est compréhensible, que l'histoire à venir est souhaitable et que la nécessité apparemment aveugle des faits est secrètement agencée pour accoucher du bien»[25]. Il explique plus ou moins bien l'enchaînement des événements, affirme que cet enchaînement conduit l'humanité vers son propre accomplissement et prétend en même temps guider l'humanité sur le chemin de son accomplissement. Il superpose une lecture apparemment objective des faits, l'espérance d'un certain cours de l'histoire et la volonté de donner ce cours à l'histoire. C'est ainsi qu'il donne lieu à des certitudes quasi apodictiques. Pourquoi en douterait-on, alors qu'elles se présentent comme voie du salut, encadrent et soutiennent l'effort en vue de réaliser ce salut? Il ne s'agit pas d'en douter mais de réaliser ce qu'elles promettent. Elles ne pourront se vérifier que dans la pratique. Et nous savons que les fidèles préfèrent accuser la pratique, leurs déficiences, celles de l'histoire ou du monde, plutôt que de renoncer à leur credo.

Parce qu'il précise ce qu'il attend de l'avenir, le marxisme ne s'expose-t-il pas au démenti des faits bien plus que l'espérance religieuse ou millénariste, dont les images autorisent de multiples interprétations et réinterprétations? Peut-être peut-on expliquer ainsi le discrédit du marxisme. Nous le voyons cependant, en dehors des grands partis officiels, se métamorphoser avec une fluidité qui n'a rien à envier aux religions: la définition et l'extension de la classe révolutionnaire varient, la révolution ultime devient permanente, de sociale elle devient aussi morale.

Pour de nombreux analystes, Marx n'aurait rien à voir avec les caricatures qui précèdent. Le marxisme ne serait même pas une théorie générale de l'histoire, dominant la pratique des hommes d'un savoir achevé. Il serait essentiellement une stratégie, toujours en voie de réajustement, visant l'émancipation des hommes à partir d'une situation particulière où se dessinent les voies de cette émancipation. Il serait une étude de la genèse et de la crise du capitalisme industriel en vue de déchiffrer l'avenir dont sont riches cette genèse et cette crise. Et ce qu'il dit à propos des formations sociales antérieures au capitalisme n'aurait de pertinence que pour éclairer ce dernier. Cette interprétation de Marx est fondée. Elle est la seule qui nous aide à penser la pratique. Néanmoins, dans le feu de l'action politique et à cause de celle-ci, le marxisme n'en est pas resté à une hypothèse de travail consciente de sa fragilité, se redéfinissant à mesure que les faits sont reconnus, reconnaissant les faits décevants aussi bien que les prometteurs. Il tend vers des certitudes massives qui obnubilent l'intelligence en même temps qu'elles confirment la résolution. Interprétation malveillante, polémique et psychologisante d'un système philosophique, dira-t-on. Non. Il ne s'agit pas ici de juger ou d'évaluer la philosophie marxiste, mais bien de saisir le phénomène psycho-social par lequel le marxisme est devenu une idéologie (ou contre-idéologie) qui se prétend scientifique pour échapper au doute et à la critique, pour susciter l'adhésion et modifier le rapport des forces sociales.

Faisons le point. Avec Bloch, nous avons vu qu'il n'y a de sens dans l'histoire qu'aux yeux de ceux qui ont une espérance. Celle-ci ne subsiste et n'opère qu'en correspondant à des possibilités effectives. D'autre part, comment peut-elle mobiliser, rejoindre les individus dans leurs affects, investir ces affects, se laisser investir par eux, et en même temps demeurer une hypothèse se transformant en fonction des démentis et des occasions de l'histoire qui continue? Bref, comment soumettre l'espérance à la raison critique? Pour aborder cette question, nous reprendrons une distinction de Chaïm Perelman entre rationnel et raisonnable[26] et nous tâcherons de l'appliquer aux débats idéologiques.

* * *

Une fois que l'on sait ce qu'on veut, on peut juger du caractère rationnel d'un plan d'action. Mais on ne juge pas aussi facilement des fins poursuivies. S'il s'agit d'appliquer une loi morale ou juridique, le problème n'est pas plus difficile, en principe, que s'il s'agissait de tirer des conclusions logiques à partir de prémisses dont on est déjà convenu. Par contre, on n'osera parler que du caractère raisonnable, du bon sens apparent des fins ou des lois, et encore en sachant bien que ce caractère raisonnable est fonction d'un milieu culturel, d'un sens commun qui changera avec la communauté à laquelle on se réfère.

On peut, néanmoins, apprécier des fins et des lois d'autant plus raisonnablement qu'elles ont donné lieu à un ensemble de mesures qui en découlent raionnellement, qui en sont comme l'explicitation logique. On peut mieux juger de l'équité d'une législation après qu'on l'a mise en œuvre systématiquement dans une série de jugements. En étant confrontée à des cas multiples, elle subit le contrôle de ce qu'on pourrait appeler l'universalisation. C'est là un banc d'essai, l'épreuve de l'expérience. Un principe qui paraissait juste ou raisonnable à première vue, ne le paraîtra peut-être plus autant après avoir été appliqué, à l'avantage et au

détriment de beaucoup de gens. Le moins qu'on puisse
dire, c'est que le débat intersubjectif et le sens commun
sont plus éclairés après qu'avant une telle démonstration[27].

Revenons-en à l'espérance marxiste. Elle est d'abord
une anticipation à propos de l'histoire. La nature pratique
de cette anticipation, l'implication des sujets dans sa vérification et l'indétermination de ce qu'elle annonce sont telles
qu'elle ne peut être ni confirmée ni infirmée comme s'il
s'agissait d'une hypothèse scientifique. Néanmoins, il n'est
pas impossible de juger raisonnablement, au sens que nous
venons de définir, les politiques qui découlent de cette
anticipation et d'apprécier également dans quelle mesure
celle-ci doit être retenue ou doit être modifiée. Précisons
notre pensée. Ni l'espérance ni les politiques marxistes ne
sont des principes définis et généraux qui s'expliciteraient
systématiquement ou s'appliqueraient rationnellement dans
des mesures définies et particulières. La première ne se
retrouve certainement pas dans les secondes comme la loi se
retrouve dans les décisions judiciaires. Néanmoins une espérance et des orientations politiques donnent lieu à des appli-
cations et à des conséquences qui permettent de les mieux
juger. Encore faudrait-il, pour les juger, un certain pluralisme idéologique, une diversité d'opinions et un large débat
qui ne sont guère possibles à l'intérieur d'un seul parti, surtout si celui-ci est unique. D'ailleurs, le pluralisme idéologique ne va jamais de soi.

Comme on vient de le noter, on peut seulement apprécier «raisonnablement» une pratique, en discutant le plus
largement possible ses principes et surtout la mise en
œuvre qui, pourrait-on dire, éprouve et révèle ces principes.
D'autre part, pour se situer dans le monde et agir, les
hommes ont besoin de certitudes. Ils ne sont pas enclins à

en discuter au moment où ils s'appuient sur elles. Il leur est d'autant plus difficile de mettre en question «raisonnablement» leur vision du monde qu'ils l'utilisent dans une lutte sociale. Une fois de plus, nous voilà ramenés au phénomène des conflits idéologiques. Chacun se réfère à une vision du monde globale, intégrée ou tendant vers l'intégration, rassurante, ne retenant du monde que ce qui fait son affaire. Mais une telle vision n'est pas un phénomène individuel. Elle est partagée par tout un groupe ayant des intérêts communs à défendre et se trouvant de ce fait rassemblé contre un ou plusieurs autres groupes ayant des intérêts opposés et sa vision du monde. Une telle vision, qui est une idéologie, assure la cohésion et la justification de son groupe. Les luttes entre groupes, la mobilisation à l'intérieur de chacun d'entre eux et la polarisation des esprits qui accompagnent la guerre, rendent bien difficiles la critique et la discussion de l'idéologie, puisque la critique semble faire le jeu d'un ennemi. Remarquons bien que l'idéologie, au sens où nous l'entendons ici, ne signifie pas, par principe, entêtement irrationnel. Elle peut être le lieu du «thumos» (vouloir, désir, courage) dont parle Platon, le lieu de l'espérance dont parle Bloch, le lieu des mobiles qui font que l'on refuse la défaite, le lieu où, derrière le malheur, se reconnaît l'occasion de la réussite. Cela dit, il faut bien admettre qu'elle ne va pas sans unilatéralité, unilatéralité de la passion, de l'intérêt ou d'une certaine lecture des faits, allant au bout de sa logique[28].

Une idéologie doit bien s'adapter à ses adversaires comme à certains événements, mais il ne s'ensuit pas qu'il y ait dialogue entre idéologies concurrentes. Chacune veut tellement avoir raison qu'elle tend à se couper des raisons que les autres pourraient faire valoir. Si une idéologie intègre les raisons des autres, c'est pour l'emporter contre les autres, non pour reconnaître leurs raisons. Il y a dans ce phénomène une combinaison de faits sociaux et de faits psychiques. La requête de sécurité morale et d'identification des individus, leurs besoins et leurs aspirations sont indissociables des expressions collectives adaptées au combat politique que sont les idéologies. Les antagonismes sociaux investissent l'imaginaire individuel et vice versa, pour le meilleur comme pour le pire. C'est ce qui explique l'adhésion sans réserve de partisans à un parti, leur courage et leur discipline, mais aussi leur aveuglement et leur fanatisme éventuels. Pour que celui-ci se brise, il faut parfois attendre qu'il aille jusqu'à la catastrophe. Les guerres de religion ont accumulé bien des désastres avant que, lassées, les différentes confessions apprennent à se tolérer. Un certain équilibre des forces et la peur de la guerre sont encore les meilleurs garants de la paix et du pluralisme idéologique. Et celui-ci est la condition nécessaire, toujours précaire, d'une discussion raisonnable à propos des différentes idéologies. La critique de celles-ci ne peut se faire que dans la concurrence qu'elles se livrent, mutuellement et civilement. Car il n'y a pas de lieu sans idéologie, il n'y a pas de tour d'ivoire d'où on les dominerait[29].

La réflexion qui se poursuit ici n'est pas au-dessus des idéologies, quoiqu'elle veuille faire son profit du débat qui les oppose. Elle reconnaît volontiers que son idéal, celui qui était défini à la fin de la première partie, est problématique et résulte d'un avatar du libéralisme. Elle voit les avantages du pluralisme, évidemment, mais ses limites aussi. Au moment où, dans les démocraties libérales, tous les points de vue semblent avoir droit de cité, on constate que les seuls à pouvoir exercer effectivement ce droit ont d'abord dû accepter un langage et un fonctionnalisme ambiants, une espèce d'idéologie commune à l'intérieur de laquelle ils peuvent élaborer des compromis viables. Tous ceux qui s'excluent ou sont exclus de ce dialogue, dialogue somme toute assez étroit, sont réduits au silence ou à des révoltes incomprises. S'ils jouent les terroristes, on les traite en délinquants plutôt qu'en ennemis. Ce qui caractérise les démocraties libérales, c'est non seulement leur capacité d'intégration idéologique, qui en temps d'expansion semble ne laisser de côté que des marginaux, mais aussi un certain relativisme vis-à-vis des valeurs et des enthousiasmes qui ont été à leur fondement. Il ne s'agit pas de regretter les ferveurs socialistes, nationalistes ou libérales du temps passé. Elles nous paraissent aujourd'hui assez naïves et lourdes d'ambiguïtés. Pourtant, il faut bien remarquer que le courage et l'imagination politiques ne vont pas sans quelque naïveté. C'est en croyant au paradis socialiste que tant de résistants ont lutté héroïquement contre le fascisme.

Il vaudrait mieux se méfier de ses ferveurs et valeurs avant de se laisser égarer par elles. On peut sans doute critiquer les unes, les traiter avec humour, mais ce sera en s'appuyant, dans le tréfonds de son cœur, sur d'autres valeurs momentanément hors de question. Il faut le reconnaître avec modestie, tâcher de ne pas se laisser obnubiler par les traditions et les idées-forces dont on dépend. Il faut les discuter quand on en a le loisir, ne se laisser porter que par celles que l'on veut retenir, et les nourrir au besoin.

Nous ne terminons certainement pas cette partie d'une façon satisfaisante pour l'esprit. Après avoir critiqué les engouements de l'espérance et des idéologies, nous avouons en dépendre. Nous avouons vivre dans l'incertitude et le risque de l'errance. Notre seule chance est d'être avec d'autres, à l'écoute des autres, qui peut-être contesteront nos idées arrêtées. Quand on est à plusieurs, d'horizons différents et de force égale, on est bien obligé de négocier, d'ouvrir son esprit et son cœur.

Troisième partie

Notes de références

1. Une première version de cette troisième partie a déjà été publiée sous le même titre in *Studies in Religion — Sciences religieuses* X (2) Waterloo, Ontario, 1981.

2. Pierre CLASTRES a repris dans ses mots le mouvement de la prière d'un prophète guarani contemporain. On y voit l'espérance naître du fond de la désespérance et le projet s'affermir à partir d'un passé imaginé. Le rapprochement de cette prière et de la foi biblique permet de dégager ce qui leur est commun. «Les efforts des hommes pour s'arracher à leur séjour paraissent inutiles, puisqu'ils n'émeuvent pas ceux qu'ils sollicitent (les dieux). Mais ainsi parvenu à la pointe extrême de son doute et de son angoisse, reviennent à celui qui les éprouve et les dit la mémoire du passé, le souvenir des ancêtres: de ceux-ci, les danses, les jeûnes et les prières ne furent-ils point jadis récompensés et ne leur fut-il pas donné de franchir la mer, d'en découvrir le passage? (Vers la Terre sans mal.) Alors s'affirme la confiance en un destin semblable pour les hommes de maintenant» (*La Société contre l'État*, Éditions de Minuit, Paris, 1974, p. 142).

3. Luc, I, 51-55.

4. Cf. M.I. PEREIRA DE QUEIROZ, «Mythes et mouvements messianiques», in *Diogène*, n° 90, Paris, 1975, ou, du même auteur, *Réforme et révolution dans les sociétés traditionnelles*, Anthropos, Paris, 1968.

5. En fait, il y avait des prophètes subversifs au pays kongo bien avant la venue des missionnaires chrétiens.

6. On a vu des apôtres de l'innocence et de la fraternité originaires se précipiter dans une voie opposée: la démolition apocalyptique de ce monde corrompu ou l'autodestruction qu'appelait la vengeance du ciel. Cependant, dans la première comme dans la seconde voie,

ils refusaient de composer avec ce monde. Cf. G. LAPOUGE, « Le Lieu glissant de l'improbable », *Magazine littéraire*, Paris, juillet-août 1978.

7. Ce qui frappe l'occidental dans les millénarismes étrangers à sa culture, ce sont sans doute les éléments repris à la sienne, quand il y en a. S'il n'y en a pas, il risque de ne pas reconnaître qu'il s'agit d'un millénarisme. C'est ainsi qu'on a pu dire que le millénarisme n'était que juif ou diffusé par les juifs via les chrétiens, les musulmans ou les socialistes.

8. Maurice LEENHARDT («*Gens de la Grande Terre,* Gallimard, Paris, 2ᵉ édition en 1953, pp. 46 et s.), rapporte comment les indigènes de Nouvelle-Calédonie accueillirent Cook et ses marins comme ne pouvant être que des ancêtres revenant de leur île lointaine. Quant à savoir si le culte du cargo est un retour vers l'obscurantisme ou un premier pas des indigènes vers l'adaptation au monde moderne, c'est une question qui divise bien du monde. Peter LAWRENCE (*Le Culte du cargo,* Fayard, Paris, 1974) juge négativement le culte du cargo et Peter WORSLEY (*The Trumpet Shall Sound*, Mac Gibbon and Kee, London, 1957) le juge plutôt positivement.

9. «Tout cela est déjà réalisé mais n'est pas encore pleinement manifesté», comme on dit dans la tradition chrétienne.

10. Henri DESROCHES, *Sociologie de l'espérance,* Calmann-Lévy, Paris, 1973, pp. 227 et suivantes.

11. Quand l'espérance du salut donne lieu à des règles morales ou à des formes liturgiques, l'espérance se trouve déjà trahie par la mesquinerie et le mauvais goût de ces formes et de ces règles. Que dire lorsqu'elle donne lieu à un droit et à des règlements de police!

12. C'est-à-dire des choses à raconter, devant être dites (*legenda*).

13. Pas seulement pour se laisser enchanter mais aussi éventuellement pour s'imposer à ses «minorités» (comme on les appellera une fois qu'elles seront en voie d'assimilation), pour justifier une politique impérialiste ou annexionniste, pour réduire l'opposition de certaines classes dominées en leur parlant de destin national.

14. On parle à ce propos d'un messianisme prophétique par opposition au messianisme royal ou davidique.

15. Cette force d'âme est facilitée quand elle correspond à l'honneur d'une fonction aristocratique ou d'un rôle éminent qu'on se flatte de jouer dans l'histoire. Qui se prend pour un conducteur d'hommes peut bien passer du registre de la profession de foi à celui de

l'examen lucide, et vice-versa, si ce passage lui paraît être la marque distinctive de son grand rôle. Mais où le simple citoyen peut-il trouver une «raison» de s'arracher à la médiocrité de la résignation ou à l'enchantement d'une foi rassurante? Dans une société égalitaire, qui se charge de critiquer, avec autorité, l'une ou l'autre de ces attitudes unilatérales, pour le bénéfice de tous?

16. Ainsi parle M. MERLEAU-PONTY, dans *Les Aventures de la dialectique* (Gallimard, Paris, 1955, p. 61), à propos de *Histoire et conscience de classe* de G. LUKACS.

17. Ernst Bloch, *Le Principe espérance* I, Gallimard, Paris, 1976, p. 173

18. *Ibid.,* p. 29.

19. Cf. *Ibid.,* p. 286.

20. Cf. *Ibid.* p. 399.

21. Cf. *Ibid.* p. 402.

22. Ceux qui veulent du pain sont aussi disposés à vouloir la justice. Mais s'ils sont repus de pain, leur faim de justice semble s'amortir.

23. *Gramsci dans le texte*, Éditions sociales, Paris, 1975, p. 153. Un peu plus loin, GRAMSCI continue: «Le fatalisme ne sert qu'à voiler la faiblesse d'une volonté active et réelle. Voilà pourquoi il faut toujours démontrer la futilité du déterminisme mécanique, qui (...) devient lorsqu'il est pris comme philosophie réfléchie et cohérente de la part des intellectuels, une source de passivité, d'autosuffisance imbécile (...)» (p. 154).

24. Ainsi les thèmes du triomphe des opprimés, du messianisme d'un groupe prédestiné, de l'universelle réconciliation à la fin des temps, de la connivence entre les attentes des hommes et la force des choses. Bien sûr, ces thèmes ne sont pas repris par le marxisme tels qu'ils s'énoncent dans la tradition religieuse. Ce que nous disons, c'est que cette tradition a déjà accrédité certaines attentes et certaines valeurs. L'examen que le marxisme fera des situations historiques, même s'il se considère en rupture avec le «socialisme utopique» et avec les Églises ou sectes chrétiennes, peut être orienté par la volonté de réaliser ces valeurs et attentes.

25. C. CASTORIADIS, *L'Institution imaginaire de la société,* Le Seuil, Paris, 1975, p. 58.

26. Cf. C. PERELMAN, «The Rational and the Reasonable», in *Rationality to-day. La Rationalité aujourd'hui,* édité par T. Geraets, Éditions de l'Université d'Ottawa, 1979.

27. Le critère de l'universalisation des lois morales ou juridiques semble être essentiellement un critère de contrôle, et rien de plus, du bien-fondé et de l'équité de la loi. Cf. P. RICOEUR, in *Rationality to-day,* p. 236, et C. PERELMAN, *ibidem,* pp. 214-215. Rappelons que l'appréciation d'une loi ou d'un principe appliqué universellement n'est elle-même universelle que si elle donne lieu à un débat universel, débat dans lequel chacun a les moyens de faire valoir son point de vue.

28. Cf. ce que nous disions dans la première partie, au chapitre 8, au sujet de la logique des représentations que respecte toute idéologie.

29. Cf. É. WEIL, *Essais et conférences* II, Plon, 1971, chap. XV, «Propagande, vérité et mass média».

Conclusion

Les enthousiasmes comme les rêves des utopistes et des idéalistes paraissent souvent outranciers. Ils provoquent même la persécution dans la mesure où ils inquiètent les autorités et jusqu'aux appareils revendicatifs établis. Ils n'en expriment pas moins, à l'occasion, des idéaux ou des espoirs, sans doute irréalisables comme tels, mais source de questionnement pour ceux qui se veulent réalistes, source d'inspiration pour des gens qui n'auraient pas osé rêver si haut. Nous avons parlé déjà des relations entre morale de responsabilité et morale de conviction, entre loi et prophètes. Au sein ou en marge des partis politiques, au sein ou en marge des Églises, des avant-gardes explorent des chemins nouveaux. Parfois, c'est la réprobation dont elles font l'objet qui les accule à une audace inouïe. Il se peut qu'elles découvrent des voies fécondes. Il se peut aussi qu'elles perdent tout sens de la mesure et toute prise sur le réel. Au bout du compte, les seuls projets à pouvoir aboutir sont ceux qui reconnaissent les possibilités du moment et s'y accordent. En d'autres mots, idéaux et espoirs ne sont que vains frissons de la subjectivité s'ils ne cherchent pas à composer avec le monde pour s'y réaliser tant bien que mal.

L'exigence éthique et l'espérance de pouvoir y répondre ne sont pas à confondre. Pourtant, en pratique, il leur arrive de mêler leurs appels, notamment dans des figures exemplaires plus ou moins mythiques, à la fois promesses pour l'avenir et défis moraux. Les pâques ou les révolutions, les saints ou les héros que commémorent des fidèles, édifient ceux-ci. Ils les invitent à répéter les exploits et les ferveurs du passé, et à être dignes à l'avenir de ce passé qu'ils célèbrent aujourd'hui. D'autre part, des fins ne se définissent qu'en découvrant.moyens et occasions. En même temps qu'elles se définissent, c'est l'espoir de les atteindre qui se précise et qui rejaillit sur la résolution de les atteindre. Bref, l'examen de ce qui est à faire et l'examen de ce qu'il est permis d'espérer, s'entrecroisent. C'est par ce double examen que le monde se révèle à l'homme et que celui-ci se révèle à lui-même[1].

Ceux qui réussissent à interpréter les virtualités d'une situation collective et à tracer des perspectives mobilisatrices, ceux qui mettent de l'avant des objectifs susceptibles d'être partagés et rassemblent assez de forces pour les poursuivre, ceux-là pourront changer quelque chose dans le monde. Le plus souvent, ce ne sera pas comme ils l'avaient projeté. Leurs idéaux et leurs espoirs, comme leurs politiques, seront bientôt affectés, voire emportés, par les forces sociales et les antagonismes qu'ils auront mis en branle.

Nous avons insisté sur le fait que la lecture des possibles, comme les perspectives morales ou politiques, sont à réinventer sans cesse, à l'encontre des habitudes acquises par chacun et par le corps social. Cela signifie : à l'encontre de la distribution des rôles sociaux auxquels s'identifient irrémédiablement tant de gens, à l'encontre des systèmes d'idées, des systèmes de pouvoirs et des systèmes d'intérêts qui tentent toujours de s'établir, qui ont chacun leur logique, leurs dynamismes et leurs inerties mais qui, d'autre part, s'épaulent mutuellement pour mieux durer.

L'interdépendance des appareils économiques, des réseaux de pouvoir et d'une idéologie dominante, dans la société contemporaine, fut le thème central de la première partie. Dans la seconde, nous nous sommes attaché aux rapports entre forces politiques et idéologies, entre regroupement des forces politiques et propagandes. Dans l'une et l'autre, il s'agissait de reconnaître les limites mais aussi la marge de manœuvre de l'initiative humaine. L'aliénation passe par l'assujetissement des mentalités à un ordre du monde qui semble aller de soi et par la dispersion de ceux qui voudraient le changer. La liberté passe donc par une prise de conscience de tout ce qui pourrait être entrepris pour contrer cet état de choses et par une mobilisation collective. D'une part, les hommes réagissent les uns aux autres selon des cadres délimitant ce qu'ils peuvent imaginer et faire. Ces cadres déterminent ainsi leur propre reproduction. Mais d'autre part, ils laissent place à des dysfonctions, des besoins et des aspirations qui ouvrent la voie à leur remise en cause[2]. Dans la troisième partie, nous avons montré combien l'initiative politique dépend d'une espérance partagée et plus ou moins euphorique. Celle-ci soutient mais peut aussi égarer l'initiative. L'espérance, nécessaire au courage dans la lutte contre les idéologies, les pouvoirs et les intérêts établis, a toujours, elle aussi, dès qu'elle devient efficace, partie liée à une idéologie. Elle peut devenir l'alibi d'un nouveau pouvoir et de nouveaux intérêts.

* * *

Revenons sur ce que nous disions dès l'introduction : la liberté s'aliène dans ses propres productions. On construit un modèle théorique pour comprendre le monde et voilà que ce modèle devient une façon de penser dont bien des esprits ne peuvent plus se défaire ; sa cohérence interne tient lieu de vérité. On proteste contre la vanité des observances d'une Église, contre la mesquinerie et l'hypocrisie des bien-pensants, et on est déjà en train d'instituer une nouvelle chapelle, une nouvelle orthodoxie qui méritera les mêmes reproches que l'ancienne. On veut lutter contre l'injustice, on prend les moyens qu'il faut et l'on se retrouve prisonnier d'un appareil d'État ou de parti. Le carriérisme des bureaucrates, leur goût du pouvoir et la routine se conjuguent à l'abri des idéaux, des lois et des mœurs les plus respectables. Dans ce cas, on voit que l'aliénation n'est pas que le fait d'habitudes. Elle est d'abord le résultat de forces sociales identifiables, visant à établir ou à garder des privilèges.

Nous avons tâché de comprendre comment, avec le développement industriel et post-industriel, s'est instituée une certaine organisation de travail impliquant de nouvelles relations de pouvoir et d'exploitation. Ceux qui trouvent leur avantage dans ces relations veulent évidemment qu'elles durent et ils peuvent beaucoup à partir de la position qu'ils occupent déjà. Par ailleurs, l'organisation du travail que nous connaissons aujourd'hui a beau être déraisonnable et reconnue comme telle à bien des égards, elle se présente et se justifie selon une idéologie ayant toutes les apparences de la rationalité une fois qu'elle a enfermé l'intelligence dans un certain cadre de référence.

Au sujet de la fermeture d'un cadre de référence, évoquons le procès de Nuremberg. On a jugé là des hommes qui prétendaient avoir fait leur devoir en exécutant des ordres, criminels selon le tribunal, parfaitement légaux selon les prévenus. Ceux-ci s'en remettaient, dans leur plaidoyer du moins, à la discipline militaire, au système juridique et aux règles administratives du IIIe Reich. Ils ne voulaient pas voir au-delà de ces cadres. «Au-delà», avant l'écrasement du IIIe Reich et dans les limites de sa juridiction, il n'y avait ni lois ni repères moraux assurés. Il n'y avait que solitude et questionnements tragiques, ou solidarité avec les persécutés, pour celui qui osait s'avancer hors des chemins reconnus par ses concitoyens. Morale fermée et morale ouverte, «totalité et infini», loi et prophètes évoquent la même opposition entre le risque de l'aveuglement dans la conformité à un code plus ou moins cohérent et, d'autre part, les voies non balisées de la justice et de la vérité, justice et vérité tout autres que celles déjà établies dans le monde. Nous évoquons ici une façon de voir les choses qui est au cœur de l'héritage biblique. Dans cet héritage, la liberté trouve un chez soi, se ménage ancrage et espérance dans l'épreuve. Pourtant, dans cet héritage même, la liberté s'est souvent abîmée, imbue de son droit, sourde aux appels insolites d'autrui tant elle était assurée d'avoir entendu le Tout Autre. Être à l'écoute de ce Dieu-là impliquerait pourtant qu'on ne s'approprie jamais son «testament».

Après avoir ainsi rappelé en quelques mots les thèmes de ce livre, il nous faut prévenir une objection. Pourquoi, après avoir dit parier pour la liberté, avons-nous surtout parlé des pièges qu'étaient pour elle les médiations les plus nécessaires et jusqu'à ses réussites mêmes? C'est qu'il fallait d'abord constater ces pièges pour s'en méfier, pour comprendre la condition de la liberté, condition qu'elle ne maîtrise jamais. Elle ne peut s'instituer une fois pour toutes, elle ne peut se fier totalement à aucune habitude, quoiqu'elle ait besoin de la complicité d'habitudes et d'institutions pour se déployer. Elle ne peut que se ressaisir sans cesse et redéfinir sans cesse ses projets pour éviter de se perdre subrepticement dans les situations où ses projets prennent corps. En un sens, elle est toujours déjà aliénée, constitutivement investie par l'autre qu'elle-même, mais c'est dans cet état qu'elle trouve des occasions de se ressaisir. Que son œuvre soit sans fin ne signifie nullement qu'elle soit dérisoire, sans sens et sans joie.

La liberté dépend de facteurs innombrables qui la contraignent, la déroutent, l'assujettissent mais lui offrent aussi des matériaux à travailler, des moyens à saisir, des motifs à reprendre et des défis à relever. Sans eux, elle ne serait rien. C'est pourquoi le mot dépendance, dans ce contexte, ne signifie pas d'abord un manque. L'art du potier serait-il moindre parce qu'il dépend de la terre, y trouve à la fois résistance et complicité, parce qu'il repose sur une tradition esthétique et des tours de main éprouvés? Il est vrai que l'art du potier s'amortit s'il n'est pas une création continuée, à même la terre, à l'encontre des facilités du métier. Mais si le potier est mauvais, serait-ce à cause de sa tradition ou de ses matériaux?

Que serait une liberté sans besoin ni désir, sans mobile ni passion? Que serait une volonté politique refusant de transiger avec d'autres volontés, refusant tout compromis comme s'il s'agissait de compromission, refusant de s'accorder à un milieu dont elle pourrait partager les objectifs, la force et la détermination? Cet essai n'a pas répondu à ces questions mais a tâché de bien les poser.

Une dernière remarque s'impose. Quel est le sujet de la liberté dont on parle ici? Nous avons surtout envisagé des initiatives de groupe. Nous avons dit et redit que l'individu appartenait à une mentalité et qu'il était entraîné par des mouvements collectifs. Mais, avouons-le, il est difficile de se départir d'un paradigme selon lequel une action est d'abord personnelle, volontaire et consciente. Et cela nuit à la compréhension des faits. Par ailleurs, nous considérons que la liberté individuelle est une valeur certaine quoiqu'elle soit un fait moins assuré. C'est chacun qui doit critiquer les idées reçues et les engouements collectifs, explorer «les voies non balisées de la justice et de la vérité». Répéter que de telles initiatives s'enracinent dans une culture et ne peuvent rien si elles ne sont pas reprises par plusieurs, n'enlève rien à la responsabilité de chacun.

Conclusion

Notes de références

1. À propos des espoirs, nous avons surtout parlé de ceux qui portaient sur des bouleversements historiques, mais il en est de plus modestes. Il est des cultures où l'on attendait de l'avenir rien de plus que la succession des saisons, la conservation de l'ordre cosmique, moral et social, des greniers pleins et de nombreux fils.

2. À ce propos, cf. le dernier livre de M. AUGÉ, *Symbole, fonction, histoire*, Hachette, Paris, 1979.

Bibliographie

Pour chacune des parties, nous indiquons ci-dessous les livres et articles auxquels nous sommes le plus redevable. Pour les livres de langue étrangère, s'il y a une traduction française, nous ne citons que celle-ci dans la mesure où nous la connaissons. Les références au bas des pages concernent un argument précis emprunté à un ouvrage mentionné dans cette bibliographie ou à un ouvrage auquel nous n'avons fait qu'un emprunt occasionnel.

1ère partie

ARROW, K.J.
The Limits of Organization, W.W. Norton and Co., New York, 1974.

BARTHES, R.
Mythologies, Le Seuil, Paris, 1973.

BASTIDE, R.
Sociologie et psychanalyse, P.U.F., Paris, 1950.
Le Prochain et le lointain, Cujas, Paris, 1970.

BEAUVOIR, S. de
Pour une morale de l'ambiguïté, Gallimard, Paris, 1947.

BENEDICT, R.
Échantillons de civilisation, Gallimard, Paris, 1950.

BERGSON, H.
Les Deux Sources de la morale et de la religion, P.U.F., Paris, 1932.

BLOCH, M.
Apologie pour l'histoire ou métier d'historien, Armand Colin, Paris, 6ᵉ éd., 1967.

BRAUDEL, F.
Écrits sur l'histoire, Flammarion, Paris, 1969.

CALDER, N.
Technopolis, Flammarion, Paris, 1971.

CASSIRER, E.
Essai sur l'homme, Éd. de Minuit, Paris, 1975.

CASTELLI, E. (sous la direction de)
Démythisation et morale, Aubier-Montaigne, Paris, 1965.
La Critique de la démythisation, Aubier-Montaigne, Paris, 1973.

CASTORIADIS, C..
L'Institution imaginaire de la société, Le Seuil, Paris, 1975.

CERTEAU, M. de
L'Écriture de l'histoire, Gallimard, Paris, 1975.

CIORAN, E.M.
Histoire et utopie, Gallimard, Paris, 1960.

* * * *

Critique de la division du travail, Le Seuil, Paris, 1973.

CROZIER, M.
Le Phénomène bureaucratique, Le Seuil, Paris, 1963.

DE WAELHENS, A.
La Philosophie et les expériences naturelles, Martinus Nijhoff, La Haye, 1961.

DÉTIENNE, M. et VERNANT, J.-P.
Les Ruses de l'intelligence, Flammarion, Paris, 1974.

DUFRENNE, M.
La Personnalité de base. Un concept sociologique, P.U.F., Paris, 2ᵉ éd., 1966.

DUMONT, F.
«Idéologie et sciences humaines», in *La Communication. Actes du XVᵉ congrès de l'ASPLF,* vol. II, Montmorency, Montréal, 1973.

Les Idéologies, P.U.F., Paris, 1974.

DUMONT, L.

Homo hierarchicus. Essai sur le système des castes, Gallimard, Paris, 1966.

Homo aequalis. Genèse et épanouissement de l'idéologie économique, Gallimard, Paris, 1977.

DURKHEIM, É.

De la division du travail social, Félix Alcan, Paris, 6ᵉ éd., 1932.

Sociologie et philosophie, P.U.F., Paris, 1967.

Les Règles de la méthode sociologique, P.U.F., Paris, 17ᵉ éd., 1968.

ELIAS, N.

La Civilisation des mœurs, Calmann-Lévy, Paris, 1973.

ELLUL, J.

Métamorphose du bourgeois, Calmann-Lévy, Paris, 1975.

FREUD, S. et BULLITT, W.C.

Le Président T.W. Wilson. Portrait psychologique, Albin Michel, 1967.

FROMM, E.

Société aliénée et société saine, Le Courrier du livre, Paris, 1956.

La Peur de la liberté, Buchet-Chastel, Paris, 1963.

La Passion de détruire. Anatomie de la destructivité humaine, Robert Laffont, Paris, 1975.

FURTADO, C.

Le Mythe du développement économique, Anthropos, Paris, 1976.

GALBRAITH, J.K.

Le Nouvel État industriel. Essai sur le système économique américain, Gallimard, Paris, 1968.

GODELIER, M.

Rationalité et irrationalité en économie, Maspero, Paris, 1968.

«Préface», in *Sur les sociétés précapitalistes. Textes choisis de Marx et Engels,* Éd. sociales, Paris, 1970.

«L'Anthropologie économique», in *L'Anthropologie: science des sociétés primitives,* Denoël, Paris, 1971.

GOFFMAN, E.
Les Rites d'interaction, Éd. de Minuit, Paris, 1974.

GUNDER FRANK, A.
Lumpen-bourgeoisie et lumpen-développement, Maspero, Paris, 1971.
Le Développement du sous-développement, Maspero, Paris, 1972.

GURVITCH, G.
Déterminismes sociaux et liberté humaine, P.U.F., Paris, 1955.

HABERMAS, J.
Théorie et pratique, Payot, Paris, 1975.

HEGEL, G.W.F.
L'Esprit du christianisme et son destin, Vrin, Paris, 1948.

HEIDEGGER, M.
L'Être et le temps, Gallimard, Paris, 1964.

HORKHEIMER, M.
Éclipse de la raison, Payot, Paris, 1974.

LACOUTURE, J.
Léon Blum, Le Seuil, Paris, 1977.

LADRIÈRE, J.
Vie sociale et destinée, Duculot, Gembloux, 1973.
Les Enjeux de la rationalité. Le Défi de la science et de la technologie aux cultures, Aubier-Unesco, Paris, 1977.

LEPAGE, H.
Demain le capitalisme, Hachette, Paris, 1978.

LE ROY LADURIE, E.
Le Territoire de l'historien, Gallimard, Paris, 1973.

LÉVINAS, E.
Totalité et infini. Essai sur l'extériorité, Martinus Nijhoff, La Haye, 1961.

LÉVY, B.-H.
Le Testament de Dieu, Grasset, Paris, 1979.

LINTON, R.
Les Fondements culturels de la personnalité, Dunod, Paris, 1959.

LUKACS, G.
Histoire et conscience de classe, Éd. de Minuit, Paris, 1960.

MAC INTYRE, A.
A Short History of Ethics, Routledge and Kegan Paul, Londres, 1967.

MARROU, H.-I.
De la connaissance historique, Le Seuil, Paris, 1955.

MARCUSE, H.
L'Homme unidimensionnel, Éd. de Minuit, Paris, 1968.

MAUSS, M.
«Essai sur le don», in *Sociologie et Anthropologie,* P.U.F., Paris, 1966.

MAY, R.
Amour et volonté, Stock, Paris, 1972.

MERLEAU-PONTY, M.
La Phénoménologie de la perception, Gallimard, Paris, 1945.
Humanisme et terreur, Gallimard, Paris, 1947.
Sens et non-sens, Nagel, Paris, 1948.
Les Aventures de la dialectique, Gallimard, Paris, 1955.
Signes, Gallimard, Paris, 1960.
Le Visible et l'invisible, Gallimard, Paris, 1964.

MYRDAL, G.
Value in Social Theory, Routledge and Kegan Paul, Londres, 1958.

NEE, J.U.
La Naissance de la civilisation industrielle et le monde contemporain, Armand Colin, Paris, 1954.

OSSOWSKA, M.
Social Determinants of Moral Ideas, Routledge and Kegan Paul, Londres, 1971.

PAPADOPOULOS, T.
«Critères anthropologiques d'une définition du progrès», in *Diogène,* no 91, Paris, 1975.

PERROUX, F.
Économie et société. Contrainte, échange, don, P.U.F., Paris, 1960.

PESTIEAU, J.
Contre le défaitisme politique. Imagination politique et intelligence économique, Presses de l'Université de Montréal, Montréal, 1973.

POLIN, R.
Éthique et politique, Sirey, Paris, 1968.

PORTNOY, H.
L'Argent et l'imaginaire, Éd. Entente, Paris, 1975.

POUILLION, F. (sous la direction de)
L'Anthropologie économique. Courants et problèmes, Maspero, Paris, 1976.

RADCLIFFE-BROWN, A.R.
Structure et fonction dans la société primitive, Éd. de Minuit, Paris, 1968.

RICOEUR, P.
Le Volontaire et l'involontaire, Aubier-Montaigne, Paris, 1963.
Histoire et vérité, Le Seuil, Paris, 3e éd., 1964.
«Sciences et idéologie», in *Revue Philosophique de Louvain,* Louvain, mai 1974.
«Le Discours de l'action», in *La Sémantique de l'action,* recueil préparé sous la direction de D. Tiffeneau, Éditions du CNRS, Paris, 1977.

RIESMAN, D.
La Foule solitaire, Arthaud, Paris, 1964.

ROBINS, L.
Essai sur la nature et la signification de la science économique, Librairie de Médicis, Paris, 1947.

ROUS, J.
Tiers Monde: Réforme et révolution, Présence africaine, 1977, Paris.

ROUSTANG, G. (études coordonnées par)
La Seconde Société industrielle, Éd. ouvrières, Paris, 1967.

RUBEL, M.
Marx, critique du marxisme — Essais, Payot, Paris, 1974.

SARTRE, J.-P.
  La Critique de la raison dialectique I, Gallimard, Paris, 1960.

SARTRE, GARAUDY, ORCEL, HYPPOLITE, VIGIER
  Marxisme et existantialisme. Controverse sur la dialectique, Plon,
  Paris, 1962.

SCHAFF, A.
  Langage et connaissance, suivi de *Six essais sur la philosophie du
  langage,* Anthropos, Paris, 1969.
  Histoire et vérité, Anthropos, Paris, 1969.

SCHELER, M.
  La Situation de l'homme dans le monde, Aubier, Paris, 1969.

SCHONFIELD, A.
  Le Capitalisme aujourd'hui, Gallimard, Paris, 1967.

SIMEY, T.S.
  Social Sciences and Social Purpose, Constable, Londres, 1968.

STEINER, G.
  La Culture contre l'homme, Le Seuil, Paris, 1973.

STEWARD, J.H.
  *Theory of Culture Change. The Methodology of Multilinear Evo-
  lution,* University of Illinois Press, Urbana, 1955.

STOVER, L.E.
  La Science-fiction américaine. Essai d'anthropologie culturelle,
  Aubier-Montaigne, Paris, 1972.

TRILLING, L.
  Sincerity and Authenticity, Harvard University Press, Cambridge,
  Mass., 1971.

VEYNE, P.
  Comment on écrit l'histoire, Le Seuil, Paris, 1971.
  Le Pain et le cirque, Le Seuil, Paris, 1976.

WEBER, M.
  Le Savant et le politique, Plon, Paris, 1959.
  «La Morale économique des grandes religions», in *Archives de
  sociologie des religions,* no 9, Paris, 1960.
  L'Éthique protestante et l'esprit du capitalisme, Plon, Paris, 1964.

WEIL, É.
Philosophie politique, Vrin, Paris, 1956.
Philosophie morale, Vrin, Paris, 1961.
«Propagande, vérité et mass média», chap. XV, in *Essais et conférences* II, Plon, Paris, 1971.

2ᵉ partie

AMIN, S.
Le Développement inégal. Essai sur les formations sociales du capitalisme périphérique, Éd. de Minuit, Paris, 1973.

ARENDT, H.
Essai sur la révolution, Gallimard, Paris, 1967.
Du mensonge à la violence. Essais de politique contemporaine, Calmann-Lévy, Paris, 1972.

ARGHIRI, E.
L'Échange inégal. Essai sur les antagonismes dans les rapports économiques internationaux, Maspero, Paris, 1969.

ARON, R.
Essai sur les libertés, Calmann-Lévy, Paris, 1965.
Penser la guerre, Clausewitz, Gallimard, Paris, 1976.

AUGÉ, M.
Théorie des pouvoirs et idéologie. Étude de cas en Côte d'Ivoire, Hermann, Paris, 1975.
Pouvoirs de vie, pouvoirs de mort. Introduction à une anthropologie de la répression, Flammarion, Paris, 1977.
Symbole, fonction, histoire, Hachette, Paris, 1979.

BAECHLER, J.
Le Pouvoir pur, Calmann-Lévy, Paris, 1978.

BALANDIER, G.
Anthropologie politique, P.U.F., Paris, 1967.

BERLIN, I.
Two Concepts of Liberty. An Inaugural Lecture Delivered before the University of Oxford on 31-10-1958. Oxford University Press, Londres, 1963.

BERTHOUD, G.
«Une pensée contre l'État (Hommage à Pierre Clastres)», in *Auto-gestion et socialisme,* nº 40, Paris, mars 1978.

BETTELHEIM, C.
Les Luttes de classes en URSS. 1ʳᵉ Période 1917-1923, Le Seuil-Maspero, Paris, 1974.

BIRNBAUM, P.
«Sur les origines de la domination politique (A propos d'Étienne de la Boétie et de Pierre Clastres)», in *Revue française de science politique,* 27 (1), 1977.

BLOCH, M.
La Société féodale. La Formation des liens de dépendance, Albin Michel, Paris, 1939.

BOHANNAN, P. (sous la direction de)
Law and Warfare. Studies in the Anthropology of Conflicts, University of Texas Press, Austin et Londres, c., 1967.

BRETON, A.
The Economic Theory of Representative Government, Aldine Publishing Co., Chicago, 1974.

BURKE, E.
Burke's Speeches, édité par F.G. Selby, Macmillan and Co., Londres, 1954.

CARRÈRE D'ENCAUSSE, H.
Le Pouvoir confisqué, Flammarion, Paris, 1980.

CHESNEAUX, J.
«Le Mode de production asiatique. Quelques perspectives de recherche», in *Sur le «Mode de production asiatique»,* Éd. sociales, Paris, 1969.

CLASTRES, P.
La Société contre l'État. Recherches d'anthropologie politique, Éd. de Minuit, Paris, 1974.
«Archéologie de la violence», in *Libre* 77 (1), Payot, Paris.

* * * *

Critique des pratiques politiques, Éditions Galilée, Paris, 1978.

DAHL, R.
L'Analyse politique contemporaine, Robert Laffont, Paris, 1973.
Après la révolution, Calmann-Lévy, Paris, 1973.

DEUTSCHER, I.
Stalin, Oxford University Press, Londres, 1949.
The Unfinished Revolution. Russia 1917-1967, Oxford University Press, Londres, 1967.

DHOQUOIS, G.
«Les Premières Sociétés de classes : les formes asiatiques», in *Pour l'histoire,* Anthropos, Paris, 1971.

DOURNES, J.
«Sous couvert des maîtres», in *Archives européennes de sociologie,* tome XIV (2), Paris, 1973.

DUBY, G.
Guerriers et paysans, VIIe-XIIe siècle : Premier Essor de l'économie européenne, Gallimard, Paris, 1973.
«Histoire sociale et idéologie des sociétés», in *Faire de l'histoire,* vol. I, Gallimard, Paris, 1974.

DUVERGER, M.
Introduction à la politique, Gallimard, Paris, 1964.
La Monarchie républicaine ou comment les Républiques se donnent des rois, Robert Laffont, Paris, 1974.

EASTON, D.
«Political Anthropology», in *Biennial Review of Anthropology,* édité par Siegel, Stanford University Press, Californie, 1959.

ELIAS, N.
La Dynamique de l'Occident, Calmann-Lévy, Paris, 1975.

ENGELS, F.
Anti-Dühring, Éd. sociales, Paris, 3e éd. revue, 1971.

EVANS-PRITCHARD, E.E.
Les Nuer. Description des modes de vie et des institutions politiques d'un peuple nilote, Gallimard, Paris, 1968.

FAYE, J.-P.
Théorie du récit. Introduction aux «Langages totalitaires», Hermann, Paris, 1972.

FORTES, M. & EVANS-PRITCHARD, E.E. (sous la direction de)
Systèmes politiques africains, P.U.F., Paris, 1964.

FREUND, J.
Qu'est-ce que la politique?, Le Seuil, Paris, 1967.
«L'Ennemi et le tiers dans l'État», in *Archives de philosophie du droit,* tome 21, Sirey, Paris, 1976.

GABEL, J.
Idéologies, Anthropos, Paris, 1974.

GAUCHET, M.
«La Dette du sens et les racines de l'État. Politique et religion primitive», in *Libre* 77 (2), Payot, Paris.

GAVI, SARTRE, VICTOR
On a raison de se révolter. Discussions, Gallimard, Paris, 1974.

GLUCKMAN, M. (sous la direction de)
Essays on the Ritual of Social Relation, Manchester University Press, Manchester, 1962.

GLUCKMAN, M.
Politics, Law and Ritual in Tribal Society, Basil Blackwell, Oxford, 1965.

GLUCKSMANN, A.
La Cuisinière et le mangeur d'hommes. Essai sur l'État, le marxisme, les camps de concentration, Le Seuil, Paris, 1975.

HEILBRONER, R.L.
«The Human Prospect», in *The New York Review of Books,* New York, January 24, 1974.

HEUSCH, L. de
«Pour une dialectique de la sacralité du pouvoir», in *Le Pouvoir et le sacré,* Annales du Centre d'étude des religions, n° 1, Université de Bruxelles, Institut de sociologie, Bruxelles, 1962.

HICKS, J.
Une Théorie de l'histoire économique, Le Seuil, Paris, 1973.

HOBBES, T.
Leviathan, Sirey, Paris, 1971.

* * * *

«International Fascism 1920-1945», *Journal of Contemporary History*, n° 1, Londres, 1966.

JOLY, M.
Dialogue aux enfers entre Machiavel et Montesquieu, Calmann-Lévy, Paris, 1968.

JOUVENEL, B. de
De la politique pure, Calmann-Lévy, Paris, 1964.
Du Principat et autres réflexions politiques, Hachette, Paris, 1972.
Du pouvoir, Hachette, Paris, 1972.
La Civilisation de puissance, Fayard, Paris, 1976.
Les Débuts de l'État moderne (Une histoire des idées politiques au XIXe siècle), Fayard, Paris, 1976.

JULIEN, C.
L'Empire américain, Bernard Grasset, Paris, 1968.

LA BOÉTIE, É. de
Le Discours de la servitude volontaire. La Boétie et la question de la politique, textes de P. Clastres et C. Lefort, Payot, Paris, 1976.

LACHARRIÈRE, R.
«Rousseau et le socialisme», in *Études sur le Contrat social de J.-J. Rousseau. Actes des Journées d'étude tenues à Dijon du 3 au 6 mai 1962*, Société des Belles Lettres, Paris, 1964.

LEACH, E.
Les Systèmes politiques des Hautes terres de Birmanie. Analyse des structures sociales katchin, préface de R. Firth, postface de J. Pouillon, Maspero, Paris, 1972.

LEFORT, C.
«Droits de l'homme et politique» in *Libre* 80 (7), Payot, Paris.

LE MENÉ, M.
L'économie médiévale, P.U.F., Paris, 1977.

LÉNINE, V.
L'Impérialisme, stade suprême du capitalisme, Éd. en langues étrangères, Pékin, 1970.

LÉVI-STRAUSS, C.

« La Théorie du pouvoir dans une société primitive », pp. 41-63, in *Les Doctrines politiques modernes,* Brentano's Inc., New York, C. 1947.

LINDSAY, A.D.

The Modern Democratic State, Oxford University Press, New York, nouvelle édition, 1962.

LOCKE, J.

Lettre sur la tolérance, P.U.F., Paris, 1965.

LUKES, S.

Power. A Radical View, The Macmillan Press, Londres, 1974.

MACHIAVEL, N.

Le Prince, in Œuvres complètes, Gallimard, Paris, 1952.

MAGDOFF, H.

The Age of Imperialism, Ed. of the Monthly Review, New York, 1969.

MARLIO, L.

« Le Droit d'insurrection », in *Les Doctrines politiques modernes,* Brentano's Inc., New York, c. 1947.

MARX, K.

Critique des fondements de l'économie politique, Anthropos, Paris, 1970.

Le 18 Brumaire de Louis Bonaparte, Éd. sociales, Paris, 1969.

Le Manifeste du parti communiste suivi de *Lutte des classes en France (1848-1850),* Union générale d'édition. Paris, 1962.

MEILLASSOUX, C.

Femmes, greniers et capitaux, Maspero, Paris, 1975.

MICHAUD, Y.

Violence et politique, Gallimard, Paris, 1978.

MIDDELTON, J. et TAIT, D. (sous la direction de)

Tribes without Rulers. Studies in African Segmentary Systems, Routledge and Kegan Paul, Londres, 1958.

MIGUÉ, J.-L.

« Le Marché politique au Canada », in *Public Policy — Analyse de politiques,* Hiver 1976, Guelph, Ontario.

MILIBAND, R.
L'État dans la société capitaliste. Analyse du système de pouvoir occidental, Maspero, Paris, 1973.

MILL, J.S.
La Liberté, Guillaumin, Paris, 3ᵉ éd., 1877.

MONNEROT, J.
Sociologie de la révolution. Mythologies politiques du XXᵉ siècle. Marxistes-léninistes et fascistes. La Nouvelle Stratégie révolutionnaire, Fayard, Paris, 1970.

MONTESQUIEU
De l'esprit des lois, Garnier, Paris, 1968.

PARKINSON, C.N.
L'Évolution de la pensée politique, Gallimard, Paris, 1964 et 1965.

PEREIRA DE QUEIROZ, M.I.
Os Cangaceiros, Julliard, Paris, 1968.

PESTIEAU, J.
«Utopie et pouvoir», in *Studies in Religion — Sciences religieuses,* 1978 (3), Waterloo, Ontario.

PESTIEAU, P.
«Une nouvelle conception de la justice sociale», in *Annales de la faculté de droit, d'économie et de sciences sociales de l'Université de Liège,* 1976 (4), Liège.

PLIOUCHTCH, L.
Dans le carnaval de l'histoire — Mémoires, Le Seuil, Paris, 1977.

POLANYI, K. & ARENSBERG, C.
Les Systèmes économiques dans l'histoire et dans la théorie, Larousse, Paris, 1975.

POULANTZAS, N.
Pouvoir politique et classes sociales, Maspero, Paris, 1971.
L'État, le pouvoir, le socialisme, P.U.F., Paris, 1978.

PREOBRAJENSKY, RAKOVSKY, TROTSKY
De la bureaucratie, Maspero, Paris, 1971.

RAWLS, J.
A Theory of Justice, Harvard University Press, Cambridge, 1971.

REBOUL, O.
«La Violence et l'idéologie», in *Dialogue*, 1978 (3), Toronto.
* * * *
Le Régime représentatif est-il démocratique?, n° 7 de *Pouvoirs*, P.U.F., Paris, 1981.

ROUSSEAU, J.-J.
Le Contrat social, in *Œuvres complètes*, Gallimard, Paris, 1961.

SERVIER, J.
Histoire de l'utopie, Gallimard, Paris, 1967.

SOLJENITSYNE, A.
L'Archipel du Goulag I, II, III, Le Seuil, Paris, 1974-76.
* * * *
Special Issue on Representation, *Ethics* 91 (3), Chicago, 1981.

SWARTZ, M.J. (sous la direction de)
Local-Level Politics. Social and Cultural Perspectives, Aldine Publishing Co., Chicago, 1968.

SWARTZ, TURNER, TUDEN (sous la direction de)
Political Anthropology, Aldine Publishing Co., Chicago, 1966.

TOCQUEVILLE, A. de
De la démocratie en Amérique et *l'Ancien Régime et la Révolution*, in *Œuvres, papiers et correspondances de A. de Tocqueville*, Gallimard, Paris, 1951.

TOUCHARD, J. (avec la collaboration de LAVAU, SIRINELLI, BODIN, JEANNIN)
Histoire des idées politiques, P.U.F., Paris, 1959.

TROTSKY, L.
Histoire de la Révolution russe, Le Seuil, Paris, 1950.

TURNER, V.
Schism and Continuity in an African Village. A Study of Ndembu Village Life, Manchester University Press, Manchester, 1957.

WINKLER, E.A.
«Political Anthropology», in *Biennial Review of Anthropology* (1969), édité par Siegel, Stanford University Press, Californie, 1970.

3e partie

BALANDIER, G.
Sociologie actuelle de l'Afrique noire, P.U.F., Paris, 2e éd., 1963.

BALTHASAR, H.U. von
Théologie de l'histoire, Plon, Paris, nouvelle édition, 1960.

BARKUN, M.
Disaster and the Millenium, Yale University Press, New Haven, 1974.

BERDIAEV, N.
Les Sources et le sens du communisme russe, Gallimard, Paris, 1951.

BLOCH, E.
Le Principe espérance I, Gallimard, Paris, 1976.

BORG, J.L.
«Le Marxisme dans la philosophie de Merleau-Ponty», in *Revue Philosophique de Louvain,* Louvain août 1975.

CAZENEUVE, J.
Sociologie du rite: Tabou, magie, sacré, P.U.F., Paris, 1971.

CHALIAND, G.
Mythes révolutionnaires du Tiers Monde. Guérillas et socialismes, Le Seuil, Paris, 1976.

CLASTRES, H.
La Terre sans mal. Le Prophétisme tupiguarani, Le Seuil, Paris, 1975.

COHN, N.
Les Fanatiques de l'Apocalypse, Julliard, Paris, 1962.

COTTIER, G.
La Mort des idéologies et l'espérance, Éd. du Cerf, Paris, 1970.

DESROCHES, H.
Dieux d'hommes. Dictionnaires des messianismes et millénarismes de l'ère chrétienne, Mouton, La Haye-Paris, 1969.
Sociologie de l'espérance, Calmann-Lévy, Paris, 1973.

* * * *

Le Discours utopique. Colloque de Cerisy, Union générale d'édition, Paris, 1978.

DORFLES, G.
Mythes et rites d'aujourd'hui, Klinksieck, Paris, 1975.

DOUGLAS, M.
De la souillure. Essai sur les notions de pollution et de tabou, Maspero, Paris, 1971.

DOZON, J.-P.
«Les Mouvements politico-religieux», in *La Construction du monde. Religion, représentation, idéologie* (publié sous la direction de M. Augé), Maspero, Paris, 1974.

DUVEAU, G.
Sociologie de l'utopie, P.U.F., Paris, 1961.

ENGELS, F.
«La Guerre des paysans en Allemagne», in *La Révolution démocratique bourgeoise en Allemagne,* Éd. sociales, Paris, 1951.

GARAUDY, R.
Le Projet espérance, Robert Laffont, Paris, 1976.
Pour un dialogue des civilisations, Denoël, Paris, 1977.

GIRARD, R.
La Violence et le sacré, Grasset, Paris, 1972.
«À propos de Girard: La Violence et le sacré», in *Esprit,* Paris, novembre 1973, pp. 513-581.
Des Choses cachées depuis la fondation du monde, recherches avec J.-M. Oughourlian et G. Lefort, Grasset, Paris, 1978.

GOLDMANN, L.
Introduction à la philosophie de Kant, Gallimard, Paris, 1967.

GRAMSCI, A.
The Modern Prince and Other Writings, c. Louis Marks, 1957, International Publishers, New York.
Écrits politiques I, II, Gallimard, Paris, 1974-1975.
Gramsci dans le texte, recueil réalisé sous la direction de F. Ricci en collaboration avec J. Brament, Éd. sociales, Paris, 1975.

HARVEY, J.
«Philosophie de l'histoire et apocalypse», in *Science et Esprit* XXV (1), Bellarmin, Montréal, 1973.

HENRY, M.
«Le Concept de l'être comme production», in *Revue Philosophique de Louvain,* Louvain, février 1975.

HILL, C.
Le Monde à l'envers, Payot, Paris, 1977.

HURBON, L.
Ernst Bloch. Utopie et espérance, Éd. du Cerf, Paris, 1974.

* * * *

Introduction aux sciences humaines des religions, Cujas, Paris, 1970.

KANT, E.
Critique du jugement, Vrin, Paris, 1951.
Fondement de la métaphysique des mœurs, Hachette, Paris, 1954.
Kant. La Philosophie de l'histoire. Opuscules, Aubier-Montaigne, Paris, 1947.

KNOX, R.
Enthusiasm. A Chapter in the History of Religion with Special Reference to the XVII and XVIII Centuries, Clarendon Press, Oxford, 1950.

KUNG, H.
Être chrétien, Le Seuil, Paris, 1978.

LA BARRE, W.
«Materials for a History of Crisis Cult. A Bibliographical Essay», in *Current Anthropology*, février 1971, Chicago.

LACROIX, J.
Histoire et mystère, Casterman, Tournai, 1962.

LADRIÈRE, J.
Vie sociale et destinée, Duculot, Gembloux, 1973.

LANTERNARI, V.
Les Mouvements religieux des peuples opprimés, Maspero, Paris, 1962.

LAPOUGE, G.
«Le Lieu glissant de l'improbable», in *Magazine littéraire*, nᵒ 139, Paris, 1978.

LAWRENCE, P.
Le Culte du cargo, Fayard, Paris, 1974.

MANNHEIM, K.
Idéologie et utopie, Librairie Marcel Rivière, Paris, 1956.

MOLLAT, M. et WOLFF, P.
Ongles bleus, Jacques et Ciompi. Les Révolutions populaires en Europe aux XIVᵉ et XVᵉ siècles, Calmann-Lévy, Paris, 1973.

MOLNAR, T.
L'Utopie. Éternelle hérésie, Beauchesne, Paris, 1973.

MOREAU, J.-M.
«L'Appel des nébuleuses: fluidité des espérances dans la science-fiction», in *Studies in Religion — Sciences religieuses,* 1978 (3), Waterloo, Ontario.

MUHLMANN, W.E.
Messianismes révolutionnaires du Tiers Monde, Gallimard, Paris, 1968.

NABERT, J.
«Avertissement», in *Kant. La Philosophie de l'histoire. Opuscules,* Aubier-Montaigne, Paris, 1947.

PEREIRA DE QUEIROZ, M.I.
Réforme et révolution dans les sociétés traditionnelles. Histoire et ethnologie des mouvements messianiques, Anthropos, Paris, 1968.
«On Materials for a History of Studies of Crisis Cult», in *Current Anthropology,* juin 1971, Chicago.
«Mythes et mouvements messianiques», in *Diogène,* nᵒ 90, Paris, 1975.

ROSHWALD, M.
«De l'idée de la Terre promise», in *Diogène,* nᵒ 82, Paris, 1973.

RUYSSEN, T.
«La philosophie de l'histoire selon Kant», in *La Philosophie politique de Kant,* P.U.F., Paris, 1962.

VAN DER LEEUW, G.
La Religion dans son essence et dans ses manifestations, Payot, Paris, 1955.

VLACHOS, G.
La Pensée politique de Kant, P.U.F., Paris, 1962.

WACHTEL, N.
La Vision des vaincus. Les Indiens du Pérou devant la conquête espagnole, Gallimard, Paris, 1971.

WEIL, É.
«Kant et le problème de la politique», in *La Philosophie politique de Kant,* P.U.F., Paris, 1962.
Problèmes kantiens, Vrin, Paris, 1963.

WORSLEY, P.
The Trumpet Shall Sound. A Study of Cargo Cults in Melanesia, Mac Gibbon and Kee, London, 1957.

Table des matières

Le libéralisme et la neutralité de l'État — Intérêt privé et
justice — La contrainte et la concertation au service de
l'intérêt — Point de vue macro-social et point de vue privé —
Agir de concert et laisser faire.

* * *

Liberté positive et liberté négative — Différence et
complémentarité — Libertés réelles et formelles.

* * *

Équivocité des notions de justice et de liberté.

* * *

La notion de contrat social : Hobbes, Locke et Rousseau —
Contrat social et politique des revenus — Fonction de
l'utopie.

* * *

Maximation et distribution des utilités sociales — Théorie au
sujet de la justice et combat contre l'injustice.

* * *

La timidité des gouvernements socialistes — La difficulté de
contester l'ordre établi — Réforme et révolution.

* * *

Composition et mise en page:
Les Ateliers Chiora Inc., Ville Mont-Royal

Achevé d'imprimer à Montmagny
par les travailleurs des ateliers
Marquis Limitée en juin 1983